銀幕に愛をこめて

ぼくはゴジラの同期生

宝田明

構成　のむみち

目次

銀幕に愛をこめて　ぼくはゴジラの同期生

本書は二〇一六年三月二十三日、二十四日に行なわれたインタビューでの宝田明の語りをもとに作られました。途中、背景説明などの文章は、のむみち執筆部分です。

第一章　満洲時代

宝田家満洲移住の経緯、出生

もともと宝田家は、新潟の、現在の村上市の士族の末裔です。

祖父が当時、海軍武官で朝鮮総督府に赴任しており、その祖父の勧めで、父も東京の滝野川から朝鮮に渡って、朝鮮総督府鉄道（鮮鉄）に勤めたんです。

家族構成は、一番上の兄は幼くして死亡しておりますが、その下に兄が三人、姉が一人、僕、そして弟が一人の、六人兄弟で育ちました。

二歳の時に、父が鮮鉄から南満洲鉄道（満鉄）に転勤になり、一家で満洲に移り住みました。最初は北部の海倫《ハイロン》という町に住み、それから南下して北安《ペイアン》へ。ハルピンに落ち着いたのは小学校二年生のときです。

僕は昭和九（一九三四）年四月二十九日、旧天長節（現昭和の日）に朝鮮の清津《せいしん》（チョンジン）で生まれました。おめでたい男です。なぜなら天皇誕生日には必ず学校で紅白の饅頭をくれたんですね。

幼い頃、あぐらをかいた父の膝の中に座って、頻繁に訪れる父の部下や中国人たちとの酒宴の席にいると、最後に必ず父が歌う曲が三つありました。その一つが「白頭山節」。

〽白頭御山にテンツルシャン積りし雪は
解けて流れてアリナレのアア可愛い乙女の化粧水

二つ目は「鴨緑江節」。
〽朝鮮と支那の境のあの鴨緑江
流す筏はアラよけれどもヨイシヤ雪や氷にヤコラサノサ
三曲目は「槍さび」。
〽槍はさびても名はさびぬ
昔忘れぬ落とし差し　エッサヨイヨイコリャノサ
渋い声で父が歌い、母が合いの手を入れる名調子に来客は拍手をおくっていたものです。
とくに「槍さび」では、父が祖父に連れられて村上城に参内し城主と奥方様にお目にかかった際に、三方に乗せられた干菓子に手をつけようとして、祖父に扇で腕をピシャリとたたかれ士族としての志気を持つように教えられたことなど、胸に去来するものがあったようで、歌う時の父の顔は何やら淋しげでした。
ハルピンは国際色豊かな大都市で、医療施設や教育施設も立派でした。僕が通っていたのは三つあった日本人小学校の一つ哈爾濱《ハルピン》在満白梅《しらうめ》国民学校です。ロシア風の建物がたくさんあって、それは美しい街でした。
満鉄といえば国策会社ですからね。他の在満邦人とは比べものにならないくらいエリート待遇なんです。ですから我々宝田家も、一鉄道技師の一家ながら、大変立派な家に住むことができたんです。冬は零下三十度にまでなる土地でしたが、ペチカがありましたし、燃料にかかせない石炭も満鉄社員ですから無償でもらえますし、なかなか快適でした。
穀物も豊かで、特に大豆が豊富にあり、母親がそれをもやしにしたり、納豆を作っていたのを覚えています。恵まれた暮らしをしてましたね。

一九三一（昭和六）年、柳条湖付近の満鉄の線路の一部を爆破する、関東軍の自作自演による「柳条湖事件」が発端となり、満洲事変が勃発。関東軍は翌年までに満洲各地を占領。

一九三二（昭和七）年、清朝最後の皇帝、愛新覚羅溥儀を執政にすえ、「満洲国」が建国される。

中国はこれを侵略として国際連盟に提訴、国際連盟は同三二年にイギリスのリットン卿を現地に派遣（リットン調査団）。その報告書でリットン卿は、日本の軍事行動を自衛とは認めないと結論。

リットン報告書をもとに、連盟理事会は「中日紛争に関する国際連盟特別総会報告書」を作成、翌三三年に総会で同意確認の投票が行われた。結果日本を除く四十二票が賛成。日本はこれを不服とし、同年三月に国際連盟を脱退した。

満洲国経営において、重要な役割を果たしていたのが、南満洲鉄道（満鉄）である。満洲のシンボルである特急「あじあ号」は満鉄の誇りであり、後に国鉄が新幹線を作るきっかけになった。全車両に冷房完備というのは当時世界でも類を見ない試みであった。

この、満鉄とは一体何であったのか。それについて、宝田自身が二〇〇六年、雑誌「別冊『環』」十二号「満鉄とは何だったのか」に「父の言葉」という一文を寄せており、ここでの説明が非常にわかりやすいので、少々長いが以下に引用する。

〈ロシアの南下政策に脅威を感じた日本と英国は、清国での権益保護のため、一九〇二年日英同盟を結ぶ。然しその後も清国の撤兵要求をロシアが履行せず、満洲における日本とロシアの関係が悪化し、ロシアの満洲独占を阻止する為に、一九〇四（明治三十七）年日露戦争となる。日本の勝利に終ったものの、難航した講和条約で日本は韓国に対する指導的な立場を認めさせ、旅順、大連の租借権、そして新京（現長春）以南の鉄道とその利権の獲得、南カラフトの割譲、カムチャッカの漁業権を得る。これが、満洲国及び満鉄の経営に当る主たる要因であった。国策会社南満洲鉄道の始まりである。

当初、世界の鉄道王ハリマンによる日米共同所有・共同経営案もあったが、時の外務大臣小村寿太郎がそれをしりぞけ、ともかく日本は南満洲鉄道の独占経営に成功する。しかし、日露戦争中からの約束、つまり満洲の門戸開放を米英両国と約していた事を反故にして、逆に門戸を閉し固めて行ったことが、のちに米英としては大いに不満となったのである。第二次大戦の敗戦迄の日本と米英との抗争の主たる原因が、正にこの時に発生したと云えるだろう。若し日米共同して満洲及び満鉄の経営に当るハリマン案を日本が選択したならば、日本の歴史は変っていたであろう。

一九〇六（明治三十九）年児玉源太郎が満洲経営委員長に就き、更に満洲鉄道創立委員長に就任し、南満洲鉄道株式会社創立の中心人物となる。そこで満洲経営は満鉄を中心とすべきとの考えから、児玉が台湾総督の時の台湾総督府民政長官の後藤新平に懇願し、初代満鉄総裁が誕生した。勿論時の原内務大臣及び西園寺首相の総裁就任依頼があった上での話である。後藤新平は満鉄を東インド会社をモデルに考えていたらしい、つまり貿易だけでなく母国のために植民地的な経営を代行するまでになった東インド会社の活動を、後藤は満鉄と云う新しい舞台で実現して行きたいと云うのが本音のようであった〉

ハルピンにはいろんな人種が入り乱れていました。漢民族、満洲族、朝鮮族、在留邦人、そして白系ロシア人。当時は「五族協和」がスローガンとしてありましたし、外国人に混じっても物怖じしない性格になったのは、このハルピンでの生活のおかげですね。

小学校三年ぐらいから、学校の必須科目で、北京官話を習っていました。ふだん遊ぶ時はくだけた中国語、学校では正式な標準の北京語を習ったわけです。このときにちゃんとした北京語を習ったことが、後年非常に役に立ちました。千葉泰樹監督の「香港シリーズ」に出演できたのも、中国語ができるから、というのが大きかったですね。

僕は、日本語中国語の他に英語も日常会話程度は話します。自分で言うのもなんですが、外国語に対するセンスは割とある方だと思っており、それも結局、このハルピン時代にいろんな民族と共に暮らしたことが大きかったんじゃないかと思いますね。

ハルピンには亜細亜電影館という映画館があって、日本の映画もいろいろ観ましたよ。特に印象に残っているのは、長谷川一夫と満映の李香蘭が共演した『白蘭の歌』(一九三九)、『熱砂の誓ひ』(一九四〇)、『支那の夜』(一九四〇)なんかですね。なんて美しい男女だろう、と思いました。ませてたのかな。ずっと後になって、その長谷川一夫さんや李香蘭さんとお仕事をさせていただくことになるのですから、人生不思議ですよね。


満鉄が国策会社だったように、李香蘭が所属した満洲映画協会(満映)もまた国策会社である。満洲が国家として成り立つため、最後に強化されたのが、文化であった。それが一九三七(昭和十二)年の満映設立につながる。

山口猛の著書『哀愁の満州映画』には、「『満州映画協会の使命』と称された満映発行の中国語による小冊子」から、「満映の使命」として、
一、満州国建国精神の発揚、建国精神の普及徹底、国民精神、国民思想建設
二、満州国の国情紹介
三、日満一体の国策を紹介、日本文化の輸入
四、学術技術芸術への貢献
五、有事の際、映画を内外の思想戦、宣伝戦の武器として国策に貢献

以上の五項目が掲載されている。

なお、日本からも多数の優秀な映画人が渡満し、満映に入社したが、同社製作の作品の出来については、大体において、評価は低かった。その原因のひとつとしては、「俳優や観客が中国人でありながら、スタッフが日本人であるという、いわば外国映画を製作する」というちぐはぐさがあったようである。加えて、日本人が多用する意味の異なる「すみません」が「トイプチー（対不知）」としか訳されず、満映の作品は、現地の中国人から「トイプチー映画」とバカにされたという。

ただ、内田吐夢や加藤泰など、大陸の気質を充分に受け継いで、後の日本映画界で骨太な作品を撮ったことを思うと、一概に満映が映画史的に無意味であったことは決してない。

満映は、半官半民の国策会社ではあったが、一時期、経営が危ぶまれた。その理由は、使い込みや、日本からの賄賂の風習による腐敗であった。そんな同社を立て直すために、社内の粛正が図られ、一九三九（昭和十四）年、甘粕正彦が新理事長に就任する。甘粕正彦といえば、アナーキスト大杉栄、伊藤野枝、大杉の甥の橘宗一が虐殺された、いわゆる「甘粕事件」で知られる。しかしその悪名高いイメージとは反対に、その人間的な魅力は大変なものであったらしく、それは多くの映画人が証言するところである。

軍国少年時代、映画体験

その後、太平洋戦争が勃発すると、満洲にも本土から戦意高揚の映画なんかが送られてくるわけです。上原謙の『西住《にしずみ》戦車長伝』（一九四〇）や大河内傳次郎の『あの旗を撃て』（一九四四）とかね。そういう映画をやるときは、学校から全校生徒が引率されて行っていました。

後に一緒に映画の仕事をするなんて思いもよりませんでしたけど、特撮の円谷英二の作った『ハワイ・マレー沖海戦』（一九四二）、特にあの真珠湾攻撃のシーンとマレー沖海戦の英国戦艦プリンス・オブ・ウェールズと、重巡洋艦レパルス号の撃沈のシーンなんかに、万来の拍手を送ったり……。血沸き肉踊るような映像を見て、大いに感銘を受けてた軍国少年であったわけです。

それから、本編の前に必ず十分位の日本のニュース映像が上映されるんですね。そこで陸海空三軍の動きなんかも映し出され、拍手が沸き起こったり、二重橋の上に今上陛下（昭和天皇）が白馬に跨がって立っている姿に、みんな起立して頭をさげて涙を流したり……そんな時代でした。

それから富士山の映像が必ず入るんですよね。正に神々しい霊峰、富士山。いずれの日にか自分もあの山に……それが日本を慕ぶ唯一のものでした。

学校には日本に帰ったことがある子とない子がいて、僕を含め半分以上は帰ったことがなく、この「日本ニュース」や帰った子から聞く土産話や、自宅に飾ってある二重橋の絵を眺めることで、まだ見ぬ祖国に想いを馳せていたんです。同級生が日本に帰って、宮城（皇居）の玉砂利を持って帰って来たことがありましてね、うらやましいったらなかった。みんなで頰ずりしたものでした。

学校の朝礼も、「東方遥拝」に始まり、教育勅語を敬うなどして、日本という祖国に対して意識も高まっていきましてね。全体主義的、軍国主義的な風潮もあって、どうしたって軍国少年になってしまうわけです。「関東軍に入って、やがては日本国の防塁たらん」なんて考えていました。

実際に、関東軍の兵舎で、丸一日内務班生活をしたこともありました。朝四時半くらいに起きて、銃剣術をしたり、飯盒でご飯を一緒に食べたりね。ビンタも他の兵隊さんたちと同様にくらうんですが、軍隊の一員になるためには当然だ、と思ってました。最後に班長さんから精神訓話みたいなものを聞くんです。また、兄二人が兵隊に行く前に大声で覚えていたので今でも耳に残っているんです。例えば、「一つ、軍人は忠節を尽すを本分とすべし。一つ、軍人は礼儀を正しくすべし。一つ、軍人は武勇を尚《たっと》ぶべし。一つ、軍人は信義を重んずべし。一つ、軍人は質素を旨とすべし。これが軍人勅諭だったんです。」

今でも口をついて出ます。軍人でなくともいくつかは人間生きて行く上で必要不可欠な言葉だと思います。

宝田が耳に残っているというのは「軍人勅諭」のなかの一部である。軍人勅諭は一八八二（明治十五）年に、明治天皇が下賜したもの。大日本帝国憲法施行よりも八年はやい。

〈我国の軍隊は世々天皇の統率し給ふ所にそある昔神武天皇躬《み》つから大伴物部の兵ともを率ゐ中国《なかつくに》のまつろはぬものともを討ち平け給ひ高御座に即かせられて天下しろしめし給ひしより二千五百有餘年を経ぬ〉

と、神話の時代までさかのぼり天皇の軍隊であることを諭す長文のものであった。

ソ連軍侵攻

一九四一（昭和十六）年、有効期限五年とされる日ソ中立条約が結ばれる。一九四五（昭和二十）年四月にソ連は条約破棄の通告をするが、破棄通告後も一年間は有効、つまり日ソ中立条約は一九四六（昭和二十一）年四月までは有効のはずであった。

スターリンは、当初、対日参戦を一九四五年八月下旬と想定していたのを、八月十一日に早め、さらに六日の広島への原爆投下の報を受けて、八日に日本に宣戦布告。翌日、日ソ中立条約を一方的に破り、満洲と南樺太の国境を大軍をもって侵犯した。

この時期の関東軍は、一九四二（昭和十七）年米軍のガダルカナル島上陸以後、南方への戦力抽出により、「張り子の虎」となっていた。さらに、一九四五年五月三十日、ソ連攻撃に備えて、軍は兵力を前方国境から朝鮮国境へと移し、朝鮮と日本本土を守る作戦をとる。しかし、作戦秘匿のため、関東軍の主力が朝鮮国境に移されたことは、一般在留邦人には知らされなかった。

　当時の関東軍とソ連の兵力の差は、関東軍七〇万人に対し、ソ連軍一七四万人。ただし、関東軍七〇万人のうち、一五万人は直前の六月から導入された在留邦人による「根こそぎ動員」で、訓練が不十分であり、そのうえ装備にも大きな差（例えば、関東軍の大砲数一〇〇〇に対しソ連軍は約三万）があった。


　そして、昭和二十（一九四五）年八月九日、空襲をうけたのです。

　その頃は、上の兄二人は出征中、姉は遠方に勤めていて留守、つまり、両親とすぐ上の兄と私と弟の五人暮らしでした。

　夜、床に着いてまもなく、ものすごい音がして家族全員飛び起きたんです。ハルピン駅の近くの濱江《ひんこう》駅でドーン！　と火柱があがりました。社宅には爆弾が落ちませんでしたが、それが初めて経験した空襲でした。

　八月六日に広島に原爆が落とされたのを機に、日ソ中立条約を破って、ソ連軍がダーっと国境を越えて押し寄せてきたのです。

　数日後、街中で中国人がワーっと歓声を上げている。やがて戦車がドーっと入ってきて、それを中国人は赤い旗やレーニン、スターリンの肖像画なんかを持って迎え入れたんです。

　何事かと恐る恐る見に行って、怖いもの見たさにそこにいると、ソ連の兵隊が、「ウォットカ、パジャーリスト」つまり「酒をくれ、ウォッカをくれ！」という。僕は家に帰って、家にあったウォッカを二本持って渡したら、その場で飲み干して「スパシーバ！　スパシーバ！（ありがとう！　ありがとう！）」

と言われました。ソ連の兵隊と言葉を交わしたのは僕が最初ぐらいじゃないかな。

さらにそれから、八月十五日を迎えるわけですが、その前から、大切な放送があるからラジオの前にお集まりください、という放送がありまして。その当日ラジオの前に立つと、終戦の玉音放送が始まったんです。そこまではっきり聞き取れたわけではありませんが、まさか陛下の生のお声が聞こえるなんて思いませんでしたから、もう、直立不動でした。

その翌日から、ハルピンは完全に無政府都市と化しました。関東軍も武装解除となり、全くアテになりません。警察もダメ。各学校や病院などの公的な機関がすべて機能停止。それらの建物は全部ソ連軍の宿舎になったのです。

ソ連兵はもう、やりたい放題です。七十二連発の自動小銃を手に、略奪暴行の限りを尽くした。外にひとりでいると襲われるというので、女性は全員坊主頭になった、坊主とはいかないまでも短く断髪して風呂敷をかぶって。買い物に出かけるときは、必ず昼間の明るいうちに、五、六人で連れ立って行って来るわけです。とても毎日は出られないので、三、四日分買いだめしたりして。

お金ももう流通してませんので、物物交換でした。衣類や電熱器や化粧品を、米や野菜などの食料と交換するんです。燃料もなくなってますので、僕たちも外へ出て、木切れを取ってきてペチカにくべる。外に出て家に戻るときは、ドアにある缶をカランカランと鳴らして、家族であることを確認してから家に入れる、という感じでした。

夜になると、灯火管制で窓を幕で覆って光が漏れないようにしていたんですけれども、運悪くソ連兵に押し入られた場合は、外からそれがわかるようにカーテンをあけて光が漏れるように、申し合わせました。そして、光が漏れているお宅があると、他の家々が、ベランダに吊るしてある鉄道のレールを短く切ったものを、カーン！　カーン！　カーン！　と叩いて鳴らすんです。満鉄の社宅のあっちこっちでそれを鳴らしていますと、ソ連兵はその異様な音にびっくりして、逃げて行ったということが実際あった。僕たち民間人が無政府状態の中で自分たちの身を守るために考え出した、ひとつの知恵でした。

ある時、二階の窓から外を見ていたら、買い物帰りの満鉄社員の奥さんがひとりで歩いているのが見えました。風呂敷はかぶっていたんですけど、運悪く、ソ連兵に見つかってしまったんです。危ないな……と思っていたら案の定捕まって、崖の方に連れて行かれしまった。慌ててレールを鳴らしてみましたが、数人の、しかも子供しか集まらない。それでも助けに行ってみると、すでに陵辱を受けていました。僕たちは近くの交番に駐在していたソ連の憲兵のところへ駆け込んで、「カピタン、パジャーリスト！（キャプテン、お願いです！）」と行って現場へ引き摺るようにして戻りました。そうしたら、憲兵がふたりの兵卒の頭を殴って、止めてくれたんです。

しかしその奥さんは、その後精神的に参ってしまったようで、引揚げて日本に着くまで、御主人に手を引かれ、虚脱状態のままでした。引揚げた後、どうなられたか……。

小学校高学年というまだ幼い年齢で、こういう悲惨な状況を目にするというのは、強烈なトラウマになりますよね。僕は、今でもこの時の光景が頭に焼きついてしまっております。

そしてある日の晩、一家揃って夕飯にカレーライスを食べていたところ、玄関のドアが開いて、続いて襖《ふすま》が開いて。そうしたら、そこには見上げるような大きなソ連兵二人が、自動小銃を持って入って来たんです。僕たちはもう身動きできません。冷たい銃を突きつけられ、歯がガタガタと震えて噛み合わないんです。彼らは部屋の中のものを物色し始め、母親の化粧品や、置き時計、腕時計、電気製品なんかを持って行かれました。

あの時の恐怖を、のちに歌に読みました。

「夕餉どき ロ兵二名の侵入に 歯の音だけが ガタガタと鳴る」

そんな危険な日々でしたが、少し落ち着いてくると、今度は食べることに困ってきました。そこで子供の僕が考え出したのが、靴磨きだったんです。

家にあったみかん箱のような木の箱をちょうどいい大きさに切って、靴磨き用の台にしました。そして、家にあった黒と茶色の靴墨、それから母親からもらったぼろ布、ブラシを二本持って、ソ連軍の兵舎へ行く。それは旧関東軍の兵舎なんですが、その正門の前で出入りするソ連兵のところへトコトコ行って、「カピタン、チースパジャーリスト（靴磨きさせてください）」と声を掛けるんです。すると胡散臭そうにしながらも、座って、軍靴なら十円、長靴なら二十円の軍票をくれました。

ソ連兵はすでに憎むべき存在として僕の目には映っていましたし、普通の神経では、憎しみと、それに乱暴されるんじゃないか、という恐怖でソ連兵の靴磨きなんてとてもできませんけれど、食べていくためにはしょうがないんです。

そして食べるためには、そんな十円二十円の紙きれなんかより、彼らが食べる大きな黒パンがほしいんですね。ですから、軍票を返しながら、「そっちをくれ」ってパンを指さすと、これまた胡散臭そうにしながらも半分くれたりするんで、それを大事にボロ布に包んで家に持ち帰り、食の足しにしたりしたものです。

靴磨きなんか始めたのは、僕が最初だったんですけど、やってると、段々友達に真似されるようになってしまいました。そのうちに五、六人並ばれちゃうようになったんで、これは店じまいだ、商売替えだ、と。

そこで、次に思いついたのがタバコ売りです。

家の近くに専売公社があったので、そこで「南風」とか「楽崗《らくがん》」「松花江」等満洲の銘柄のものを、公社から買って、秋林《チユーリン》って繁華街に行って、ソ連兵に売るんです。タバコをいくつも並べた箱を首からぶら下げて。まるで横浜のシュウマイ売りみたいでしたけど。「カピタン、シガレットナーダ、シガレットナーダ」って、ずいぶん長いことやりました。でもこれも結局は同級生に真似されちゃいましたね。それでもいくらか家計の足しにはなりました。

使役、撃たれる

しばらくすると、ソ連軍から僕たち満鉄の社宅に住む日本人に命令が下りました。一家庭から毎日一人ずつ、使役に出せ、と。強制使役ですね。当時は五人暮らしでしたから、男手といえば、父と中学の兄と、小学五年生の僕と、まだ小さい弟。ですので、父と兄と僕が日替わり交代しながらソ連軍のトラックに乗せられて、強制使役に出たんです。

作業場所はハルピン駅から少し下った、貨物専用の駅でした。駅の手前に、高さが十五メートル、幅二〇〇メートルくらいの巨大な石炭の山がありまして、それを、そこから少し離れたところに停まっている貨物列車のところまで、ピストン輸送するんです。石炭をシャベル三杯分くらいモッコに入れて大人と一緒に担いで運ぶ。それの繰り返しです。まるでアリになったような気分でした。

この石炭は、黒いダイヤと呼ばれていて、マッチをちょっとつけただけで燃える、純度の高いものでした。そこで僕は、自分の番の日が来ると、アルミのドカ弁を持参して、弁当を食べた後に、空の弁当箱に石炭を入れて蓋をして隠して持って帰ったりしてたんです。その頃はもう石炭の供給がありませんでしたからね。

しかし、ある時運悪く、持ち物検査で見つかってソ連兵にバレたんです。棒切れで頭が割れるかと思うくらい殴られました。泣けども叫べども叩かれる。そばでソ連兵がピストル構えてますから、誰も助けに来られません。ずいぶんたんこぶをつくって帰りましたよ。それでもその後何度も盗んで持って帰りました。子供だからでしょうか、全然懲りないんですね、慣れたもんです。我が家のペチカが赤々と燃えて暖をとれたのは私の功績でした。

ある日、兄の番がやってきました。近所の人たちと一緒に帰って来るはずが、帰って来ないんです。父がさすがに心配して、いろんな人に尋ねて歩いたのですが、誰もわからない。一緒にいたはずだが、などと言われて。おかしいな、ハルピンの町ではぐれるわけはないがなあ、と思いつつ、何日か過ぎ、そのまま一週間、十日、ひと月経ちましたが、まるで音沙汰がないのです。

数か月にわたる、石炭運びが終わった頃、関東軍が次々にハルピン駅から貨車に乗せられて、北の方、つまりシベリア抑留へと送られていくんです。これは胸の痛む光景でしたね。極寒の中の強制労働で、たくさんの方が命を落とされたわけですからね。

先に言いましたように、うちの上の兄二人も出征しておりましたので、貨車で連行されていく兵隊さんの中に、ひょっとしたら兄たちがいるんじゃないか、と思ったんです。そこで意を決して濱江駅に向かって下っていき、貨車に一〇〇メートルくらいまで近づいたときでした。見回りのソ連兵が、ダダダダと銃を撃ち始めたんです。

兵隊さんが叫ぶ、「逃げろー！」という声に、慌てて転げるように家へ逃げ帰ったんです。ところが、逃げてる最中はそれどころじゃなく気づかなかったんですが、脇腹が無性に熱くてしょうがない。上着を脱いでみたら、血だらけでした。痛いんじゃなくて、とにかく熱い。

しかし、全て病院の機能は停止してますから、診てもらえないんです。二日目には傷が悪化し、やがて膿んできましてね。誰かがそばを通っただけでも痛いんです。傷が腐って死ぬってこういうことか、というくらい腫れ上がりました。

家にある傷薬なんて、せいぜい赤チン、ヨーチン、オキシドールくらいのもので、でも何もしないよりはマシだと思って、それで拭いてみたりしましたが、やっぱり痛いんですね。それに高熱も手伝って。これじゃどうしようもないというので、満鉄の社員で元軍医だという方が家に来て診て下さいまして。そしたら、「あーこれはひどい、腐ってきてる」と。そこで四日後くらいにその方に銃弾を取り出してもらったんです。といっても、手術器具も麻酔もありません。

どうしたかというと、裁縫用の裁ちバサミを、焼いて消毒して、それで傷口を切って銃弾を取り出したんです。人間の肉を切ると、ジョリって音がするんですね。その時の音をいまだに忘れられません。

のけぞりましたよ。十一歳の子供でしたが、握りしめていたベッドの柵は曲がってましたね。

傷口も、針も糸もないので、縫わずにそのままです。そして傷口から出て来たのは、国際法で使用が禁止されているはずのダムダム弾。鉛の弾は、人間の身体に入るとすぐ腐食するんだそうです。身体を腐らせる恐ろしい銃弾です。いまだにこの傷跡は、いち早く湿度とか温度を感じるんですよ。ソ連の兵隊は私の身体の中に中央気象台を造ってくれたんですね。

そんな恐ろしい目に遭ったので、僕はロシアの映画も音楽もバレエも、そして文学も、どんな素晴らしい芸術も心が受け付けてくれないんです。これはもう、死ぬまで変わらない気がします。焼き付いた記憶は、なかなか消せません。憎しみ、つまり憎悪しか残らないんです。もちろん、アジアの国々には、日本に対して同じような感情を抱いている人もいるのかもしれません。これが戦争なんですね。

そして、ソ連軍が侵攻してきて一年後、ソ連軍は引き揚げ、代わりに毛沢東指揮する共産党の八路軍がハルピンに入って来ました。僕たちは、またソ連軍の時と同じ目に遭うのかと不安だったのですが、そうではなかった。非常に教育が行き届いていて、僕たち日本人の社宅に押し入るなんてことはせず、野営して、物を盗むということはありませんでしたね。ましてや婦女子に暴行なんてことは絶対ありませんでした。だから、大衆や農民に支持されたのでしょう。そして国共内乱、八路軍と蔣介石率いる国民政府軍との闘いに勝利し、蔣介石は台湾に逃げ、国民政府を移したわけですね。

引揚げの始まり

昭和二十一（一九四六）年、ようやく日本への引揚げが始まりました。僕たちは、十一月の第三次引揚げで帰国することになりました。

荷物は、制限が厳しかったため、リュックサックにパンや食料を少しと、着替えと。他に許されていたのは、お位牌や過去帳、それから兵隊に取られた家族の写真くらいのもので、貴金属などは全て没収でした。準備が整ったら、朝八時くらいに社宅の人全員で出発しました。

出発にあたり、気がかりがありました。我が家の愛犬ケリーです。もちろん連れて帰るなんてことはできませんから、社宅を出るときに、空っぽの石炭箱に水と食料を入れて、その中にケリーも入れ、出られないようにして出発したんです。引揚げに際して、ひどい思いをするようなことがあったらいつでも死ねるように、と、軍から青酸カリを渡されていました。それをケリーの餌に混ぜて……とも思ったのですが、殺してしまうのはとても無理でした。

歩いて四十五分ほどかかってハルピンの駅に着いてみると、共産軍が銃を突きつけながら、厳しい荷物検査をしていて、没収したものをその場で燃やしていました。僕たち家族も、ただでさえ限られたものしか入ってないリュックを開けられ、亡くなったおじいさんのお位牌や海軍省の辞令、村上藩の殿様からもらったお墨付き、勲章、そして大事な兄二人の写真が取り上げられて、火の中に投げ入れられたんです。

すると、母親が、「息子の写真だ」と燃えさかる火の中に手を突っ込んで燃えかけた写真を取り出したんですよ。フーッ、フーッと火を消しながら。母強し、ですね。結局その写真は、後に戦死の報せが来た長兄の唯一の遺影となったわけです。

ハルピンの駅に着いて六時間くらいだったでしょうか、ようやく汽車に乗り込み、やっと帰れると思って窓を開けてプラットホームを見たら、なんと、社宅に残してきたはずの犬のケリーがいるじゃないですか。プラットフォームから背のびして窓に手をかけ車内を窺っているんです。見つかったらまずい、というので、窓を閉めて頭を低くしていましたが、我々を見つけて、窓に飛びついてガリガリ、ゴリゴリ、大声でキャンキャン吠えるんです。でも絶対に連れてなんか行けません。

やがて列車はホームを離れ、ハルピン駅を発車しました。僕は客車の一番後ろへ行って、駅の方を見ると、汽車の後ろを、懸命に追いかけてくるケリーの姿がありました。もう、僕は涙が涸れるまで泣きましたよ。一生忘れることのできない別れです。

もうひとつ、気がかりだったのは、強制使役に行ったまま帰って来ない三番目の兄です。しかしこれもどうしようもないため、父の生家の本籍地新潟の住所を書いて、ハルピン駅のホームの鉄骨に貼って出発しました。途中、新京や奉天、大連、それから名もない駅まで全部、短い停車時間の間に外へ出て、貼り紙をして来ました。

苛酷な引揚げの旅

そんなこんなで、汽車は進んだのですが、夜中にガチャっと停まったんです。何事か、と思ったら、国民政府軍が逃げるときなんと鉄橋を爆破したんですね。それで、明け方になって、みんな汽車を降りて、そこらの木を切って作ったにわか作りの筏《いかだ》に、真ん中に女性や子供、それから荷物を載せて、僕ら男子や大人たちがバタ足で筏を押して川を渡ろうとしました。しかし、川の流れに抗えず、一キロくらい流されながら対岸に着く。で着いたらまた筏を上流に運んでまた渡して、と、一日かかりました。川を渡ったら、今度はひたすら歩きました。途中で腹が減ると、畑の中に入って、ニンジンや野菜をとってポリポリ食べたりしましたね。満洲のニンジンはとにかく甘くて美味しかったです。

それで線路に戻り、大体二百人くらいで、しばらく歩いてると、これから列車が来ることになってるから、と言われました。やがて貨物列車がバックで来ました。でそれに乗るんですが、出発したときのような客車なんかじゃない、無蓋車なんですね。

もう、これが悲惨を極めた旅でした。

無蓋車は屋根がなく、隅に柱が六本立っているだけです。しかも真ん中に穴があいてました。ですので、穴の周りに荷物を置いて、次に婦女子が乗る、そして外側が男子です。列車が蛇行してスピードが落ちると、畑から中国人が飛び出してきて、長い棒で、積んである荷物を引っかけて落とすんです。なけなしの荷物なのに。

そして列車が動かなくなると、またひたすらに歩く。南へ南へ、と。

なかには、小さい赤ちゃんもいて、ひもじくて泣くんですね。食料がないため、お母さんのおっぱいも出ない。そんな時に、中国人がふかしたジャガイモやカボチャを持って現れる。衣類か赤ん坊と交換だと言って。このまま連れていっても、赤ん坊は死んでしまうかもしれない。それならば、預けようと、おしめや肌着と共に赤ちゃんを中国人に託し、親はジャガイモとカボチャをもらって泣く泣く別れた親子もひと組ふた組じゃありませんでした。それしか生きる道がないんです。誰も止められないですよ。預けた人がいい人であれば、子供の命が助かり、母親も生き延び、また日本から迎えに戻ることもできるだろう、なんて思いながら。

つまりそれが残留孤児となったわけですよね。戦後、孤児の人々が、ちゃんちゃんこの切れ端を大事に大事に持ってるというのは、そういうことなんですね。大きくなって物心がついて、実は自分は日本人だったとわかったとき、一体どういう心境だったか……想像するだに胸が痛みますよね。

戦後七十年以上も経って、今なお、中国に残ってらっしゃる方もたくさんおられますし。

僕たちは、草とかバッタなどを食べてどうにか生き延びました。弟はこのとき六つだったんですが、よくぞはぐれずについてきたな、と思います。もう少し小さかったら、それこそ残留孤児になっていたかもしれません。

さて、ようやく南満洲まで辿り着いて、朽ち果てた引揚げ者用の収容所に入りました。一週間くらい待機しておりましたか。葫蘆《ころ》島という、今も軍港の港に着いたのは、ハルピンを出て、なんと二か月半も後のことでした。

その葫蘆島には、米軍から与えられたリバティ船という輸送船や、武装解除された日本の軍艦が停泊していて、引揚げ船として引揚げ者たちをピストン輸送していたんです。行き先は舞鶴だったり福岡だったり佐世保だったりしました。僕ら一家が乗り込んだのは、旧日本海軍の駆逐艦「宵月《よいづき》」で、向かったのは博多です。数百名はいたと思います。

こうして、やっと夢にまで見た日本に向けて出航いたしました。後年この時の気持ちを歌にしました。

「送別歌」
今朝送別我朋友
不説別話聴我歌
将来我要来看你
要空請来看々我

1945年8月15日時点の国境線

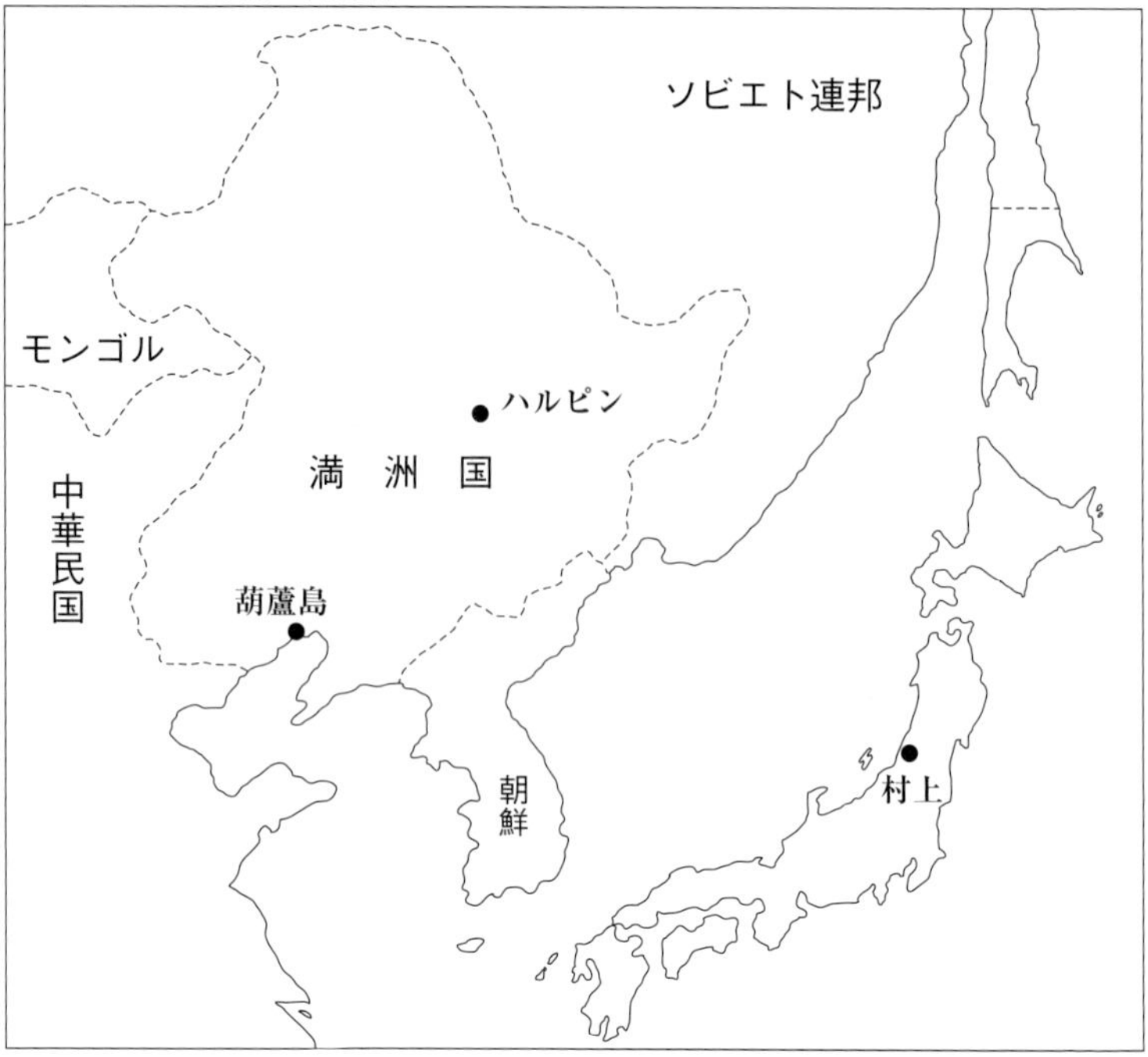

いよいよ明日の朝、博多湾に入港するというその前日の晩に、ずいぶん遅くに、ポワー！　ポワー！　と警報が鳴ったんです。何事かと思ったら、子供がひとり海に落っこちたらしい。水兵さんたちがふんどし一丁で、体に縄をつけて飛び込んで、海面をライトで照らしながら必死に探しましたが、結局見つからなかった。せっかくここまで抱いてきた子供が入港を翌日に控えて……。そんな悲しいこともありました。

一九四五（昭和二十）年の敗戦時、外地に在留していた日本人の数は、軍隊三五三万四千人、一般邦人三〇六万六千人で、合計六六〇万人といわれる。内、満洲からの引揚げ者は約一〇五万人（関東州も合わせると一二七万人）。宝田一家が引揚げて来た博多港には、満洲その他から合わせて一三九万人が引揚げた。

なお、井出孫六『終わりなき旅「中国残留孤児」の歴史と現在』によると、残留孤児の正確な数は、「どこに聞いてもよくわからない」という。

「現在もなお、中国に残留している『孤児』の数は、中国側の発表では二千、厚生省の推定では三千人をこえるともいわれており、はなはだ漠然としている。」（同書より）

また、博多港に入港し、祖国の地を目前にしながら、船から身を投げる女性が何人もいたという。彼女たちは妊娠をしており、それは、八月九日のソ連軍侵攻後にソ連兵から暴行を受けた際のものであったり、引揚げの道中、道なき道を逃げ進むとき、道を通してもらうために現地人に「生け贄」として捧げられた際のものであった。

この女性たちの、外国人の暴行による望まれぬ妊娠は「不法妊娠」と呼ばれ、現在の福岡県筑紫野市にあった「二日市《ふつかいち》保養所」では、人工中絶が行われた。一九四六（昭和二十一）年三月二五日の開設から翌年に閉鎖されるまで、中絶手術を受けた女性の数は、四、五百名にのぼるといわれる。

博多湾入港、上陸

博多港に入港はしましたが、まだ上陸はできません。検便だ検疫だ、となんだかんだで一週間ほど沖に停泊してたでしょうか。艦橋に登って、ここが日本か、と博多の景色をずっと眺めてましたね。遠くに畑を耕す人たちも見えて、なんだかとても平和な感じに見えたのを覚えています。

上陸近くになると、沖からタグボートが水を運んで来ましてね、それで三か月半ぶりくらいでやっと風呂に入れたんです。男性は前甲板、女性は後甲板。

そしていよいよ上陸。僕はその時裸足だったんですが、係の方が軍靴と飛行帽をくれて、さらに、大きな五目ご飯のおにぎりが出ました。お米のご飯です。これがもうおいしくておいしくて……。

そして、さらに頭から体までD・D・Tをかけられましてね。まるで白いボタ餅みたいに。でも嬉しいことに、長い付合いだったシラミともこれでお別れでした。

その後、僕らは父の実家のある新潟の岩船郡村上町に向かいます。その前に親戚のいる大阪へ寄りました。その車中がまた辛かった。

僕たち一家は着の身着のまま、わずかな生活用品が入ったペシャンコのリュックを背負っておりましたが、混んでくると、僕たちの荷物が邪魔なんですね。それで周りの見ず知らずの乗客から「荷物をおろさんかい」などと怒鳴られたりして……。夢にまで見た帰郷だったのに、あんまりだ、と思いました。

両親は耐えていたんですが、僕はもうたまり兼ねてしまい、「引揚げ者です、荷物がないと帰れません！」と声を上げたんです。そうしたら、一瞬で車内がシーンと静かになりました。

近鉄南海線の「今川」という駅で降り、空の飯盒をぶら下げてトボトボと歩いておりました。すると、通りの左側の店先に真っ赤な大きな果物が並んでいて。満洲では見たことがなかったので美味しそうだなあ、と見ながら通り過ぎようとしたとき、割烹着のお店のおばさんが出てきて、その熟した果物を四つ、僕の飯盒に入れてくれたんです。空の飯盒がズシリと重くなりました。

実は熟した大きな柿だったんです。そして優しく、「どこから帰って来はりました？」と声をかけてくれたんです。散々辛い思いをした後のこの、人の情けというものにワンワン泣きじゃくってしまいましたね。ほんとうに心細い思いをしていたので、いっそう情けが沁みて沁みて……。

このことは、その後もずっと僕の心の支えとなっていたのですが、何年も経って、僕が俳優になってから、思い出の人と再会できるというテレビ番組で、何と、この柿のおばさんと涙の再会を果たしたんです！　非常に感慨深いものがありました。

おばさんはびっくりしてましたねえ（笑）。そりゃそうですよね、あの時はまだ身長も伸び切ってなくて、再会してみたらこんなに背の高いのが、しかも俳優になってテレビに出るというのですからね。「こんな偉ろうなるんやったら、あん時もっとぎょうさんあげといたらよかったワー」なんて言って笑ってました（笑）。

残念ながら、九年前に亡くなられてしまいましたが……。

村上での生活

さて、そんな大阪を後にして、さらに列車を乗り継いで新潟へと向かいました。その車中、夕方でしたが、日本の列車は家のすぐそばを走りますよね。満洲ではそんなことはないんですが。そうすると、家の中が覗けるぐらい近かったりするわけです。

ある家では、夕餉の支度をしていて、お父さんが外の七輪でサンマか何かを焼いてる煙が見えたりして。子どもがそばで魚が焼けるのを待っている。

柿をくれた女性とテレビ番組での再会

それを見たときに、「ああ、家庭っていいなあ。俺も日本でああいう平和で楽しい家庭を作るぞ」と子どもながらに思ったんです。それは忘れられません。

ようやく村上に到着です。村上では、宝田家の菩提寺である、善行寺《ぜんぎょうじ》という古いお寺に、四畳半の一隅を間借りして、住んでおりました。お寺ですから、冬はそれはもう寒くて、雪が舞い込んでくるような寒さでした。

生活はとにかく苦しかったです。母が、新発田《しばた》で魚を仕入れて来て、商売を始めました。冬は、軒先を借りて、雪の上に魚を並べるんです。天然の冷蔵庫ってわけで。

僕も、魚を買ってくる母を駅まで迎えに行き、そのまま午前中は学校に行かずにお手伝いです。「ホッケいかがですか～、ニシンはいかがですか～」って。学校は午後から行ってました。

宝田の引揚げ先である新潟県岩船郡村上町は、現在の村上市である（一九五四年より市制を施行）。新潟県の北端に位置し、西は日本海に接する豪雪地帯。

特産物には平安時代から名高いとされる三面《みおもて》川の塩引鮭《しおびきざけ》、江戸時代以来の伝統工芸である堆朱《ついしゅ》・堆黒《ついこく》、日本北端の茶とされる村上茶がある。なかでも塩引鮭が有名で、これは三面川で獲れた鮭を一週間ほど塩漬けにしたあと、真水で塩抜きし、寒風にさらしながら数週間熟成させたもの。新巻鮭とは逆に、頭を下にして干す。

また、宝田家が身を寄せていた善行寺よりもっと村上駅寄りに観音寺があり、「最後の即身仏」とされる仏海《ぶっかい》上人の御姿が奉安されている。

一九四四年～一九四五年の空襲で、新潟は、一九四五年八月一日に一二五機のB29により長岡市が空襲を受け、一一四三名の死者を出したが、村上は空襲を逃れている。

なお、新潟は、地理的に大陸に近いことや、新潟港が満洲移民送出港に指定されたこと、「満蒙開拓青少年義勇軍」を積極的に募集したことにより、最終的には一万二六四一名の県民が満洲に移住。長野、山形、熊本、福島に次いで全国で五番目に多いとされる（宝田の父親が大陸に渡ったのは、新潟からではなく東京滝野川から）。

二人の兄との再会

雪の降る寒い日のことです。魚の仕入れから帰る母を迎えに駅に行き、改札で待っていると、復員兵の方々が何人か、大学生の引率で出て来たんです。なんと、そのうちのひとりが出征していた次兄だったんです。「兄ちゃん！」と声を掛けてみたら「いつ帰って来たんだ！」と大変驚き、再会を喜びました。この兄はソ連に抑留されていたそうです。

そしてさらに雪が降りしきるある日。あんまり寒くて商売にもならないので、「もう店じまいして帰ろうか」と母と相談していたら、外套や帽子や靴など、軍人のなりをした、髭ボーボーで髪の毛もボサボサ、顔に傷跡のあるひとりの男が、役所までの道を尋ねてきました。教えてあげたら、ありがとうございました、と教えた方角に向かったんですが、しばらくすると、また僕たちの近くへ戻って来て。僕たちの方をじーっと見てるんです。何だろう、と僕も目を凝らして見ていたら、「母ちゃん、あれ、兄ちゃんだよ！」と気づいたんです。「おーい、兄ちゃん！」と呼びかけたら、兄も「明……！」と走って来て、涙を流しながら抱き合いました。

満洲でソ連軍の強制使役に出かけたっきり行方知れずだった三兄。最初通りかかったときはお互いまったくわかりませんでした。

「なんで俺を置いて帰ったんだ！」

兄が再会後最初に言った言葉です。

「いやいや、そうじゃない、駅とかいろんな所に貼り紙して……」

「馬鹿、そんなもの見るか！　駅なんか行けっこないじゃないか！」

それで、とにかく寺へ連れて帰って、五右衛門風呂にいれて、近所の床屋さんに来てもらって散髪して。でも、顔も体も傷だらけでねえ。生々しい傷が、ケロイド状でミミズ腫れになっちゃって……。

行方がわからなくなったときのことを聞いてみると、どうやら、強制使役の石炭運びのあとに、ソ連兵に連れて行かれ、ずっと兵舎で飯炊きをさせられていたらしいんですね。

そしてやっと解放されて社宅に戻ったら、そこはもぬけの殻。日本人は誰ひとりいない。たった十四、五歳の少年はどんなに途方に暮れたでしょう。かわいそうなことをしましたね。

これは両親には話しませんでしたが、僕に話した話だと、兄はその後、「新潟県岩船郡村上町に先祖の家がある」ということだけを心のよすがとして、とにかく南へと向かったんだそうです。

田舎の村に着いちゃ、農家で目隠しされたロバみたいに粉を挽いたりして働いて、それで少量の食料をもらって食いつないで、また南へ。何か月もかかって海岸近くに辿り着き、またそこで数か月働いてお金を貯めて、密航船に乗せてもらったそうです。

ようやく九州のどこかの海岸に上陸をして、そこからひたすら日本海側を歩いて、村上に辿り着いたんです。そこで役場を探していたら、僕たちに会ったというわけです。

事実は小説よりも奇なり、といいますか、すごい話ですよね。あの日、僕たちがあと少し早く店じまいをしていたら、一生会えなかったかもしれないんですから。

しかし、兄は、あまりに苛酷な体験だったため、すっかり心がすさんでしまって。どうせ俺は見捨てられたんだ、と、親や兄弟の愛情も受け入れられないようでした。

生まれて初めての日本にも馴染めず、一度はスキー工場に就職したんですが、十日も持たずまた家出して行方知らずになってしまって……。

その後、僕が中学二年のとき一家は上京するんですが、その時、近所の子どもからちり紙に包んだものを渡されて。開けてみると、百円札が入ってて、「これで学用品でも買え」と書かれている。絶対に兄だ、と思って探してももういない。

さらに東宝に入ってグラビアなんかに名前が出るようになると、「俳優になったんだってな、頑張れ」と今度は二百円包んでありました。

とそんなふうに、僕だけには時々連絡くれていたんです。それから随分経って、「結婚したよ」と知らせをくれて、会う事もできました。しかし、残念ながら六十三歳で亡くなってしまいました。

兄は、生きて帰れはしましたが、大事な人生を戦争で台無しにされた、戦争の犠牲者です。

第二章　東宝ニューフェイスの仲間たち

上京、演劇熱

村上に二年ほど住みましたが、一向に暮らし向きは変わりませんでね。中学二年のときに、僕たち一家は東京に出て来ることにしました。遠い親戚が、東京の北区豊島で紡績工場をやっていたので、そこの社宅に入れてもらったんです。

王子中学へ転入しました。

でも、上京しても、相変わらず生活は苦しく、僕はパン工場でアルバイトをして家計を助けました。しかし、それでも風雪吹き込むお寺の四畳半に暮らしていた頃に比べると、遥かにマシです。

そのまま豊島高校へ進学し、大学を出て会社員になるつもりでした。ところが、その頃、僕の中に芸の虫が段々と育っていたんです。

宝田が上京後に住んでいた王子に触れておく。

北区（当時の王子区・滝野川区）は、千川《せんかわ》・石神井《しゃくじい》川の水源が豊かであったため、板橋火薬製造所など、明治時代からすでに多くの軍の工場が作られていた。日露戦争中には十条に東京砲兵工廠銃包製造所も作られ、滝野川・十条は、軍需工場の街となる。

そのため、太平洋戦争中にも空襲を受けることが多く、中でも一番被害の大きかった一九四五（昭和二十）年四月十三日〜十四日の空襲では、膨大な数の焼夷弾で、王子区役所や王子製紙工場など、多くの建物が焼失。当時の王子区だけで、一八二名の死者、三九九人の負傷者が出ている。（『東京都戦災誌』東京都）

また、王子といえば王子製紙であるが、その創立者渋沢栄一がそもそも王子に製紙工場を建てたのは、明治時代、滝野川に鹿島紡績所を作った鹿島万平がきっかけである。

紙の製造過程には大量の水が必要となるが、最初石神井川の水を使おうとしたところ雨が降ると濁って使えないため、鹿島万平から千川上水のことを聞いた渋沢栄一は、鹿島紡績で使われていた千川上水の落ち水を使うことにしたという。

滝野川の鹿島紡績所をはじめ、王子には下野《しもつけ》紡績（現東洋紡）の王子分工場など、北区は紡績もさかんな地であった。

終戦後日本に帰って来て、外地から帰ってきたというと、少し疎外感がありましてね。日本の社会でなかなか受け入れてくれなかった。「なんだ、お前ら引揚げ者じゃないか。向こうへ行ってて内地以上にいい思いをしてたんじゃないか」というきらいを肌で感じたものです。

広大なコーリャン畑が広がり、真っ赤な太陽が地平線にドーンと沈むような大陸で育ちますと、日本で育った者とは少し気質が違うんですね。「五族協和」というのは結局は偽りのスローガンでしたけど、とにかくさまざまな人種が混じり合って活気に満ちた文化に接していた満洲での生活からすると、日本の生活は、小さくせせこましいように感じられたんです。

また、村上で生まれ育った子どもたちにとっても、僕のような者は、異人種のような存在だったろうと思います。小学校でも中学校でも、あだ名は「大陸」。ですから、それが嫌で自然と大勢の前では心

高校演劇部の仲間たちと　後列右から3番目

を閉ざすようになってしまい、自己表現ができなかったんです。

そんな引揚げ者として疎外感を持つ自分を払拭できるのは、果たして何だろうと常に何とはなしに考えていました。

村上にいた頃に話が戻りますが、小学校六年生のときの学芸会で指名されて、劇の主役をさせられたんです。

なぜ僕に声がかかったのか未だにはっきりとはしませんが、『奇《くす》しき泉』という物語で、欲張りの老婆の役でした。ある泉が若返りの泉で、その水を飲むとどんどん若返るんです。僕は、老婆が段々若返っていき、最後には赤ん坊になってしまうという難しい役でした。

僕は人が変わった様にその役を演じました。すさんだ気持ちの少年が、まるで水を得た魚のようにイキイキと演じたのです。最終的には見事に演じ切ったというんで、学校中の人気者になりました。

よそ者だった自分が、初めてみんなに認めてもらえた。このときに、僕の中で何かが変わったんです。目覚めたんでしょうね。その後転入した王子中学でも演劇を続け、そこでは、自分で台本を書き、自ら演じたものです。

さらに高校に進んでも演劇部に入り、『修善寺物語』や、翻訳物まで幅広く挑戦しました。人前で話をするのが苦手な、自意識過剰な人間が、己れと違う人間を演じることによって、自己表現ができる、自分の存在が認められる、自分を解放できるということに気づいたんです。

僕の現在ある原点は、この時に形成されたものと思います。

そんな演劇活動と平行して、貪るように観たのが、やっぱり映画でしたね。アルバイトをしながら、家に半分ぐらい入れて、そこからさらに自分の学費を払って、残ったものは全部映画。とにかくもう、電車賃を浮かせるため、電車に乗らないで家から走って、映画ばっかり貪るように観てた時代がありました。

そのお陰で大変健脚になりましてね。僕は特別に運動部に入ってランニングのトレーニングをしたことはないんだけれども、高校の運動会のときマラソンがあったんです。十五キロぐらいの距離でしたが。そしたら練習もしてないのに、トットットットットットット……と快調に走れちゃう。

僕は「あれ？　なんでみんな遅いのかな？」なんて。

自然に足が進むんですね。それでぶっちぎりで学校のグランドに帰って来たら、みんなワーワーって騒ぐんだけど、僕は「別にこんなの屁でもないなあ」と思ってました。

映画館に走って往復で通ったのが功を奏したということですかね。

とにかくいろんな映画を観ました。特にアメリカ映画における煌《きら》びやかなもの、一九四〇年代後半から一九五〇年代のＭＧＭ作品とか、二〇世紀フォックスの作品とか、五〇年代の映画っていうのは、当時ものすごく影響がありましたよね。

さらにイタリアの戦後ネオレアリズモ作品『無防備都市』『自転車泥棒』とか、第二次大戦の戦記もの。さらにフランス映画の名作の数々、ただしソ連の映画は名作といえども観ませんでした。腹の傷が痛むんです。

とにかく、映画を通していろんな世界や文化を知ることができました。

豊島高校は、東京都豊島区千《ち》早《はや》にある都立高校で、一九四九（昭和二十四）年に、元東京府立第十高等女学校が男女共学となり、翌一九五〇（昭和二十五）年に東京都立豊島高等学校と改称された。

同校の出身者として、前身の高女時代の卒業生に宝田と『女の座』（一九六二）で共演をした丹阿弥谷津子（一九二四年生まれ、一九四二年から一九六四年まで文学座所属、主な出演作は『東京のえくぼ』（一九五二）『最高殊勲夫人』（一九五九）など）と、高女最後の卒業生である香川京子がいる。

高校生の宝田（前列中央）

香川京子は一九三一（昭和六）年生まれ。素直な性格が愛され、黒澤明・小津安二郎・溝口健二・成瀬巳喜男といった巨匠の作品に多数出演。主な出演作は『赤ひげ』『東京物語』『近松物語』など。宝田とは、『奥様は大学生』や『東京の休日』など合わせて五本で共演をしている。

なかでも香川の代表作のひとつ『ひめゆりの塔』（一九五三）は、倒産寸前だった東映を救ったといわれるほどのヒットで、同校発行の『豊島高等学校五十年史』にも当該年度の出来事として記述がある。また、同校の同窓会誌『田園』三号に「思い出」を寄稿、戦争まっただ中に入学して、疎開を経て、終戦後に再開できた好きなピアノや合唱の思い出を綴っている（『豊島高等学校五十年史』に全文掲載）。

近年、所有する資料を東京国立近代美術館フィルムセンター（二〇一八年四月より「国立映画アーカイブ」と改称）に寄付し、二〇一一年にＦＩＡＦ賞（国際フィルム・アーカイブ連盟賞）を受賞、同館で特集上映を伴う特別展示が行われた。現在も、名画座での出演作上映時など、精力的にトークショーに登壇されており、多くの名画座ファンを喜ばせている。

ニューフェイス応募〜審査

宝田の東宝ニューフェイス応募のきっかけとなったのは、東京豊島区池袋の要町にある「中垣スタジオ」である。昔ながらの、スタジオ付きの街の写真店であり、先代亡き現在、先代の娘さんのご主人・中垣章さんが継いでおられる。

先代の中垣欣司（一九一四年生〜一九八九年没）は、屯田兵の二世として北海道に生まれ、東京で写真を学び、故郷に戻って写真店で働きながら修行を積み、再び上京し、数か所のスタジオで働く。

一九四一（昭和十六）年、写真技師として中国北京へ渡り、そこで終戦を迎えた。引揚げ後、池袋西口のマーケットで「中垣スタジオ」を開業。一年ほどのち、東口の写真スタジオを借り受け、二年ほど営業した。

この東口のスタジオ時代から、第十高女（豊島高校）の仕事を請け負うこととなり、香川京子のオーディション写真も撮った。見事合格した香川は、新東宝に入社する。

一九五一（昭和二十六）年、現在の住所に移り、一九八〇（昭和五十五）年に現在のビルに建て替えられ、今にいたる。

宝田とは宝田がデビューして以降も家族ぐるみで親交が続き、「親に連れられて宝田さんの出演映画を観に行ったのを覚えています」と、一九六〇（昭和三十五）年の年賀状の写真で宝田の膝に抱かれた路代さんは話す。

一九七〇年代の初めには、フジテレビ「小川宏ショー」の中の「ご存知ですかこの人を」のコーナーに中垣が宝田と出演、大変な店の宣伝になったという。

中垣が撮ったという宝田のポートレート写真を見ると、なるほど大層な美青年で、長身のこんな高校生男子が学校から映画館まで街なかを疾走し

映画入りのきっかけとなった中垣欣司・輝子夫妻とテレビ番組で

ていたとしたら、さぞかし人目を引いたことであろう。

演劇だ映画だ、と熱中している内に、高校三年生になり、そろそろ進路を……という時期のことです。池袋に中垣写真店という、修学旅行など主な学校の行事をオフィシャルで撮影する学校指定の写真屋さんがありました。そこのご主人が、「宝田くん、君は大学に行くの？　今東宝がニューフェイスを募集してるんだけど、受けてみない？」かと。「トウホウって何ですか？」って訊いたら「映画会社の東宝だ」と言うので、びっくりして「ええっ！　映画なんかとんでもない！　俺はダメです……」。

高校の演劇部の先輩や仲間みんなからも「あんたは歌も歌えるんだし、それに背も高い。受けてみなさいよ。落ちて元々じゃないの」って言われて。それで渋々、願書を出したんです。そしたらなんと、写真の審査に合格した、という通知が来たんですね。

通知を読んでみると、次の審査は東宝の撮影所で、水着審査もある、と書いてある。そこで次の審査の日には、審査会場に着替える場所もないだろうと思い、家を出る前に学生服の下にしっかりと安物の海水パンツをはいて、張り切って家を出ました。

渋谷から成城学園行きのバスに乗り、

中垣スタジオに大切に保管されている宝田のポートレイト

成城学園の二つ手前の停留所が砧《きぬた》の東宝撮影所前でした。しかしいざとなると、大陸帰りも名ばかりなもので、緊張でブルブル震えて、降りた停留所のベンチに腰を下ろしたっきり動けなくなってしまいましてね。

もうだめだ、次のバスで帰ろう、次のバスで……と、一時間半くらい経ったころ、「君はさっきから何をしているんだい?」と声を掛けられました。顔を上げてみると、守衛さんでした。

「受験に来たんじゃないの?」「はい、そうなんですけど……怖いからもう帰ろうかと思って……」とモゴモゴしてると、「ちょっと番号を見せてみなさい」と。

そして見せたら、「なんだ、こんなに早い番号じゃないか!」

とにかくみんな待ってるから入れ、入れ、とドーンと背中を押されるようにして、中に入ったのです。この守衛さんが背中を押してくれなかったら、間違いなく俳優になんてなれていないでしょうね。尻尾巻いて帰ってたと思います。

そして、審査会場に入ってみると、そこには美男美女がわんさかいるんです。見た目だけではなくて、垢抜けている、というかね。ベレー帽被ってパイプ吹かしてる人がいたかと思うと、スタニスラフスキーの『俳優修業』なんて本を手にした芸術家タイプの人、パリッとした学生服着て革靴履いてるお金持ちのお坊ちゃんなんかもいて。そんな中、僕はというと、学生服はツンツルテンだし、無惨な姿で……。

正直、とんでもない所に来てしまった、と思いましたが、もう後の祭り。そもそも遅れて行ったので、すぐに審査員の前に引きずり出されたんです。

審査員には、名監督山本嘉次郎さんを筆頭に、怖い監督さんやプロデューサー、それから大ベテランの俳優さんたちが、大きなスタジオの雛壇にズラーっと五十人近くいたでしょうか。

そんな審査員たちを前にして、照明がバッとついている中で、もう、すっかりカチンコチンに固まってしまって歩くこともできないんです。

加えて、学生ズボンの下に履いてきた安物の海水パンツがいけなかった。電車やバスを乗り継いで、さらにバス停で座り込んで冷や汗をかいてる内に、汗をかいたところがチクチクと痒く、股ズレして痛むんです。

まず審査員から「なぜ遅れたのか？」と訊かれたので、「途中で怖じ気づいて帰りのバスを待ってました」と正直に答えると、審査員席からどっと笑い声が上がりました。

次に、「ハイ、そこからそこまで歩いてみて」と言われましたが、股ズレが痛くて、まっすぐ歩けない。「何だ、君、足でも悪いのか？」と訊かれたので、また正直に「履いて来た海水パンツで股ズレしていて、痛くて痛くてしょうがないんです」と答えると、再び笑い声。

それから身長や年齢を訊かれたり、上着を脱いでみろと言われたり。

ちょっと声を出してみて、と言われ、困っていると、「じゃ、山田君でいいや、山田くーん！　って、遠くにいるのを想像して、ちょっと呼んでみて」と。

しかし、こうなると演劇部なんて名ばかりなもので、うわずってしまって全然声にならないんです。「山田くぅ～ん……」と、まあ情けないこと（笑）。

審査はそれだけでした。狐につままれたような気持ちで審査会場を後にしました。

こんなふうに、高校を卒業する前から第一次試験が始まっていたんですけれども、次の結果が来るまで一か月位間があるんです。それが二次、三次、四次、そして五次審査と五か月も続いたんです。大勢いた応募者が一回毎に半分位ずつ減ってゆく。今度は落ちるだろうと思っていたら、また、ポツンと合格を知らせる葉書が来る。まるで真綿で首を絞められるような日々が続いていきました。

とにかく、最終的に受かる保証がどこにもないんですからね。

最初の頃は、大学に進むべきか、東宝に賭けてみるか、迷ったりもしておりましたが、そのうちに腹も据わってきました。若し駄目なら、一浪して大学に進めばいいや、と。

あれは確か四次審査だったと思いますが、会場に、これまでの審査にいなかった男がいるんです。気になったんで声を掛けてみると、「準ミスター平凡」で、この四次審査から審査を受けることになったという。これが、後の佐原健二でした。「途中からのこのこ来やがって」と心の中では思いましたよね。せっかく一次から受かってきたのに、途中からこんな、準ミスター平凡なんてのに出て来られては僕なんかはとても勝ち目はない、と思いました。

しかし、もう、ここまで来たら大学受験の勉強をするにも身が入りませんし、落ちてもともとだ、と思って開き直りました。

第六期ニューフェイス合格～研究所時代

「P・C・L映画製作所」は、写真化学研究所（Photo Chemical Laboratory、通称P・C・L）が発展して、一九三二（昭和七）年に設立されたトーキー録音設備のある貸スタジオであった。ところが貸スタジオだけでは経営が回らず、一九三三年に森岩雄を製作者に迎え、自主映画の製作を始める。第一回作品は木村荘十二監督の『ほろよひ人生』で、ミュージカルタッチのコメディであった。

バックについていた東宝劇場の小林一三のサポートもあって、P・C・L映画製作所は順調に成長、一九三七年には、京都のJOプロダクションと合体し、「東宝映画株式会社」となる。

さらにその後、一九四三年に、東宝劇場と合体して、ここに「東宝株式会社」が誕生した。

P・C・Lは、まず会社の幹部が財界の御曹司たちで、そこにアメリカの映画製作方法を目指す森岩雄が加わり、明るく開放的な雰囲気があった。監督や大物俳優でも、「さん」付けや「ちゃん」付けで呼んでいた（宝田も三船敏郎を「三船ちゃん」と呼ぶ）。

斎藤忠夫の『東宝行進曲』によると、P・C・Lには「アーチ型の正門をくぐると芝生の広場」があり、「すべてが眩しい白一色の撮影所」であった。また、「所内の食堂も白布のテーブル掛け、コックさんも給仕さんも白衣に蝶ネクタイ」で「カツレツもちゃんとナイフ・フォークのマナーで食べさせ、しかも安くてうまい」。

森岩雄は、映画事業経営の合理化をめざし、「プロデューサー・システム」を導入。監督は演出だけに集中すればよく、かわりに助監督たちが、製作部として演出以外の一切の業務を任されるべきとされた。そして、「優れた傑作より、小粒でも粒の揃った作品を」という風潮が、次第に東宝カラーとなっていく。

一九四六（昭和二十一）年より東宝争議が勃発し、一九四八（昭和二十三）年まで続くが、一九四八年の第三次争議では、二千人の武装警官、米軍の戦車まで出動する事態となり、「来なかったのは軍艦だけ」とまでいわれた。詳しくはここでは割愛するが、この労働争議で「十人の旗の会」（大河内傳次郎、長谷川一夫、山田五十鈴、原節子、高峰秀子らが結成）の十大スターの他、多数の俳優やスタッフが組合を離脱することとなった。

東宝は、東宝争議の始まった一九四六年より、映画会社としては初めての試みである新人発掘のためのオーディションシステム「ニューフェイス」を採用。東宝争議で多数の人材を失っていたこともあり、かけ出しのニューフェイスでも積極的に良い役を与えられたという。

第一期生には、三船敏郎、堺左千夫、久我美子、若山セツ子、第二期生に、杉葉子、塩沢とき、第三期生に小泉博、岡田茉莉子、第五期生に平田昭彦、青山京子がいる。

ここに一枚のスナップ写真（五四ページ参照）がある。藤木悠、佐原健二、河内《こうち》桃子、岡田眞澄、足立玲子そして宝田明。一九五三（昭和二十八）年、東宝ニューフェイスの歴史の中でもとりわけ長身の「大物」揃いといわれた、東宝ニューフェイス第六期生に宝田は合格した。

最初の写真審査から約六か月後、とうとう最終的に合格の通知が来たのです。東宝の第六期ニューフェイスと決定しましたので来る○月○日入所式においで下さい、という内容でした。

東宝に行ってみましたら、一緒に試験をくぐりぬけて来たのは佐原健二、足立玲子と僕の三人だけです。ところが、そこに背の高い男二人と女性が一人いる。

「すみませんが君達は？」と聞きますと、彼等答えて曰く、「僕達は縁故で入って来たんです」それが藤木悠、岡田眞澄、河内桃子の三人でした。つまり彼等は無試験で入って来た奴等で、我々の様に、血を吐く思いで入った者とは全然違うんです。

つまり、東宝ニューフェイスの第六期生は、我々三人が、はっきり言うと政界で言えば、保守本流の正規の由緒正しき新人だ‼　と、僕はそう言って自慢をしています。実に三五〇〇分の一の倍率をくぐり抜けた、純正の第六期生だ、と。

そしていよいよ一年間の訓練の日々が始まりました。

東宝の撮影所の裏門に近い敷地の中に「東宝演技研究所」というのがありましてね、そこで月曜日から土曜日までの朝九時から夕方五時までみっちり勉強するわけです。

カリキュラムはもうあらゆることをやりました。映画は映画理論から……演技理論に始まって、実技、パントマイム。音楽では音楽理論を、当時、講師として研究所にみえていた伊福部昭先生に習いました。

伊福部先生は、いつもピースの缶をふたつほど手にして教室に入ってきて、ひっきりなしに煙草の煙をくゆらせながら講義をされるんです。アカデミックな大先生が、僕らむくつけき男どもに音楽理論を教えてくれた、のはいいが、これがちんぷんかんぷんでしてね。自然と居眠りしてしまうわけです（笑）。とにかく難しくてしょうがなかったけれど、なにか高尚な話を聞いているという実感はありました。

その後、『ゴジラ』から始まり、伊福部先生が音楽を手がけられた作品に、僕は何本か出させてもらってます。『ゴジラ』は伊福部先生が音楽を担当されなかったらきっと全く違った作品になっていたでしょう。『モスラ対ゴジラ』（一九六四）や『怪獣大戦争』（一九六五）などの特撮映画、岡本喜八監督の『暗黒街の顔役』（一九五九）、成瀬巳喜男監督の『コタンの口笛』（一九五九）や千葉泰樹監督の『二人の息子』（一九六一）など、本当にお世話になりました。試写の席などでお目にかかると、優しく微笑んでお声を掛けてくださったものです。

音楽ではほかに、発声と歌。また踊りにしても、日舞、クラシック、それからモダンバレエ、タップ、社交ダンス。少ない人数だから自分の順番が回ってくるのがあっという間なんですよ。大勢いれば、なんとか自分に回ってくるまでに勉強し直したりできるんですけども、うかうかできないんです。

演劇とかアナウンサーとかやる人なら知ってると思いますが、発声練習に、有名な「外郎売《ういろう》り」ってのがありまして。「拙者親方と申すは……」から始まって、早口言葉なんかも途中に入っていて。「武具馬具ぶぐばぐ三ぶぐばぐ……」って。いっつも僕と岡田眞澄と佐原健二が間違えるんですよ。先生もあきれて、「お前ら外で練習して来ーいっ！」なんて怒られて。教室の外へ出て大声で練習するんですが、そうすると撮影中の組の邪魔になるんですね。場所を変えてオープンセットで練習してると、その頃は『七人の侍』を撮ってる最中で、「うるさいぞ！」なんてあっちからも怒られて。野武士役の俳優さんたちが寄って来て、「おぅ、君たちニューフェイスか？　俺は四期生だ」と声を掛けられて、岡田と顔見合わせて「おい先輩だよ」なんて。

そんな研究所の日々でしたが、夜はとにかくよく遊びました。一番の悪友は、藤木悠。

当時、研究生である僕には毎月二千五百円の交通費が出たんです。でも藤木悠は聴講生で入ったから、支給されない。そうすると、藤木悠は、この交通費を狙うんですね。「おい。今月の、出たろ」と。こういうことには異常に勘が冴えてるの（笑）。それで、僕も酒は大好きですから、よし飲もう！　と、合成の二級酒を買って来て、酒盛りです。ですから、次の日の予習なんかあんまりせず、二人してよく怒られたものです。

デビュー

宝田が映画界入りした一九五三（昭和二十八）年はテレビ放送開始の年でもあったが、前年にはサンフランシスコ条約が発効し、GHQによる映画への検閲が廃止された。それまでは封建的思想や仇討を礼賛するとして忠臣蔵やチャンバラ時代劇は禁止され、原爆など連合国による戦争被害を描くこともタブーであった。そうした制限からも解放され、日本映画界は黄金期を迎えつつあった。

一九五三年のキネ旬ベストテンを順に列挙すると、上から、『にごりえ』（今井正）、『東京物語』（小津安二郎）、『雨月物語』（溝口健二）、『煙突の見える場所』（五所平之助）、『あにいもうと』（成瀬巳喜男）、『日本の悲劇』（木下恵介）、『ひめゆりの塔』（今井正）、『雁』（豊田四郎）、『祇園囃子』（溝口健二）、『縮図』（新藤兼人）。日本映画史上でも名作とされる巨匠たちの作品がズラリと並ぶ。

興行成績では第一位と二位は、『君の名は』（大庭秀雄）の第1部（第二位）と第2部（第一位）で、翌年の第3部も興行成績第一位であった。

また、製作数が増えるにつれ、スターの引抜き合戦に拍車がかかり、ついに「五社協定」が取り決められたのもこの年で、九月より発令された（「五社協定」については八八ページで詳述）。

半年ぐらいしてからかな、「今日、面接があるから出てこい」と言われまして。所長室に行ったら、「今度、『かくて自由の鐘は鳴る』という、福沢諭吉の伝記映画を撮る。そこで、第六期生の中から、よかったら重要な役に出演させる」とのことでした。

そしていよいよ僕の面接の番になった。

応募したときに、僕は自分で筆で履歴書を書き、学校の校庭で撮った写真――ニキビ面の素人写真でしたが――を三枚ぐらい入れて提出してたんです。

そうしたらその履歴書を見ましてね、「これ、誰が書いたんだ?」って。僕は「は……? 何をおかしなこと言うんだ……? 履歴書は自分で書くに決まってんじゃねえか……」と思った。

さらに「筆で書いたの?」なんて言う。「筆で書くに決まってるじゃねえか。な～にを言ってんだ?」と思ったので一寸ふてくされて「そうです」と答えました。

そのときの所長は雨宮恒之《あまみやつねゆき》さんという方だったんですが、その方が「柴山胖総務部長、この子は字が上手いから、総務の方へ回してください」と言った。

僕は、「は?! ……何を言うんだ……」と慌てましてね。「ちょっ、ちょっと待って下さい。僕は今日、面接があると聞いて来たんです。東宝に六期生で入ってもう大分経っているのに、今から総務部へ回されたら……」。

すると、「実は総務の方で、ちょっと手が足りないんですよ。君は非常に筆がたつんだし……」

僕は慌てて「お願いしますから、何とか……この面接は受からなくてもいいですから……総務にだけは……」ってお願いをしましてね。

そんなこんながあって最終的に、僕の出演が決まった。「福沢諭吉を付け狙う中津藩の青年壮士増田宋太郎という役だからがんばれ」って。

『かくて自由の鐘は鳴る』の宝田と照明部の大口良雄

そのとき「ところで君は、芸名はどうするんだ？」と言われまして。

僕は「芸名なんて考えてみたことありません」って答えたんです。すると「じゃあ君は本名に東宝の『宝』の字を持ってるから、そのまま行ったらどうだ？」と。

僕は「はーーっ。ありがとうございます、結構でございます！」。

ポスターのいちばん左端に、小さく「新人　宝田明」と出たんです。この『かくて自由の鐘は鳴る』（一九五四）が僕の映画デビュー作品となりました。

忘れもしませんが、撮影初日、扮装しかつらをつけ、大小刀を差し、勿論セリフも完全に覚えてセットに入りました。私は大声で、「新人の宝田明と申します。よろしくお願いします」と挨拶しました。一瞬スタッフはシーンとしらけた感じでした。

そしてリハーサルが始まりましたが、「こら‼　どこ歩いてる、照明のコードの上をまたぐ奴がいるか‼」「済みません」すると別の方から「コラ‼　主役の照明の邪魔するんじゃない‼どけ‼」私はどこにどうしていればいいのか、覚えていたセリフもすっかり忘れてしまう程上がってしまいました。まるで昔の軍隊の一兵卒のようでした。

福沢諭吉に尾上九朗右衛門《おのえくろうえもん》、妻に原節子、ところが何かの都合で妻の役が東《あずま》静子に変わりました。監督は熊谷久虎さん。江戸の塾生の一人に無名の仲代達矢。

僕は、『かくて自由の鐘は鳴る』のポスターを持って、なじみの一杯飲み屋へ行きました。「決まったぞ！」って。でも、お金がないので、「これが証文、手形みたいなもんだ。これから俺はダーっと伸びるんだから」と。そしたらママが「イイわよォ〜たっぷり飲んで」合成の二級酒を浴びる程飲みました。勿論つけで。

『かくて自由の鐘は鳴る』を上手くクリアしたのか、すぐ次に、『水着の花嫁』（一九五四）という作品をやりました。

「ああ、天下の二枚目池部良が主役をやる映画に俺は出るのか……！」

このときの僕の相手役が北川町子さん。後に児玉清の奥さんになった人です。池部良の相手役が宝塚にいた寿美花代。後の高島忠夫の奥さんで、宝塚の現役中に出演した映画です。監督は杉江敏男さんでした。

撮影がない日はもちろん、研究所に戻るんですよ。するとみんな、「おお、どうだった？　現場はどうだった？」って聞いてきて。「すごいぞ、お前。何たって俳優さんがみんな綺麗で……」なんて話をすると、「羨ましいなあ」、皆んな嬉々として聞いていました。

「映画ファン」（一九五八年二月号）の「マイ・スクリーン・ライフ　宝田明さんの巻」に、宝田は「演技研究所で勉強をしていた頃、実際に映画演技の指導をして下さっていた杉江敏男監督に、僕は割合に

東宝ニューフェース第六期の仲間たちと。左端から宝田、岡田眞澄、藤木悠、佐原健二。2人おいて、河内桃子

可愛《かあい》がられていたが、研究所を卒業するとすぐ早速この映画に出演させていただくことが出来た」と書いている。筆者も本編をチェックしたが、宝田の初々しさも見所ながら、個人的には、岡村文子のコメディエンヌっぷりに唸らされたなかなかの掘り出し物であった。

同期の仲間たち

第六期ニューフェイス、宝田の同期生の面々を簡単に紹介しておく。

藤木悠は一九三一（昭和六）年東京生まれ、大阪育ち。宝田明の三歳年上。黒澤明監督、小津安二郎監督、千葉泰樹監督ら巨匠からも愛された個性派俳優。自他ともに認める酒豪。二〇〇五（平成十七）年没。「あいつ（宝田）に酒と女の手ほどきをしたのは、オレなんだ」（「アサヒ芸能」昭和五十年六月十二日号「豪快放談 宝田明①」）と言っている。

岡田眞澄は一九三五（昭和十）年フランス生まれ、四歳で日本に移住。日本人の父とデンマーク人の母の間に生まれる。E・H・エリックは実兄。一九五四（昭和二十九）年に日活に入社、二枚目から二枚目半までこなす。五九（昭和三十四）年に日活を退社してからは、各社の作品に出演。宝田との共演作には、『夜の流れ』（一九六〇）、『第六の容疑者』（一九六〇）、『ひばり チエミ いづみ 三人よれば』（一九六四）、『緯度0大作戦』（一九六九）がある。晩年は、テレビでも活躍。二〇〇六（平成十八）年没。

佐原健二は一九三二（昭和七）年川崎市生まれ。中央大学在学中の五三年に準ミスター平凡に選ばれ、東宝入社。五六（昭和三十一）年『空の大怪獣 ラドン』で初主演。東宝特撮映画に欠かせない人材となる。ノンクレジット出演の『ゴジラ』も含め、「ゴジラ映画」最多出演を誇る。円谷プロ『ウルトラQ』の万城目淳《まんじょうめ》役が有名。二〇〇四（平成十六）年、有楽町日劇のゴジライベントで数十年ぶりに宝田と共演。自著『素晴らしき特撮人生』（小学館）の中で、研究所時代の宝田と藤木の悪友ぶりのエピソードを披露している。

河内桃子は一九三二年東京谷中生まれ。祖父は元子爵。五三年にデビューを果たし、翌年『ゴジラ』でヒロイン役を得るも、五六年に演技の勉強をやり直すため、俳優座養成所へ。五九年養成所を卒業、正式に入団。この間も東宝映画で助演を続けた。舞台でも俳優座の中堅女優として活躍。テレビ作品にも多数出演。一九九八（平成十）年没。

同期の仲間で一緒によく飲んだのは、藤木悠、岡田眞澄。特にこの二人でしたね。

もちろん金もないので合成の二級酒か安物の焼酎、映画に出始めたばかりの頃は、出演料が入ったと言ったってまあ、大した額でもないですし。でも金がなくても、三人で飲みに行くわけです。それもちょっとした飲み屋なんかじゃなく大胆不敵にもキャバレーに行く。それでキャバレーの支配人に藤木悠が交渉するんです。

「俺たちは東宝の六期生で、今ちょっと映画に出始めた、宝田明っての今日連れて来てるから、君の店で歌わせるよ。あいつ歌がうまいからさ。その代わり、飲み代をちょっとチャラにしてくれよ」なんて、あいつが所謂交渉人でね。

「この外人みたいな顔をした人は……?」って支配人が岡田眞澄のことを怪しんだりすると、「こいつは、お兄さんが今、日劇のミュージックホールに出演しているE・H・エリックで、それの弟。こいつもこれから段々売れてくるから」。

それで、飲んでるうちに、「じゃ、そろそろ、出てやってください」って持ち歌のない僕は、もっぱらジャズを歌ってました。

こういうキャバレーには専属のバンドがいますよね。あらかじめ曲目とキーだけは打ち合わせはしていました。当時大きなキャバレーには十四名くらいのフルバンド、それをバックに歌うんですから気持ちのいいことこの上なし。スタンダードナンバーやら、映画主題歌を歌いまして。三曲ぐらい歌うと、お客さんがワーっと拍手して。そこに出てるゲストの歌い手より僕の方が人気があったんです(笑)。それで、お勘定はナシ。

ある時大きなキャバレーに行きましてね。藤木悠が交渉して、僕ももうその頃はちゃんと超二枚目を気取ってましてて。そして前座に岡田にフランス語できるんだから何か歌えってことで、「枯葉」を歌わせ、これも拍手喝采、藤木悠はすっかりもう、幇間みたいな調子で舞台を盛り上げる。

キャバレーって当時は五、六人座れるボックス席があって、そこに必ず三人くらい、女の子が付くんです。日暮里だとか、浅草だとか、田端だとか、下町のああいうところのキャバレーですよ。「あら〜アンタ、なんかこの前映画観たわヨ〜」

そして、マジックインキのようなものを持って来て、「あなたサインしてよ」って言うから、「おお、サインしてあげるよ」。「どこに？」って訊いたら、下着にサインしてって言われまして。

店で用意された安物のドレスを持ち上げるんです。それで僕はテーブルの下へ潜って（笑）、パンテー、いや、当時でいうズロースかな、にサインしようと思ったら、股間が何やら黒っぽいんです。「あれ、これパンテー履いてないんじゃないかなあ」って（笑）、そうしたら、脇にちゃんと白いズロースがあって、でも黒い、何か文字を書いたような跡があるんですね。

「おい、何か書いてある」って言ったら、「そうよ、さっき三木のり平が来てね、あなたの前に書いて行ったわヨ！　その横に書いて」だって。

僕より先に三木のり平が来て、先に書かれちゃったというわけ。まったくもうその夜はしこたま飲みましたね……。おばちゃんのホステスの太い腕に抱かれて酔いつぶれてしまいました。

第三章　ゴジラは同期生

運命の台本

昭和二十九（一九五四）年の初夏、デビュー三作目にして、僕にとっては運命的といってもいい映画に出演することになったのです。

「宝田君、今度は君に主役をやってもらう」

渡された台本には、真っ赤な地の色に墨でカタカナ三文字、「ゴジラ」と書かれていました。残念ながらその台本は探しても見つからないのですが、その赤の色は鮮烈に覚えています。撮影所長の雨宮恒之、田中友幸プロデューサーの前に立った僕は、主役という言葉を聞いただけで崩れそうになりました。

「とにかく、人より早く来て、台詞もしっかり覚えて仕事に臨んでくれ、これは東宝が社運をかけて作る映画だ、成功すれば続けて作って行くつもりだ、しっかりやってくれ」とのお言葉。「わかりました、それでこのゴジラとは？」と尋ねると、「ゴリラとクジラを足して二で割ったんだ。空想上の怪獣だ」。

後に聞かされたところによると、東宝の本社に容貌魁偉な社員（本社の網倉志朗、のちの演芸部長）がいて、その人のあだ名が、「グジラ」だったそうで、そこから来てるようですね。

「私がそのゴジラになるんですか？」と訊いたら「いや、君はサルベージ会社の人間だ」と。尾形秀人という純情で熱血漢の技師の役です。

その時、主役をもらってふと思ったのは、「よし、主役となると……そうか、出演料がたっぷり貰えるなあ。……あそこの焼き鳥屋と、それからあの飲み屋の借金がそれで払えるなあ！」。まず最初にそう思いました。

マネージャーがいるわけじゃないから、ギャラの交渉なんかできないので、もう、「頂けるものならいくらでも……」。はっきり覚えていませんが、三十万くらいもらったかな。とにかく大金でしたよ。

その出演料が出た時が大変でした。同期生の連中がまるで禿鷹かハイエナみたいに、「飲み行こ、飲み行こ」「おい、キャバレー行こう！」って。ちょっと今日は……なんて言おうものなら、「いやー、お前、もう金が入ってんのわかってんだよ！　行こう、行こう！」「ちょっと、女の子も冷やかしに行こう」。あいつら、遊び場の、もちろん違法な所じゃないですよ、その払いまで僕にさせやがった（笑）。

それまではお金がないから、二十五円のラーメン……大盛りだと三十五円、これを、岡田眞澄が十五円、僕が十円出して。「おばちゃーん、ラーメン！　おばちゃん、大盛りは三十五円ってわかってるけど、僕たち今二十五円しかないからさ、出世払いにしてくれないかな？」って頼んで。お世辞のひとつやふたつ言ったりして、大盛りにしてもらう。それでお箸を二膳もらって、ゴツン、ゴツン、って額ぶつけながら食べ合うような、そんなつましい日々だったんですけどね。

ともかく、やっと夢に見た主役だったわけです。台本の出演者の欄の右端には「宝田明」って、いちばん大きく書かれてる。『七人の侍』に出てる志村喬の名前が、僕よりも下だった。

志村さんとの共演は光栄でしたよね。自分みたいな若造が大ベテランの志村さんに太刀打ちできるわけもないのだから、恐れることなく体当たりでぶつかってみよう、そんな意気込みでした。続いて、オキシジェン・デストロイヤーの発明者である芹沢博士役の平田昭彦。彼は東宝の研究所で一期上の五期生でした。お兄さん格で、最高学府（東京大学）を出てる秀才です。そして、同期生の河内桃子が僕の恋人の役。

『ゴジラ』（一九五四年十一月三日全国東宝系劇場にて封切） 作品形式 モノクロ／スタンダード／九十七分（十巻二六六三メートル） 製作費総計 六三〇〇万円 併映『仇討珍剣法』（斎藤寅次郎）

スタッフ 製作 田中友幸／監督 本多猪四郎／監督助手 梶田興治／脚本 村田武雄・本多猪四郎／原作 香山滋／撮影 玉井正夫／音楽 伊福部昭／美術監督 北猛夫／美術 中古《ちゅうこ》智／録音 下永尚《しもながひさし》／音響効果 三縄一郎／照明 石井長四郎／編集 平泰陳《たいらたいちん》／製作担当者 真木照夫／スチール 田中一清／現像 東京現像所／賛助 海上保安庁

〈特殊技術〉 特殊技術 円谷英二／合成 向山宏／美術 渡辺明／照明 岸田九一郎

キャスト 尾形秀人 宝田明／山根恭平 志村喬／山根恵美子 河内桃子／芹沢大助 平田昭彦／新聞記者・萩原 堺左千夫／田辺博士 村上冬樹／漁夫・政治 山本廉／政治の弟・新吉 鈴木豊明／新吉の母 馬野都留子／田辺博士助手 岡部正／汽船会社社長 小川虎之助／海上保安庁係員 今泉廉／新聞社デスク 手塚勝巳／新聞記者 中島春雄／小沢婦人代議士 菅井きん／老漁民 高堂国典／ゴジラ 手塚勝巳 中島春雄

『ゴジラ』のストーリーを紹介しておく。

突如、太平洋上で船の遭難が続発する。大戸島では嵐の夜、謎の巨大生物によって島が荒らされ、多数の被害が出た。調査隊が編成され、古生物学者の山根博士、娘の恵美子、その恋人でサルベージの技師・尾形らも参加する。調査隊を見送る人の中に、山根博士の教え子・芹沢博士の姿があった。芹沢は恵美子に思いを寄せていた。

島に到着した調査隊の前に、ついに姿を現した巨大生物ゴジラ。連続した遭難事故はゴジラによるものだったのだ。日本の首都・東京に迫るゴジラ。東京は焦土と化す。

そのころ芹沢が密かに開発したオキシジェン・デストロイヤーならゴジラを倒せるとの情報が入るが、芹沢は悪用されれば恐るべき厄災になる、と使用を躊躇う。しかし、尾形と恵美子の説得により遂に使用を決断、ゴジラは白骨と化し、芹沢もまたオキシジェン・デストロイヤー設計の秘密と共に海に消えるのであった。

若きプロデューサーの田中友幸さんが挨拶に立たれましてね。「この映画は、キワ物とか、ゲテ物などといわれる映画にはしたくない。水爆の実験によって、海の底で眠っていた怪獣が安住の地を追い出される。そして文明社会に復讐しようと、東京に上陸する。私たちは被害者だが、ゴジラも被害者である。そのような、文明というものを問い直そうとする作品です。皆さま方の、真摯な取り組みをお願いいたします」というようなことを仰って。

さらに、「ただ、この映画につきましては、厳重な秘密主義をとりたいと思います。東宝が総力をあげて取り組んでいく映画なのです。スタッフ、キャストの皆様にも、内容その他を、めったに漏らすことのないよう、お願いいたします」と。

これはちょっと大変な映画に出ることになったぞ……と身が引き締まる思いでした。

田中友幸は、一九一〇（明治四十三）年大阪生まれ。関西大学在学中は、演劇に熱中する。当時大阪唯一の新劇「協同劇団」で演出助手を経験。一九四〇（昭和十五）年、大宝映画に入社する。翌一九四一（昭和十六）年、大宝映画は東宝傘下に合併されたため、田中は東宝京都撮影所へ移籍、その後、一九四四（昭和十九）年に藤本眞澄の推薦で東宝東京撮影所へ移籍。以来、藤本眞澄と共に東宝の黄金時代を牽引した。『ゴジラ』以降、同社の特色のひとつである特撮映画のほとんどをプロデュース。一九六七（昭和四十二）年、大阪万博三菱パビリオンのプロデューサーを務めた。一九九七（平成九）年死去。妻は女優の中北千枝子。

『ゴジラ』製作の背景には、インドネシアとの合作映画『榮光のかげに』という企画の頓挫がある。脚本は梅田晴夫・木村武・谷口千吉、監督は谷口千吉で、池部良と山口淑子の主演が予定されていた。しかし、インドネシア側が、ストーリーに納得がいかず、製作中止となった。したがって、プロデューサーの田中友幸は、この穴を埋めるために別の企画が必要となり、『海底二万哩から来た大怪獣』というアイディアを提出。これは、「第五福竜丸事件」（後述）に着想を得たものであり、これを森岩雄製作本部長が気に入って即刻ＯＫ、ＧＯサインが出た。

田中は原案を作家の香山滋に依頼（黒沼健も候補に上がったらしく、こちらは二年後に『空の大怪獣ラドン』を生み出す）、依頼後わずか十日あまりで仕上がってきた原案に、監督の本多猪四郎と脚本の村田武雄が手を加えて準備稿とした。この準備稿は、「Ｇ作品」と名付けられ、極秘プロジェクトとして始動したのであった。

中島春雄が受け取った台本には「Ｇ作品」と書かれていた、とあり（中島春雄『怪獣人生』洋泉社新書y）、これは準備稿印刷台本であったと思われる。

撮影の日々

そんなことで、記念すべきゴジラの撮影が始まったわけですが、そりゃ初日には勇んでスタジオに入りましたよ。すでに大勢のスタッフが準備に追われてて、でも挨拶だけはしっかりしなきゃ、と思って、僕、言ったんです。「宝田明です。主役をやらせていただきます。どうかよろしくお願いします」。

そうしたら、背後から「バカヤローお前が主役じゃねえ、ゴジラが主役だ！」って声が飛んで来た。

これ、今だから言いますけど、照明のね、石井長四郎さんだったんですよ！　その後我々は長さん長さんって呼んでましたが、強面のお顔をした人でねえ。それで初日にあんなこと言われたもんだから、石井さんを見ると、ブルブルっ……、ってもうビビっちゃって（笑）。

でもその後いろんな作品を一緒にやるようになって、「宝田くん」という呼び方から、「宝田さん」って呼んでくれるようになったんですよ。目ェ引ん剝いて、「おい何だよ」なんて言われるとみんな震え上がっていましたが。でも根はとっても優しい方でした。

今でこそゴジラというとすぐ姿形が思い浮かびますけど、当時、撮影中の自分たちにはまったく想像がつかない。当たり前ですよね、この作品以前にゴジラなんて存在しないんですから。大変でしたよ、わからないものの存在を思いながら演じるというのはね。

撮影中のエピソードがひとつあって、あるシーンで、僕は監督に手を上げて訊いたんです。「監督！　山の稜線から出るゴジラの目線はどのへんですか？　決めていただかないと、目線が決まりません」。

別に本多監督を困らせようとしたのではないんです。演技研究所でも、目線の大切さは嚙んで含めるように教わってきて、『かくて自由の鐘は鳴る』とその次の現場でも、監督さんから再三にわたって指導されてきましたから。

そうしたら本多監督、「目線はあの雲です、雲！」。

そしてカチンコが差し出されて、「よーい、スタート！」。

僕たち俳優がいっせいに空を見上げる。

すると、「カット！　皆さん、目線がバラバラですよ！　あの山の上の雲を見ていただかないと！」。

とそこで志村さんが助け舟を出してフォローしてくれる。「監督さん、無理ですよ。見てください、

『ゴジラ』の現場で。上はゴジラ出現で逃げおくれた河内を助けるシーン。下はラストシーンの潜水服姿で

あの空のどこにゴジラがいるんですか？」。

監督は身体をひねって空を見上げ、また振り返って苦笑してました。なんのことはない、本番の準備をするうちに、あったはずの目印の雲はとっくに空の彼方だったというわけです（笑）。

ラストシーンのロケは、志摩で、八月七日からだったと思います。ラストシーンだけではなく今もお話ししたゴジラ出現のシーンも併せて撮影されました。台風にもあわず好天に恵まれたのはいいんですが、暑くて大変な思いをしました。

巡視船の甲板で、平田昭彦と一緒に潜水服着て、ゴジラのいる海底に潜っていくシーンを撮ったときはツラかった。実際海に潜れるならまだしも、スタントマンがちゃんといるので、自分たちは潜らせてもらえない。甲板上で演技をするだけで、待ち時間は長いし、かといって着脱に時間かかる潜水服を脱ぐわけにもいかず……。潜水服の中の温度が上がって、下半身にものすごい量の汗がたまってしまってね。河内桃子に頭から水をかけてもらって、やっとの思いでしのいだことを覚えて

『ゴジラ』ラストシーンの現場で。宝田、河内桃子、平田昭彦、志村喬ら

います よ。

ゴジラとの対面

撮影が始まっても、僕たちは長いことゴジラの姿に接することはできませんでした、映画については箝口令が敷かれていましたし、それにそもそも、円谷さんたち特撮陣にとっても、見せるだけのものがなかなか形にできなかったのじゃないかと思います。ゴジラだけでなく、ミニチュアの街並みや戦車や戦闘機にも始めはまったくお目にかかれなかったですね。

僕たち俳優陣は、とにかく本多監督のもとに集まって、演技者としての自分の務めを精一杯果たすことだけに集中していました。

苦労されたのは特撮班だけじゃないんです。音響部にも大きな課題があった。

ゴジラの鳴き声を一体どうするか、という問題です。生物としての分類から行動様式まですべて想像上の生物なのですから、そもそも鳴くのか、というところから始まり、しかし映画の効果上鳴かなくては格好がつかない、と決まりましてね。じゃ、どういう鳴き声にするか。

音響効果の三縄一郎さん、録音の下永尚さん、音楽の伊福部昭先生が揃って模索した末に、あのゴジラの鳴き声が発明されたんです。決定的な案は伊福部先生から出たようですね。コントラバスの弦を使ってみてはどうか、弓ではなく手で摩擦を加え、奇怪な音を出して、それを材料にして。その音を録音していろいろと加工してあの鳴き声が完成したらしいですね。

そして本編の撮影が相当進んだある日、宣伝部の斎藤忠夫さんに声をかけられました。新聞や雑誌の記者を呼んであるというんです。

「取材ですね?」と訊くと、「そうなんだ。ゴジラと記念撮影を頼むよ」。

ゴジラと主演の2人

河内桃子もやって来て、「河内君、ゴジラと相合傘でね」と言われる。「ゴジラと一緒に?!」と驚きましたが、とりあえず中庭に面したサロンに行き、記者会見をしまして。

それが終わると、「皆さん、お待たせしましたー!」と声がかかり、記者の方たちと共に中庭へ向かいました。

表に出た瞬間、私の目に映ったもの、初めてそれに対した時の感想をどう表現すればいいのかわかりません。

中庭の噴水の傍に、ゴジラと思われる大きな何かが立ってました。見るからに、異形の代物でした。頭のてっぺんからつま先まで、二メートルはあろうかという。ごつごつした皮膚、ぎょろりと剝かれた目玉、長い尻尾。強いて言えば恐竜に似てる、他の何かにたとえようもない、それは正にゴジラとしか呼べない怪獣でした。

「G作品」の、森岩雄による箝口令は徹底しており、宣伝課長の斎藤忠夫は大分苦労したらしい。

「森岩雄さんの命令はいっさいマスコミのセット入りは禁止すること。ぬいぐるみや、トリック撮影、ミニチュア街など記事発表はよいが、写真発表は絶対に禁止、すべてスチール部にて合成完成したるもののみを発表のこと」ときびしいもので、宣伝課として頭が痛かった。「毎日のように申し込みのあるマスコミに対して断りの言いわけでたいへんであった」(『東宝行進曲』平凡社)。

このときはまだ、このゴジラの中に、中島春雄さんが入ってるとは知りませんでした。中島春雄さんといったら、東宝では大先輩なんですよ。彼はゴジラの後、あらゆる怪獣のぬいぐるみに入り、独特の演技を確立されて、この方面のパイオニアですよね。あの動きを出すのに、動物園に何日も通って動物の動きを勉強されたらしい。鏡の前で怪獣の所作を繰り返したりして、こんな姿は家族にも見せられないと嘆いてね。ものすごい苦労をなさって、ついに、ぬいぐるみが自分の皮膚と同じに感じられるくらいの鋭敏さを獲得されたらしいです。

実は、円谷英二は当初、『ゴジラ』を米国の『キング・コング』のような、人形アニメーションのコマ撮りでやりたかったらしい。ところが、時間的にも予算的にも許されず、着ぐるみでの製作と相成った。もしも『ゴジラ』がコマ撮りで撮られていたとしたら、中島春雄の人生は随分と違ったものになっていたろう。

当時独身で狛江に四畳半の部屋を間借りしていた中島春雄は、『怪獣人生』(洋泉社新書y)の中でこの時期のことを振り返っている。

「上野の不忍池の近くに住む親戚が、仕事で一〇日ほど家を空けるから、僕に留守番を頼むと言ってきた。僕は渡りに船だと喜んで引き受けた。上野動物園に近かったからだ。何か役のヒントを得られるんじゃないかと、大部屋の仕事の合間に、動物の動きを観察することにした」

中島は、この上野動物園で、ゾウ、クマ、ハゲタカ、カンガルー、ゴリラなどの動きを、腹が減るとクマに投げるコッペパンをかじりながら、時に閉園まで観察したという。

なお、同書で中島は、後年宝田と一緒に参加した、米国各地及び国内でのゴジライベントについても懐かしそうに言及している。惜しくも、二〇一七（平成二十九）年逝去。享年八十八、まさに怪獣人生であった。

スタッフの面々

本多猪四郎監督は、山本嘉次郎監督の下で修行されて、黒澤明監督や谷口千吉監督と同門なんです。しかし兵隊にとられて、監督デビューが遅れてしまった。

それまでに、『港へ来た男』や『太平洋の鷲』なんかを撮られていて、その名は轟いていましたが、『ゴジラ』という日本初の本格特撮映画を任され、本多さんも相当緊張されてたとは思いますね。

本多監督は、何事にも非常に真摯に対応される監督でした。役者をどなりつけたり、ネチネチと追い詰めたりなんて絶対しない。その代わり、手は抜かず真っ正面から演技指導されました。

だから僕の方も、先の目線問題についても生真面目に訊いちゃうのね。今思うと、さぞかし監督も困ったろうなあ、志村さんも横で冷や冷やしてらしたんじゃないでしょうか。

でもそんな僕のことも、監督は絶対に適当にあしらったり、ごまかしたりはされなかったです。一緒に考え、一緒に苦しんで解決してくれました。

作品の中で、監督は、ゴジラが現れようが東京が破壊されようが、日常の世界をふだん通りに生きる登場人物を描いておられますよね。決して水爆大怪獣の破壊シーンだけの単なるスペクタクル映画ではない。

その演出はたとえば黒澤監督の作品なんかと比べると地味な印象で、物足りなさもあるかもしれない。しかし、そのストイシズムこそが監督の作家精神だったんじゃないでしょうか。

ゴジラが今にも襲来するという切迫した状況下で、一体主人公ふたりは何をしているのか、恋愛にかまけている場合か、と思われた方もいたかもしれませんが、でも、そうではないと思うんです。男女が恋も語れない、肩を並べて歩くだけで非難された、戦時下のような風潮こそ、繰り返してはならない。

本多監督が心を込めて描いたのはそこなんだと思います。

武器も情報も持たない、ゴジラが来てもなすすべも無い庶民の姿を、監督は共感を持って描かれたんです。

余談ですが、毎年正月三日の日に、本多監督のご自宅で新年会があったんですが、大勢の俳優スタッフで

本多猪四郎監督（右）の自宅での新年会で藤木悠（中）と

ご自宅の玄関には靴の山が出来る程の盛況で、如何に本多監督の人望が厚かったか窺えます。円谷英二さんは、戦時中に少年時代を送った僕のような者には、雲の上の存在ですよ。その頃はまだ「特技監督」の肩書きはありませんでしたが。

貪るように映画を観ていた少年時代から青年時代にかけ、さらに東宝に入って映画のことを詳しく知るうち、円谷英二さんがどんなに偉大な方であるか、思い知らされたものです。

山本嘉次郎監督の『ハワイ・マレー沖海戦』（一九四二）や『加藤隼戦闘隊』（一九四四）なんかは子供の時に満洲のハルピンで観ました。もっとも、『ハワイ・マレー沖海戦』における代表的な真珠湾攻撃の名場面の数々、さらにマレー沖海戦の時、英戦艦プリンス・オブ・ウェールズと重巡洋艦レパレスが日本の航空隊の攻撃を受けてのたうち廻った挙句撃沈されるシーンは、ドキュメント撮影された実写だと信じ込んでおりましたが……。

ところがそうじゃなかった。撮影中その話を円谷さんにすると、「あれは僕が作った特撮だよ」と聞いて、僕は本当に驚きました。

その円谷さんが『ゴジラ』で特殊技術を担当なさる、ということも、僕が身を引き締めた一因でもありました。

しかし、円谷さんは、実際にお会いしてみると、どちらかというと木工所のオヤジさんみたいな感じでしたね（笑）。ペラペラのジャンパーを着て鳥打ち帽かぶって、タバコを吸われてて。ネクタイ姿のようなものは見た事がないですね。

寡黙な方でしたから、そんなに話をしたという覚えはないんですが、「宝田君、君は新人だろ。主役というのは大変なんだから、がんばりなさいよ」と言ってくださったことがあって、とても印象に残っています。円谷さんは、特撮の匠です。いや、神です。膨大な金と時間をかけ、ＣＧで造られた画像よりも遥かに存在感があり、説得力がありました。

監督の本多猪四郎は一九一一（明治四十四）年山形県生まれ。日本大学映画科在学中に森岩雄に見いだされＰ・Ｃ・Ｌに入社する。黒澤明らとともに助監督修行を積むが、二・二六事件をまじかに見たり、中国戦線に長く従軍するなど足かけ八年におよぶ軍隊生活でブランクを余儀なくされた。

円谷英二は一九〇一（明治三十四）年福島県生まれ。飛行機にあこがれ日本飛行学校に入学するも夢かなわず、玩具会社の考案係で働いているときに、花見での喧嘩を仲裁したことがきっかけで、初期日本映画史に技術面での貢献で足跡を残す枝正義郎《えだまさよしろう》と知り合い、映画界入りする。戦時中には軍部の依頼で航空兵のために教材映画の制作に携わったため、戦後、公職追放指定を受けた時期もあった。

本多さん演出の本編の撮影には、成瀬巳喜男監督の作品で活躍されていたスタッフが揃ってるんですね。撮影の玉井正夫さん、照明の石井長四郎さん、美術の中古智さん、録音の下永尚さん。玉井さんなんて、帝国キネマなんかを経て、東宝の前身のひとつＪＯスタジオに入社されたベテラン中のベテランです。

そんな方が覗くカメラの前で演技しなきゃならないんですから、そりゃ緊張しますよ。まるで全部見透かされているような感じで怖かったです。でも、逆に、小細工したって見透かされるんだから、遠慮なんかしたってしょうがありませんよね。ですから、本多監督にしたがって、自分を思いっきりさらけ出せばいいや、と。玉井さんなら、いいところだけすくいとってくれるだろう、と。そんな風に信頼してやりました。

名匠成瀬監督のもとで仕事をされた、このようなスタッフがいてくださったから、大事なゴジラ第一作の成功に結びついたのだと思います。

田中友幸プロデューサーは撮影に若手を起用しようとしたが辞退されてしまい、困った田中は玉井正夫を説得する。このとき玉井は、引き受けるかわりに、特技部との衝突を避けるため、撮影監督として全てを自分に一任すること、照明や美術も成瀬組の人材を入れること、を要求し、本篇スタッフが決まった。

美術の中古智は『成瀬巳喜男の設計』（リュミエール叢書／筑摩書房）の中で、玉井正夫が成瀬巳喜男に会って、「何かほかの映画《シャシン》、それをやろうとしてかかってるけども、『これには時間がかかるから（君たちはゴジラを）やれるよ』と」言われたと話している。

また同書で中古は、「デザイナーも脚本から立ち会わせてもらいたいという感じがずっとしていた」といい、それは「美術の予算額と関係するから」とし、「その願いがかなえられたことが一遍だけあり」、『ゴジラ』がそうで、「あとにもさきにも、『ゴジラ』の第一作だけ」であったという。

試写での涙

九月の下旬だったと記憶してますが、本多さんの口から、本編撮影終了が告げられました。円谷さんたち特撮班はまだ撮影が残っていて、それもそれからまもなく、十月には終わった。

さあ、いよいよ試写です。ダビング・ルームの小さな試写室で、五、六十人くらいでしたか。僕はここで初めて『ゴジラ』の全貌に接したのです。こういう関係者のみの試写会を「初号《しょごう》」といいます。

昭和二十（一九四五）年八月六日と九日、広島と長崎に原爆が落ちて、両都市で二十八万人の人が一瞬のうちに焼死するという核の被害を被った。昭和二十五（一九五〇）年には、朝鮮戦争が起きて、日本は戦争特需の景気に沸いて、弾薬を作ったり、タンク作ったりして。

それで重工業などの大きな産業が好況となったんで、それにつれて景気も上がってきたわけだけれど、それから四年経った昭和二十九（一九五四）年、静岡の焼津港を母港としたマグロ延縄《はえなわ》漁船第五福竜丸が、アメリカがビキニ環礁で行った水爆実験で被ばくした。彼らは這々《ほうほう》の体で逃げ帰ったんです。

「太陽が西の空に沈んだら、また西の空からどでかい太陽が昇って来た」船員たちはそう思って驚いたそうです。

それから数時間して、「死の灰」が降り掛かってきました。それで結局、無線長の久保山愛吉さんが亡くなった。


なお、これは、アメリカが一〇〇〇回以上行った水爆実験のうちの一回に過ぎず、被ばくした船は実は第五福竜丸だけではなく、他にも何百隻というマグロ漁船とその船員たちが被ばくしていたという事実が、近年になってようやく知られるようになっている（ドキュメンタリー映画『放射線を浴びたX年後（一～二）』伊東英朗監督、書籍『放射線を浴びたX年後』伊東英朗著・講談社参照）。

また、『美女と液体人間』（一九五八年、本多猪四郎）では第五福竜丸を彷彿とさせる核実験の被害に遭った船が重要な設定として描かれている。

原爆をテーマとした映画は他にも『長崎の鐘』（一九五〇年、大庭秀雄）『原爆の子』（一九五二年、新藤兼人）『ひろしま』（一九五三年、関川秀雄）がある。

『原爆の子』と『ひろしま』は同じ原作による競作で、特に『ひろしま』は、原爆投下直後の地獄絵図を再現した。リアルなセットデザインを担当したのは、のちに円谷プロのウルトラシリーズで怪獣着ぐるみの制作を担当する高山良策だった。

当初、『ひろしま』の配給を予定していた松竹は、前年まで日本を占領していた連合国に配慮し、いくつかのシーンのカットを要請したが、製作側はこれを拒否。結果、大手配給会社がつかず、公共施設などでの上映機会も制約された（最終的には日教組映画製作委員会と北星映画との共同配給）。

奇しくも『ひろしま』（そして『原爆の子』も）の音楽は伊福部昭で、その一部が、翌年の『ゴジラ』の劇中曲に転用されている。

広島、長崎についで三度目の核被害を受けた日本人が世界に向けて核の恐怖を発信すべきとの考えで「ゴジラ」という空想上の動物を登場させて、人間に報復をする。そういうことをやったわけですね。

加えてここには円谷英二という、特撮の大巨匠がいたわけです。それまでの、アメリカ映画の『キング・コング』なんていうようなちゃちな、人形アニメみたいなものじゃなくて、中に人間が入って、実に堂々たるものにした。

しかもモノクロの画面が迫力を出していましたね。僕は後年日本国内やシカゴの美術館でレンブラントの絵をみましたが、レンブラントの絵の前に立つと金縛りにあったみたいに立ちすくんでしまいました。第一作の『ゴジラ』の場面はまるでレンブラントの絵を見るような思いがするんですよ。レンブラントの、白と黒のあのコントラスト。

同じ白でも、いろんな白がある、同じ黒でも漆黒の黒と薄い黒、まるで山水画の様に。これはモノクロだから表現できる世界なんですね。

『ゴジラ』の照明に関しては、石井長四郎さんの功績が大きかった。照明の技術とか、特撮の技術とか、映画の技術の全てが、あの『ゴジラ』に結集されていたんですね。

考えてみたら、ゴジラ自身も、空想上のものとはいえ、アメリカ・ソ連の冷たい戦争の中にあって、空想上の生物だけど彼も被爆者として悲しい運命を背負っているわけで。

そのゴジラが、あの芹沢博士が作った「オキシジェン・デストロイヤー」という、水中酸素破壊機みたいな武器で殺してしまって……。白骨となって、海の藻くずとして海底に沈んで行くゴジラの姿を見て、伊福部音楽の荘厳さもあったけれども、ぼくは彼に同情を禁じ得なくてねえ……。

観終わった後の試写室でワンワン泣きましたよ。

正直言って、僕は『ゴジラ』がこれほどまでに哲学的な作品だとは思っていなかったんです。もちろん台本は何度も読みましたし、監督の演技指導を受けながら、自分なりに一生懸命考え抜きました。しかし、試写の直後に感じたほどの深みを台本からは読み取れていませんでした。ところが、単純にひとりの観客として、純粋に心を揺さぶられたんです。

俳優としての未熟さもあっただろうと思います。しかし、出演者の想像力をはるかに超える、感動や深みを完成した映画は持てるんだ、ということを改めて知る思いでした。数え切れないほど多くのスタッフが力を合わせることで、観客の心に訴える映画ができるんです。

映画俳優になってよかった、『ゴジラ』に出させてもらって本当によかった……改めてそう思えた。この瞬間こそが、僕の映画俳優としての、本当のスタートだったと思っています。

封切り

昭和二十九年の十一月三日、全国の東宝系の映画館で『ゴジラ』は封切られました。

当時、八八〇〇万人の人口の内、九六一万人という観客動員があったというのは、この映画が、単なるキワものではなくて、十分にメッセージ性を持った作品に仕上がっていたという証拠でしょう。

いろんな意味で、東宝としては金字塔を打ち立てたわけです。映画は水物といいますが、その賭けに大いに勝った、物語に流れる社会的背景、バックボーンがしっかり確立されていた、つまり単なる怪獣映画ではなく、大いにメッセージ性を持った作品だったというわけです。

田中友幸プロデューサーによると、あまりのヒットに、渋谷東宝では人手が足りなくて、田中さん自身ももぎりを手伝ったらしい。作家の笹沢左保さんも、渋谷東宝で二時間待たされてやっと入れたと聞きます。

初日の入場者記録を東宝作品で見ると、同年封切の黒澤明監督の『七人の侍』も、稲垣浩監督の『宮本武蔵』も、『ゴジラ』にはかなわなかったんです。

東映、松竹、大映、新東宝の他社に至っては、二倍から四倍の差をつけた。

批評家の中には、『ゴジラ』は見せ物的興味を引く以外の何ものでもない、とか、本多監督が演出された部分があまりに小市民的だとか、水爆反対などのテーマは要らない、ゴジラ対人間の戦いに的をしぼった方がよかったなどの意見もあったようです。

しかし、映画の真の観客である一般の方々に『ゴジラ』がどう迎えられたのか。

それは、九六一万という数字が物語っていましょう。この方々が真の映画評論家だったのです。映画の黄金時代だったとはいえ、驚くほかない数字でした。

前章では、宝田が映画界入りした一九五三年のキネ旬ベストテンに触れたが、『ゴジラ』公開の一九五四年はもっとすごい。上から、『二十四の瞳』（木下恵介）、『女の園』（木下恵介）、『七人の侍』（黒澤明）、『黒い潮』（山村聰）、『近松物語』（溝口健二）、『山の音』（成瀬巳喜男）、『晩菊』（成瀬巳喜男）、『勲章』（渋谷実）、『山椒大夫』（溝口健二）、『大阪の宿』（五所平之助）。

ところが興行収入となるとまた作品が変わってくる。上から『君の名は・第3部』（松竹）、『忠臣蔵花の巻・雪の巻』（松竹）、『七人の侍』（東宝）、『紅孔雀』（東映）、『二十四の瞳』（松竹）、『月よりの使者』（大映）、『宮本武藏』（東宝）。

そして、『ゴジラ』が第八位で、配収一億五二〇〇万円。興行収入では八位とはいえ、初日の動員数でいえば、宝田の言葉にある通り、同年四月公開の『七人の侍』をも上回った。

キネ旬ベストテンや評論家の評価と、興行成績が異なるのは世の常で、一九五三年キネ旬ベストテンで七位だった『ひめゆりの塔』と香川京子については、前章で触れた宝田の出身校である豊島高校の『豊島高等学校五十年史』にも記述があるが、同書には残念ながら『ゴジラ』と宝田に関する記述はない。

この作品が、僕を、映画俳優として本当に一本立ちをさせてくれたんです。目の前に流れて来た藁を本当に、一生懸命になって摑んだわけですが、その藁は決して中途半端な藁ではなかった、というわけです。

東宝は結局、この二十九年に、立て続けに僕を三本の作品に出してくれた。これは予想をはるかに上回ることでした。最初は三十センチぐらいのハードルのデビュー作『かくて自由の鐘は鳴る』を与えられた。これを無難に越えたので、「今度は五十センチぐらいにしてやるかな」と『水着の花嫁』を。これもクリアすることができたので、続く『ゴジラ』では、一メートル二十センチぐらいの、ギリギリ引っかかりそうな高いハードルを課せられた、ということなのかもしれません。

自分の力なんて別にないに等しいんですが、ハタチそこそこの人間が、映画的にどうとか、演技的な基礎なんてものはないままに、しかし何とかアクセルを踏んで、スロットルを全開にして……。あの当時は、至らなかったけど全力投球はした、という思いがありますね。

第四章　活気ある撮影所

デビュー翌年に八作品に出演

日本映画界は、昭和三十年代前半に、観客動員数、公開作品数共にピークを迎える。宝田の出演作品数も年々増加の一途を辿った。本章では、日本映画黄金期の宝田の出演作について、当時のエピソードも交えつつ、年代順にフィルモグラフィーをもとに語ってもらう。

まずは、宝田のデビュー翌年の一九五五年から。

考えてみると、『ゴジラ』の翌年（一九五五年＝昭和三十年）ですでに八本出てるんですね。八本というと、一本作るのに最低一か月半かかりますから、もう毎月二本かけ持ちで出演している、ということになりますね。これが後には年に十五本なんて年もありました。東宝の表玄関には、撮影中の作品の看板がぶら下がるんですよ、七、八本位。ですから、「宝田明」って名前が出てる看板が常にかかるわけ。一本終わったら次も、また次……と。まあ、もちろん全てが主役というわけじゃありません。オールスター作品もあるんですけども。

ところが、三船敏郎は黒澤組が一本だけ。そうすると三船ちゃんは、「お前はいいなあ、何本も出て稼げて」って言うんです。僕は「いやあ、先輩とは金額が違いますよ」って（笑）。「俺なんか一年間クロサワ（黒澤明監督）に捕まっててんだから、あの野郎～」なんて言ってね（笑）。

黒澤監督は撮影期間が長いですからねえ。『七人の侍』（一九五四）は一年間かかって仕上げたんですから。大勢の野武士、百姓、みんな寒い中ブルブル震えながら撮影してましたよ。三船ちゃんからは、会う度に「いいなあー、お前は。綺麗な女優と一緒だし、本数も稼ぎやがって」なんて言われたものです。でもそれは、東宝が、「宝田は若手で、こっち（青春もの）をやらせよう」と決めてやらせてるんですからね。自分がクロサワさんの作品に出たい、と思っても、会社がやらせてくれないんですから……。昭和三十年頃は、まだ、対会社と出演交渉をしてくれるマネージャーなんてとても持てる身分ではなかったし、考えもしませんでした。

変わった監督、渡辺邦男

『やんちゃ娘行状記』と『花嫁立候補』、これは渡辺邦男さんの作品です。

渡辺邦男といえば、早撮りで有名でしたね。スケジュールは、大体一週間で一本、二週間で二本、前編と後編を仕上げるんです。だからこれ、公開が一月九日と一月二二日でしょう。

前編が『やんちゃ娘行状記』後編が『花嫁立候補』、タイトルだけは変わってますがこれは前後編なんですよ。前編を撮ってる時でも、後編の中抜《なかぬ》きをいっぱい撮りました。

だから、役者も演技プランをしっかり立ててないと、つまり、芝居上の繋がりを考えなきゃいけない。

この作品からは、そんなことを教わりました。

渡辺監督は背が低くてちょびひげを生やしてて、撮影中どこに監督がいるのかわからないんです（笑）。

そう、たとえれば和製チャップリンみたいな人でした。

当時はミッチェル（アメリカのミッチェル社製35ｍｍ映画用撮影機。スタンダード型、ＮＣ型、ＢＮＣ型があり、この場合はＮＣ型）という大きいキャメラを三脚の上に乗せて撮ってましたが、どこに監督がいるのかと思ったら、その三脚の足の中にしゃがみ込んでるんです。運動帽みたいな帽子を被って、ちょびひげ生やして。

「おはようございます、宝田です」と僕が挨拶すると、僕のこと見上げて、「あ、宝塚」。僕のことを一回も宝田って呼んでくれたことないですね。「宝塚」としか言わないの（笑）。

この台本をもらった時に、雨宮恒之撮影所長が、「宝田くん、渡辺監督は日本一の早撮りの監督で、台詞を覚えてなかったら、もうそのシーンのお前の出番全部カットされたりするからな。遅れて行っても大変だぞ。しかし、この人の作品をやっとけば、お前、後でラクになるから」、と。

現場に行ったら案の定、監督専用のスクリプターといって記録係の女性が監督にピターっとくっついてね。前後編のシーンの中抜きをするというと、それは監督の頭の中にはもちろん入ってる。それとあとスクリプターだけが、今撮ったシーンが作品のどのパートなのか、わかってるわけです。

ある日、ベテランの阿部九洲男《くすお》さんという年輩の俳優が、朝現場に遅れて来たことがありました。そうしたら監督、「あ、このシーンはカット」って全部カットしちゃった……（笑）。

それから渡辺監督は、面白いシーンを撮ってると、一緒になって笑うんです。「ははははは」って。そうすると、録音技師が「ブーブーブー」とブザーを鳴らして、「誰の声だ、今のは！」って。なんのことはない、監督なんですよ（笑）。

それでまたしばらくすると、また笑い声がして、ブーブーブーブー。「監督、今また笑いましたね」って録音技師に言われると、監督は「じゃ声の入ったとこまででカット、あとは切っちゃえばいいよ」（笑）。

これは青山京子と一緒に出た作品でしたが、撮影のときに、僕がちょっとアドリブでギャグっぽいことをやったら、監督が三脚の中で、「うわっはっはっは」と笑っちゃ、またブザーが「ブブブブー」。そしてねえ、笑うだけならいいんですが、笑いながら三脚の下から立ち上がって出てきちゃうんですよ、画面の中に。

今度はキャメラマンが、「おいおい、何だよ～誰だ‼」って。「カット！」って自分が言わないうちに自分から出て行っちゃうんだから（笑）。

「いやあ、不思議な監督さんですね」って雨宮撮影所長に言ったら、「いいか、あの人は俳優を気に入ったら噛むんだ。噛まれたら喜べよ、それは気に入られたってことなんだから」って。

そうしたら、しばらくしたある日、ワンカット撮った後、「ハッハッハ」って笑いながら監督が僕のそばへ来て、「アウ～～」って手を取って噛むの。

僕は「あ、イタイタイタイタい……」って。

さっそく所長に「所長、今日噛まれました！」って報告をしました。所長は「噛まれたか、そうか、良かった……良かった！」って（笑）。

もう笑っちゃいましたよ。事前に聞いてたから良かったですが、知らないで噛まれたら相当戸惑っちゃいますよね。

早撮りの名人。不思議な人でした。まさに職人芸でしたね。

渡辺邦男監督は一八九九（明治三十二）年生まれ、一九二四（大正十三）年に日活に入社、俳優、助監督を経て、一九二八（昭和三）年に監督に昇進。この頃、池永浩久撮影所長より、「安く、早く、儲かる映画を」との指示を受け、早撮りをするようになった。一九三七（昭和十二）年に東宝に移籍。戦後の東宝争議では、反組合の立場をとり、同志と共に新東宝へ。そこで撮った『明治天皇と日露大戦争』（一九五七）は空前のヒットとなった。翌年新東宝退社後は、フリーとして、松竹、大映、東映その他で撮り続け、生涯で二二五本の映画を、そしてさらにテレビ映画を二〇九本、計四三四本という驚異的な数の作品を撮った。一九八一（昭和五十六）年死去。

なお、「中抜き」とは、撮影時間を短縮させるために、同一のセットやアングル、同一の出演者のシーンを、脚本の順序と関係なくランダムに撮る撮影技法で、高度な技術が要求される。

斎藤忠夫の『東宝行進曲』には、早撮りのために、片半分の髪しか結髪《けっぱつ》できてない女優を、それでいいからとセットへ引っ張り出して撮影したこともあった、という清川虹子の証言が載っている。

当時早撮りで有名だったもう一人の監督に、この章で後ほど触れるマキノ雅弘がいる。

マキノ監督の早撮りは、十二月二十七日クランクインし、翌々日二十九日にクランクアップ、年明け四日の封切りに間に合ったというのが最短記録であるらしい。

一九四〇（昭和十五）年十二月、このマキノ監督と渡辺邦男の早撮り合戦で、しかもステージが隣同士。奇しくも両作品の主役は長谷川一夫で、ステージ前で長谷川一夫の身体を奪い合うため取っ組み合いになりそうな助監督二人を、両作品の衣装を手にした長谷川一夫が仲裁したこともあったという（同書参照。渡辺邦男の『熱砂の誓ひ』〔同年年末公開〕とマキノ監督の『昨日消えた男』〔年明け公開〕か）。

司葉子入社

僕が入社して一年ほど後だったと思いますが、司葉子が入社して来たんですね。

彼女は鳥取県は境港の出身で、三人姉妹の末っ子の娘さんでね。大阪の新日本放送の専務の秘書をやってたんですが、彼女が「家庭よみうり」の表紙に載ったんですね。それが、「すごく綺麗なお嬢さんが大阪にいる！」って話題になった。

それで、プロデューサーの田中友幸さんと丸山誠治監督と池部さんが大阪に行って、口説いて口説いて、やっと出演の運びとなり、池部良と一緒に、『君死に給うことなかれ』（一九五四）って作品に出たわけです。原爆のせいで顔が火傷でケロイドになった役でした。
そしてそれを撮ったあと、彼女は、僕とのメロドラマで若い恋人たちのラブストーリーの『雪の炎』（一九五五）って作品に出たんです。

司葉子は宝田と同じ、一九三四（昭和九）年生まれ。本名の庄司葉子を「司葉子」と命名したのは池部良である。健全で清楚なお嬢さんぶりが東宝の社風と合い、多数の作品に出演し、看板スターとして重宝された。代表作は『紀ノ川』（一九六六）で、その年の映画女優賞を総ナメ。宝田とは、『天下泰平』（一九五五）から『福耳』（二〇〇三）まで、三十二本の共演作があり、宝田が最も多く共演した主演女優である。

池部良は一九一八（大正七）年生まれ、立教大学卒。シナリオライターを目指して東宝に入社したが、島津保次郎に俳優として見出され、『闘魚』（一九四一）でデビュー。翌年一九四二（昭和十七）年より四年間の応召、抑留を経て映画界に復帰。『青い山脈』（一九四九）など、トップクラスの二枚目スターとして活躍した。篠田正浩監督の『乾いた花』（一九六四）、高倉健とのコンビで九本作られた東映仁俠映画「昭和残俠伝」シリーズ（一九六五―一九七二）、『けものみち』（一九六五）での、ニヒルな役どころも印象深い。エッセイストとしても名を成し、著書も多数。宝田とは、主にオールスター作品にてではあるが、十本の共演作がある。二〇一〇（平成二十二）年死去。

『雪の炎』は白川渥《あつし》の小説が原作でしたが、丸林久信監督でこの作品で僕は初めて司葉子と共演したんです。僕と彼女とで主役を演じることになった。

池部さんとしてははっきり言って面白くないんですね。東宝でも若いコンビの誕生って大いに宣伝してましたから。

「なんだ、あの宝田ってのは？　俺の後を追う存在なのか」って。

だから『雪の炎』の後、僕の作品が、ポンポンポーンと表の看板に出るようになってくるでしょ？　そうすると、撮影所のサロンに僕がお昼を食べに入って行くとね、池部さんが食事をしているんですが、東宝の若手の俳優さん達が池部さんと一緒に立ち上がって出て行ってしまう。

スタッフはもう、見てわかるんですよね。「ああ、村八分か」って。

それで僕は、「なんてケツの穴の小せぇ奴らだ、俺はソ連の兵隊に撃たれて、死ぬ思いでここまで生きて帰って来たんだ、異民族とも仲良くやって来たんだ、お前らとは違うんだぞ」と思いましたし、「何くそ」という気持ちがムラムラ涌いて来ましたね。

撮影所の前に、飲み屋というか、食事処で「マコト」という店がありましてね。そこに、夕方の撮影が終わって、五時から六時までの一時間の休憩で僕が食事に入ると、ママが出てきて、

「宝田君、ツラいでしょう？　みんな話してるわよ、出る釘は打たれるって。我慢我慢」、なんて声を掛けてくれるんです。

僕も男ですからね、「そうなんですよ、ツラいんですよ……」なんて泣き言は言えない。グッと歯を噛み締めて我慢して、ああ、でも判ってくれる人がいるんだ、と心が安まりました。

「それはみんなが通る道で、主役をやって伸びて行く人は必ずこうやって打たれるんだから、それはスターになるためのひとつのプロセス、道のりなのよ、だから頑張りなさいね」と、食堂のママが教えてくれた。いい人でした。

丸林久信は、一九一七年三重県生まれ。早稲田大学卒。一九四〇年、卒業のひと月前に東宝入社。入社して一年も経たないうちに応召、終戦後もビルマでの駐屯が続き、計六年半の軍隊生活を余儀なくされた。一九四七年、三十歳で復員、再び助監督からのスタートとなったが、今度は東宝争議で会社が不安定な時代を過ごし、一九五五年、三十七歳のときに宝田出演の『雪の炎』で監督デビュー。フィルモグラフィーを調べると、監督作は一九五五年〜一九五八年の間に九本と一九六八年に一本、計十本しかなく、戦争さえなければ……と想像せずにはおれない、「タイミングの悪い」監督のひとりであったといえる。後年はテレビで演出・脚本を多数手がけた。また、一九七一年に、自身の軍隊生活をもとにした『秘録 特務諜報工作隊 雲南の虎と豹』を刊行。一九九九年没。

なお「マコト」は、磯野理《おさむ》の『東宝見聞録』によると、幹部社員や監督、俳優などの高額所得者が常連の洋食店で、ランチは常に満席、夕方からはビヤホールのような雰囲気であったらしい。

さらに同書には、マスターが店の女の子に手を出し、怒ったママが店を売り払って、バーテンと夜逃げした、とある。そのまま映画になりそうな話である。

大部屋時代

昭和三〇年には、杉江敏男監督で三船敏郎が主役の『天下泰平』、これはまあ、サラリーマンもので、『続天下泰平』と二本撮りましたね。

この頃、僕はまだ大部屋に配属されていて、通行人もやりましたけど、この作品のときは何故かやらなかったかな。『水着の花嫁』（一九五四）とか『かくて自由の鐘は鳴る』（一九五四）とか、最初の頃は、自分の出てる映画の撮影以外、空いてる日はほとんど通行人やってましたよ。僕らは通行人をやらなきゃ食えないですからね。

そして『獣人雪男』。これが『ゴジラ』の後、本多さんとの二本目の作品でした。チーフ助監督は岡本喜八でした。僕は大学の山岳部員役で河内桃子が恋人役。山奥の秘境に大きな雪男が村人たちとひっそりと生きのびている。そこに都会から人がやってきて事件がおきる。僕が崖から縄でつりさげられるシーンがあって、セット撮影でしたが縄が食い込んで痛かった記憶がありますね。

『青い果実』は青柳信雄さん、この時期、こういうふうにベテランの監督さんとの新しい出会いがずいぶんと続いたんです。『新鞍馬天狗 夕立の武士』(杉江敏男監督)にも出演してるね。

新人の俳優や大部屋俳優がやらされるのが「通行人役」で、「仕出し」とも言われる。好きな俳優の仕出しシーンを見つけるのはファンにとっては楽しいもので、有名なところでは『七人の侍』が、無名時代の仲代達矢や宇津井健が通行人で出ているというので知られている。

同時代の先輩俳優・スターたち

考えてみると、ここまで来るのに、いろいろな監督さんが一生懸命育ててくれたおかげで、やってこられたというのはありますね。

それに、原節子さんとか高峰秀子さんとか、加東大介、小林桂樹なんて先輩俳優たちですね。森繁さんも含め、僕よりはるかに先輩の人達と共演してるうちに、みんなが有形無形に教えてくれました。

それが、確かな厚みの雲母となって、私の身体に付着してきた。そういうふうに思えてしょうがないんですね。とにかく僕にとって、東宝に入れたことは大変ラッキーなことで、人間を形成していく上での修練の場だったと思います。道場、といいますか。だから今は亡きそういう監督さんとか先輩たちには、ほんとに感謝しています。

僕はあんまり、他の役者にライバル心を燃やすというようなことはありませんでした。少なくとも東宝にはいなかったですね。

他社でいうと、例えば東映では時代劇の中村錦之助とか大川橋蔵とかが年代は近いですけど、僕は時代劇はあんまり……東宝という会社も、時代劇の土壌ではないですしね。ですから、時代劇なんていったらもう、絶対彼らの方が上手いに決まってるわけだし。

東宝の同期の中でも、岡田眞澄は特異な存在のやつで、いろんなところで違う仕事をしてるし、藤木はバイプレーヤーだから、僕と役がバッティングすることはないし。佐原健二は、僕とコンビ組むような芝居を東宝が作ってくれなかったので、当たり障りもないですしねえ。

松竹でいえば、佐田啓二、大木実、鶴田浩二は先輩だし、年代的には石濱朗君くらいでしょうか。

大映では、勝新太郎、田宮二郎、市川雷蔵、川口浩あたりが他社ながらライバル。

日活は二年後輩の石原裕次郎。

いずれにしても五社協定で縛られているから、共演するのはあり得なかったですしね。

同期の河内桃子は、『ゴジラ』で共演した後、一年後に司葉子が入社して来たために、ヒロインの役は司君に移行され、司君と僕との共演が続きました。

そこで河内君は、芝居をちゃんと勉強しよう、と俳優座に入り、演技の研鑽に励み、その後舞台でプリマドンナとして活躍しましたが、六十代で亡くなってしまいましたね。早過ぎますね。

「五社協定」とは、日活が製作を再開するという噂を受け、大映の永田雅一が、先回りして一九五三(昭和二十八)年に、松竹、東宝、新東宝、東映と調印した協定である。

発足当時の目的は、日活から各社専属のスター俳優が引き抜かれるのを防ぐことであったが、日活は石原裕次郎を始めとした独自の新人スター発掘に成功し、アクション路線という独自のカラーが定着したために、一九五八（昭和三十三）年には日活も協定に参加し、新東宝が倒産する一九六一（昭和三十六）年までは「六社協定」であった。

当初は、日活への対抗策だったが、日活参加後は、テレビの台頭により、その矛先はテレビ業界となった。各社の専属の俳優や監督の引き抜きを防ぐとともに、会社の指示ではない自主的な活動も縛ることになった。

永田雅一にフリーへの転身を所望した山本富士子は、大映を辞めさせられ、他社の映画にも出演が許されず、舞台へ転向した。その他にも、田宮二郎（第十一章で詳述）や、自社のテレビ部門「大映テレビ室」の『図々しい奴』で一躍スターとなり、映画に引き戻されるも鳴かず飛ばずでそれを苦に自殺したとされる丸井太郎など、苦しんだ俳優らがいた（能村庸一『役者のパートナー マネジャーの足跡《あしあと》』参照）。

その反面、製作再開当初、協定により他社スターを使えなかった日活は、監督の力量を尊重したために、それまで各社であまり大事にされてこなかった監督が日活でいい作品を撮ったというケースもあり、佐藤忠男は『日本映画史②』の中で、久松静児、市川崑、川島雄三を代表例としつつ、「それまで既成の他社で通俗娯楽映画を作ってきた監督による意外な芸術的野心作が見られた」と書いている。

ここで、先に宝田が言及した同時代の他社スターたちを会社別に紹介しておく。

まず、東映では、中村錦之助・大川橋蔵・東千代之介の三人が、東映時代劇の黄金時代を築いていた。各々代表人気シリーズがあり、錦之助は「一心太助シリーズ」、橋蔵は「若さま侍捕物帳シリーズ」、千代之介が「新諸国物語シリーズ」。三人の共演は、オールスター作品を含め、十本以上。錦之助と橋蔵は歌舞伎出身、千代之介は日本舞踊出身である。

大映では、市川雷蔵、勝新太郎が「カツライス」と呼ばれ、大映時代劇二大スターとして活躍。雷蔵は歌舞伎出身、代表シリーズに「眠狂四郎シリーズ」など。また現代劇でも『炎上』（一九五八）や『華岡青洲の妻』（一九六七）などで数々の名演を残した。一九六九（昭和四十四）年、三十七歳の若さで他界。現在も「雷蔵祭」が定期的に開催され続けるなど、今なおファンを魅了し続けている。

勝の父親は、長唄の師匠であった。兄の若山富三郎も俳優で、東映の任侠映画で後年活躍。勝は、デビュー後しばらくは、雷蔵の影に隠れた存在であったが、『不知火検校』（一九六〇）で「白塗り」をやめ、これが突破口となり、その後「座頭市シリーズ」などが大ヒットし、人気を博した。

一方、大映の現代劇のスターは川口浩であった。父は作家の川口松太郎、母は女優の三益愛子。代表作に『くちづけ』『おとうと』。女優の野添ひとみと結婚の後、二十代で俳優を引退。

松竹では、宝田とは若干年齢がズレるが、佐田啓二、高橋貞二、鶴田浩二によるいわゆる戦後の「松竹青春三羽烏」が活躍。鶴田浩二については後述するが、鶴田がフリーに転向して以後は、そのスポットを大木実と川喜多雄二が埋めることになる。

佐田啓二は、岸惠子と共演した『君の名は』（一九五三－一九五四）が空前のヒットとなり、メロドラマの代名詞となった。『喜びも悲しみも幾歳月』などの木下恵介監督作品にも数多く出演。また小林正樹監督『あなた買います』、中村登監督『いろはにほへと』などの冷酷な役どころも幅広くこなした。一九五九（昭和三十四）年の高橋貞二の自動車事故死に次いで、佐田も三十七歳で自動車事故で死去。

鶴田浩二の後任を務めた大木実は、照明助手を務めていたところを木暮実千代に見い出され、一九五一（昭和二十六）年、松竹京都で俳優デビューし、その後大船に移籍。宝田同様に歌えるスターで、『青い夜霧の港町』など主題歌作品もある。一九五八（昭和三十三）年、中村登監督の『顔役』では、スター「大木実」本人の役で出演。ファンが黄色い声で叫ぶシーンも、ほとんど事実そのままだったという。

また同年、野村芳太郎監督の『張込み』で二枚目スターのイメージを脱却、代表作となる。西村雄一郎『清張映画にかけた男たち』によると、『張込み』の佐賀ロケが延びに延びた際、近隣の住民へのサービスとして、「佐賀市民慰安の夕べ」と題したイベントが催され、三万人の観客を前に、「青い夜霧の港町」など六曲を披露し、大層喜ばれたらしい。一九六三（昭和三十八）年、東映と契約。任俠映画で、主に鶴田浩二や高倉健の敵役として、欠かせない役割を果たした。

松竹で、宝田と年代が同じなのは、石濱朗である。石濱は、高校一年在学中に、木下恵介の『少年期』（一九五一）でデビュー。端正な顔立ちと素直な演技が認められ、木下監督や小林正樹監督の作品に多数出演。『この広い空のどこかに』（一九五四）での透明感あふれるみずみずしい演技が素晴らしく、同作は筆者にとって生涯ベスト級の作品である。石濱もまた今なお現役で、NPO法人・日本映画映像文化振興センター主催の「子どもシネマスクール」で、毎年、子供たちに映画を作る楽しみ、演じる楽しみを教えたりもしている。

裕次郎との友情

五社協定の中で他社の女優さんと共演はできなかった時代、唯一可能だったのは、映画雑誌の仕事でした。当時、「月刊平凡」や「月刊明星」などで、他社の女優さんとはグラビアの写真でご一緒できたものです。

後に石原裕次郎の奥さんになった北原三枝さんなんかともご一緒しました。だから裕次郎に、「お前が結婚する前に俺はお前のかあちゃんと一緒に水着でこうやって……お前より前に抱いてるんだぞ！」なんて言って。そうすると裕次郎が「イ〜イ〜っ！」って悔しがってね（笑）。

裕次郎に関しては、僕はどちらかというと、秘かに応援してる感じでしたね。お兄ちゃんの石原慎太郎と一緒に、同じような気持ちで僕は裕次郎を見てましたから。

というのも、裕次郎が出る頃に、慎太郎さんから、「今度弟が日活に出るが、もう、やんちゃでどうしようもなくていつも兄弟喧嘩してるんだけど……宝田さん、ひとつよろしくお願いしますよ」って言われたんです。

砧の撮影所から多摩川の土手沿いをずーっと行くと、調布の日活の撮影所があるんですけど、裕次郎は撮影が終わると、東宝の撮影所前の飲み屋の「マコト」に来て、ビールの小瓶でちびちびとやるんです。

それで、店の女の子をセットまで使いに寄越してね。「宝田さん、日活の新人の石原裕次郎が店で待ってますから」って。

僕は撮影中だから「まあ、待たしとけ待たしとけ」って。僕は当時、二本掛け持ちすることが多かったから、五時が定時だけれども、終わるのは八時とか九時ぐらいになっちゃうんですよ。それで終わって、「おー悪かったな！　さあ行こうか」なんて言って銀座へ繰り出すわけです。

バーの女の子も、「あら～慎太郎のあの弟さん、日活へ出たみたいね」なんて、人気が出てき始めた頃でしたね。彼は酒が強くて、またブランデーをよく飲んでました。それが、飲んでいくうちに段々柄が悪くなるの……。ライオンみたいに顔をしかめて、「なにを～」なんてやりだすんですよ。

その頃はその筋のお客さんがいっぱい銀座にいましたし、またそういうとこばっかりで飲んでたから、そういう人たちに絡んで、「コラぁ何だお前」って睨まれて。

それで僕が「いや、これは石原慎太郎の弟で、日活の、あのー、石原裕次郎ってこれから人気が出るから……」って宥めるんだけど、「なにィこの野郎ォ」って、全然ダメで。

三回拉致されたんですよ。銀座は銀座で牛耳ってる組織がありますからね。

仕方ないから僕がそこの事務所へ行って、「石原裕次郎がそちらの若いもんに連れてかれたんですが」って。そしたら案の定事務所に連れ込まれてて、酔っぱらって正体不明になってるのを、貰い下げ(笑)。

こんなこと、おそらく日活の俳優なんて誰も知らない。奥さんだって知りゃしないでしょう。だからあいつは僕に頭が上がらなかったんですね。

僕が撮影中に右足首を骨折する大怪我したとき(第九章参照)も、慶應病院に見舞いに来てくれましたよ。

テレビの『西部警察』の時には、電話をもらいました。

「おタカさん、『西部警察』、もう最終回なんだけど、すいません、一回付き合って出てくれませんか」

「ああ、そう」と。本庁のエラい役で出てくれって。「わかった」って言って出ました。

セットで一日やって、それから三日ぐらい後にロケの撮影があったんですが、終わってホテルに帰ると、あいつから、レミーマルタンのブランデーが二本届けられました。渡哲也君から手渡されました。

彼が病魔と闘いながらも、あえなく亡くなった時は、成城の家まで行ったんですが、僕は、中に入ることもできませんでした……。

お兄ちゃんの慎太郎が祭壇の横にいらっしゃいましたが、僕と目が合うと、慎太郎さんは沈痛な顔で僕に頷いて……それで僕も頷き返して……僕はもう胸が痛くて、「悪いけどとても居たたまれない、俺、失敬する」と心で語りかけ、「ごめん……」といって失礼しました。

石原裕次郎は、慶應義塾大学在学時より俳優を目指すも、受けるオーディション全て不合格だったという。そこで、石原慎太郎が、自著『太陽の季節』が水の江瀧子のプロデュースで日活で映画化された際、裕次郎を端役で出演をさせ、デビュー。以降、六〇年代まで、日本映画界の神話的存在として日本を熱狂させた。裕次郎もまた、歌えるスターであり、代表作『狂った果実』『嵐を呼ぶ男』の他、多数の主題歌主演作がある。一九六〇（昭和三十五）年、北原三枝と結婚。なお、北原は、五社協定制定のきっかけとなった、一九五四（昭和二十九）年の日活の映画製作開始時に松竹から引き抜かれた。『狂った果実』で裕次郎と共演して以降、結婚で引退するまでに二十三作品で共演。

『西部警察』は、一九七九（昭和五十四）年～一九八四（昭和五十九）年のテレビ朝日系列のドラマ。テレビ朝日と石原プロモーションの制作で、全三シリーズが作られた。出演者は、裕次郎の他、渡哲也、舘ひろし、三浦友和、寺尾聰など。主な監督陣に村川透、小澤啓一、ＰＡＲＴ１では長谷部安春や西村潔の名前も見られる。宝田が出演したのは、一九八四年十月二十二日に放送された、三時間の最終回スペシャル「さよなら西部警察 大門死す！ 男達よ永遠に……」で、視聴率二十五・二％を出した。

一九五六（昭和三十一）年の出演作

昭和三十一年に入りますが、青柳信雄監督の『逃げてきた花嫁』の時もやってたなあ、通行人を。この頃僕は仲間の中では稼ぎ頭でしたが、結局ハイエナみたいなやつらがウヨウヨ……。大体飲み食いで消えましたね（笑）。

続いて、『奥様は大学生』、これは中村メイコと一緒でしたかね。木村功さんと香川京子さんが出てましたね。香川さんが学校（豊島高校）の先輩だというのは聞いてましたが、でもこの時は、香川さんから「あなた後輩ね」てなことは言われなかったなあ……。御存知なかったのかもしれませんね。

『婚約三羽烏』は杉江敏男さんとの五本目の作品ですが、これは、小林桂樹、小泉博と僕、先輩役で池部良が出ていましたね。松竹の元祖三羽烏、佐分利信、上原謙、佐野周二が出演した、その三羽烏の東宝版として作られたのでしょう。

「松竹三羽烏」は、戦前から活躍した佐分利信と上原謙と佐野周二の三人の愛称で、五所平之助監督の『新道 前後篇』（一九三六）に三人が揃って出演した際に誕生した。三羽烏としての共演作に、オリジナルの『婚約三羽烏』（一九三七）、宝田も出演したリメイクの『婚約三羽烏』（一九五六）、そして二代目松竹三羽烏（高橋貞二、佐田啓二、大木実）と三代目三羽烏（山本豊三、三上真一郎、小坂一也）と共演し、かつ松竹三千本記念であった『三羽烏三代記』（一九五九）、の三本がある。

当時、先輩女優の栗島すみ子、飯田蝶子、吉川満子が三人に付けたニックネームは、佐分利が「海亀の信」、上原が「ドアボーイの謙」または「シルバーフォックス」、佐野が「アドバルーンの周二」であったとか。

佐分利信は、元々は監督志望で、一九五〇（昭和二十五）年に監督第一作『女性対男性』を撮って以降、立て続けに監督作を発表。監督作の中には、キネ旬ベストテンに入った作品もあり、俳優監督（他に小杉勇、山村聰、田中絹代らがいる）としても一番成功したといえるのではないだろうか。後年、五所平之助監督の『わが愛』（一九六〇）や『猟銃』（一九六一）での、朴訥とした渋みのある佇まいに、今でも骨抜きにされる女性多数（筆者含む）。愛妻家で有名であった。

上原謙の代表作は一九三八（昭和十三）年の野村浩将監督の『愛染かつら』であるが、本人はこの作品を大層嫌っていたらしい。戦後、松竹を退社し、フリーの映画俳優第一号となった。以降、成瀬巳喜男監督の『めし』（一九五一）や『晩菊』（一九五四）など、名作への出演が相次いだ。最初の妻は女優の小桜葉子、息子は加山雄三。加山雄三とは、『大学の若大将』（一九六一）で初の親子共演を果たしたのち、『銀座の若大将』『日本一の若大将』『ハワイの若大将』『エレキの若大将』の五本の若大将シリーズ、その他合わせて計十本の作品で共演している。

佐野周二は、戦時中に三度応召されるという憂き目に遭うが、戦後は他の二人と共に二枚目スターとして活躍。一九五三（昭和二十八）年にフリー転向後、五所平之助監督の『大阪の宿』（一九五四）や成瀬巳喜男の『驟雨』（一九五六）などに出演。鈴木英夫監督の『目白三平物語 うちの女房』（一九五七）などに見られる、出世するタイプではないが幾分おっとりとしたユーモアのある夫の役が印象深い。息子は関口宏。

森繁久彌との出会い、マキノ雅弘との仕事

それから瑞穂春海監督の『森繁よ何処へ行く』。これが森繁久彌さんとの初めての共演でした。ロケバスの中で待機してると、森繁さんが僕ら新人に、「やあ君たち新人か」と言っても、僕はもう何本か出演してましたけどね。でもまあ、「そうです、新人です」と答えて。「僕は満洲ハルピンから引揚げて来ました」って言うと、「おお、君も満洲か！　オレは新京（現・長春市）だ！」というような話をよくロケバスの中で話しました。

あの当時僕らがハタチぐらいのときに、あの人は四十歳で、もう、その当時ですでに老け役もやってましたし、とにかく達者な人でした。

後年になると、森繁さんと三船さんと、三人で撮影中に中国語で話をしたりなんてこともありましたが、でもこの時はまだ入って三年ぐらいでしたからね、そんなに打ち解けて話なんてできなかったですよ。なにしろ大先輩ですから、御両所とも。

森繁久彌は一九一三（大正二）年、大阪生まれ。一九三六年、東京宝塚劇場に入社、古川ロッパ一座

で下積みをする。一九三九（昭和十四）年、ＮＨＫのアナウンサーに合格、同年渡満。アナウンサー業務のほか、満映でナレーションなども務める。終戦後、ソ連軍連行などを経験した後、帰国後は劇団を転々とするが、衣笠貞之助監督の『女優』（一九四七）に端役で映画初出演。ムーランルージュを経て、並木鏡太郎監督の『腰抜け二刀流』（一九五〇）で初主演。『三等重役』（一九五二）を出世作として、久松静児監督の『警察日記』（一九五五）、代表作である豊田四郎監督の『夫婦善哉』（一九五五）などに出演、実力派俳優となった。マキノ雅弘が撮った『次郎長三國志』の森の石松役は当たり役で、特に第八部の「海道一の暴れん坊」は名演技であった。舞台の代表作『屋根の上のバイオリン弾き』は、一九六七（昭和四十二）年から一九八六（昭和六十一）年まで、その公演数は九〇〇回にものぼる。二〇〇九（平成二十一）年死去。

それからマキノ雅弘監督の『恐怖の逃亡』。

マキノさんという人は元々は役者だから、演出が見事な上に、演技指導がじつに上手いんです。監督の指導のための芝居を見てるだけで、思わずほくそ笑んでしまう位に。達者だし説得力がある。これまでの監督たちは、演出するときに自分から演技して動いてくれることは皆無でした。この人は全部動いてみせてくれた唯一の監督。しかも、うンまいの！　従ってこれは勉強になりましたねえ。

マキノ雅弘は一九〇八（明治四十一）年、京都生まれ。「日本映画の父」牧野省三が父親で、八人兄弟の五番目の長男。幼少時より、父親が撮影所長であった日活で子役をやっていた。京都市立第一商業を病気で退学した後、東亜キネマで助監督を始める。十八歳のとき、『青い眼の人形』で共同監督ではあるものの、監督デビューを果たす。その後、「浪人街」シリーズで評価を得る。以降、和製オペレッタ『鴛鴦歌合戦《おしどりうたがっせん》』『血煙高田の馬場』などを撮る。この頃すでに早撮り監督として知られており、一作品を十日で撮り上げるのは当たり前で、『江戸の花和尚』にいたっては撮影時間二十八時間であったとか。戦後は、「次郎長三國志」シリーズや、「日本侠客伝」シリーズがヒット。祭りのシーンが大好きだった。『鴛鴦歌合戦』や『ハナ子さん』など、ミュージカル映画も得意。一九九三（平成五）年死去。女優の轟夕起子は元妻である。

ちなみに、マキノの著した『映画渡世・地の巻』（平凡社）によれば、この『恐怖の逃亡』について、「宝田明をスターにしてくれと云わ」れ、作品は「あまりピンと来ない内容だった」としながら、ひとつエピソードを披露している。

〈中田康子は『宝塚三巨人』の一人で、聞きしにまさるその巨大なオッパイにはおどろいた。宝田明にその巨大なオッパイをつかませる芝居を考えて、先ず私がやってみせたが、私はそのあまりの迫力に圧倒されて、「やめた！」と云って、その芝居をあきらめてしまった。宝田明が、くやしそうに、「やらせてくれればいいのに――」と云ったことを憶えている〉

谷口千吉、九十九島ロケ

次は『裸足の青春』。原作は「花と龍」で有名な火野葦平。谷口千吉監督との初めての作品でした。舞台は佐世保の黒島といって、江戸時代にキリシタン・バテレンが逃げて来たところです。ロケーションに行った先はもちろん、黒島。長崎県の佐世保の先にいろんな小さい島がありますよね、九十九島といって。その中のひとつが、キリシタン・バテレンが流されて行った「黒島」、そこに住み着いた人がいたわけですね。

その島には日本でも、何番目かに古い黒島天主堂というチャペルがあるんですよ。信者の人達、主に漁師の人達ですが、日曜日はミサで礼拝があるから、島の周りで魚がピンピン跳ねてたって漁には出ない。ちゃんと教会に通ってくるという。とにかく敬虔な人達です。

島には宿はなくて。学校がひとつあったので、みんな学校に寝泊まりして撮影してました。島の人たちは初めて顔を合わす我々にも、丁寧に「おはようございます」、「ありがとうございました」って、ほんとに礼儀正しい人達ばかりでした。いまではこの教会は国の重要文化財に指定されて有名です。

島の中には、江戸時代の番人の仏教徒の末裔と、キリシタン・バテレンの末裔とがいて、お互いに結婚してはいけないという。御法度になってたんですよ。異教徒同士が結婚したり、仲良くなっちゃいけない、という風習があったわけです。

そんな中、キリシタン・バテレンの末裔の僕と、網元の娘、青山京子が愛し合うという。

前掲記事「マイ・スクリーン・ライフ　宝田明さんの巻」によると、当時、宝田はこの作品が一番好きだったらしい。試写室でもオンオン泣き、「すべての点で一生忘れられない大事な記念の映画である」と書いている。

劇中、敵役として島の乱暴者の男がいるんですが、それを演じていたのが、じつはこれが二度目の共演になるのですが、仲代達矢だったんです。

僕がなぜ仲代達矢を知ってたかというと、『かくて自由の鐘は鳴る』（一九五四）のときに、彼はまだ俳優座の研究生というか、聴講生にもなっていない一番下のペーペーの時にオーディションを受けにきて、塾生のひとりとして出演したんです。僕は大分にいる中津藩の藩士役。

その撮影のときに、「君、どこの人間？」と訊いたら、「俳優座」というので、「え、俳優座？　俳優座というのは大したところだねえ」と言ったら、「まだ聴講生にもなってないんです」という。だから、立場としては僕は東宝の第六期のニューフェイスでしたけど、「お互いに、同じ高嶺に咲く百合の花を手にするために、上って行く道は違うけれども、頑張りましょうよ」と言い合ったんです。そんな思い出がありました。

監督の谷口千吉は一九一二（明治四十五）年生まれ。代表作に、『銀嶺の果て』『ジャコ萬と鉄』『暁の脱走』など。男性的なアクション映画に定評がある。二〇〇七（平成十九）年に死去。妻は宝塚歌劇団出身の女優、八千草薫。

仲代達矢は一九三二（昭和七）年生まれ。一九五二（昭和二十七）年、俳優座養成所に入所、同期に宇津井健、佐藤慶、佐藤允がいる。この時期、宇津井と共に、『七人の侍』で通行人をやった。一九五五（昭和三十）年、養成所を卒業し、俳優座に入団。以降、『黒い河』『人間の條件』『切腹』などに出演。最初からフリーであったため、新東宝以外のすべての映画会社の作品に出演している。東宝での仕事としては、黒澤明の『用心棒』以降の中期の作品で、三船と渡り合える大役として重宝された。映画に出演しながらも、舞台には立ち続け、妻で女優の宮崎恭子とともに、「無名塾」を創立。また、岡本喜八映画にも多数出演しており、『殺人狂時代』（一九六七）でのコミカルな役が印象深い。現在も後進の養成を続けている。

三人娘と

『ロマンス娘』は杉江監督の作品。初めて三人娘と共演しました。

ひばりは何て言ったってものすごい力のある子だと思いましたが、興味津々だったのは、あの取り巻きです。別格だったね。まずお母さんがデンとして、それから付き人、マネージャー。ずらーっとガードして。

チエミといづみはそうでもありませんでした。チエミは、お兄ちゃんが付き人からマネージャーまで全部やってらした。お兄ちゃんに着替え手伝ってもらうくらい、ほんとにすごい兄弟愛でしたね。

まあこれが三人娘との第一回目の作品で、そういう意味では、思い出深い作品でしたね。

杉江監督の『大暴れチャッチャ娘』の方が先ですが、これは江利チエミだけでした。


三人娘は、美空ひばり、江利チエミ、雪村いづみの同い年（一九三七年生まれ）の女性歌手三人の愛称。公私共に仲良しで、紅白歌合戦でも多数共演した。

一九五五（昭和三十）年の『ジャンケン娘』が初めての三人娘作品で、以降、全部で四本作られた（ひばりの芸能生活十周年記念作でチエミといづみが特別出演した『希望の乙女』〈東映〉も入れると五本）。

前掲「マイ・スクリーン・ライフ　宝田明さんの巻」で、宝田は、『大暴れチャッチャ娘』について、「初めて映画の中で歌を歌い、この映画によって歌えるスタアとして認められた様である」と書いている。


『ロマンス娘』の撮影のときだったかな、撮影が残業で夜八時ぐらいになって、さあ帰ろうって思ったら、ひばりのお母さんがね、「明さん、あなた今晩ヒマ？」っていう。「明日は撮影ないんでしょ？」「ハイ……」「お嬢もないのよ」って。自分の娘のこと、お嬢お嬢って言ってましたからね。

それで、「家に飲みに来ない？」っていうから、「はい、いいですよ」と言ってひばりの車に乗って行きました。ひばりの家は磯子の高台にあって、世に言われていたひばり御殿、素晴らしいところだった。

そこではお父さんが、僕らの帰りを待ってらして。すでに魚の料理がばーっと、お刺身なんかも大皿に盛られていて、お父さん魚屋さんでしたからね。すべて用意してあって、飲み始めたんです。するとお母さんが、「ちょっと、宝田さんあなたお肉好き?」って言うから、「そりゃもう」「焼き鳥は?」「ええ、何でも。でも今日はこれだけ料理ありますから結構ですよ」って断ったら、「あなた、宝田さんお肉も焼き鳥も好きだっていうから、焼き鳥買って来てくださいよ」「お前もうこんな時間に……」。

そのやりとりを横で聞いてて、「あ〜余計なこと言っちゃったなあ……」って思いましたよ。僕は、飲みものがあって、あとはおつまみがちょっとぐらいあればそれでいいと思ってるから。そしたら、「じゃ、お父さん行って来てよォ」ってひばりも言い出しちゃって、夜遅くに買いに行かされたんです。お父さんには済まなかったと今でも思ってます。そしてそれから一時間ぐらい後に戻ってみえて、大きなお皿に焼き鳥が山になって出てきた。

翌日は撮影がなかったので、夜遅くまで飲みましたね。ひばりも飲むからねえ。ウィスキー一本空けますから。僕も一本位平気でしたから、でもそのうちにすっかりデキ上がっちゃう。そして、朝気がついたら、ざーーーっ、ざーーーっ。何の音だろうと思ったら、波打ち際の音なんですね。ざーーーざっぱーんざぱーん、って。雨戸はもう開いていていて。

そしたら——。

ひばりが布団の中に潜り込んで来たんですよ。俺の上に乗っかって、「お兄ちゃ〜ん」ってくっついてくるから、「あれ……これ大変なことになっちゃった……」って。どえらいことになったって(笑)。「もし間違って手でも付けようもんなら、俺もう仕事できないな」と思って。「あのね……ほんとに……ちょっとどいて。……ちょっとどいて、ね?」っておねだりするみたいにしてどいてもらいました(笑)。

『ロマンス娘』の撮影で

ふざけて入って来たんだとは思いますが、そりゃあひばりと僕なんて、格がこんなに違うんですから。僕はあのとき跳ね退けてよかったと思って……。手でも出したらあんた……。

鈴木英夫監督との出会い

『青い芽』で初めて鈴木英夫監督とご一緒したのも昭和三十一（一九五六）年ですね。

鈴木監督という人は、なかなか粘り屋さんでね。「あの監督に絞られたら一生付きまとわれるぞ」って言われてた。でも僕は、割と図々しいほうだったから、自信を持って「俺の芝居が一番。どうですこれ、見て下さい！」というような形でやってたから、あんまり監督に「違うよ」とは言われなかったですよ。

鈴木監督ってのはなんか文学青年みたいで、じっくり撮る方でしたね。

続いて『あの娘《こ》が泣いてる波止場』。こ

れは〜思い出したんだとさ、会いたくなったんだとさ――、で有名な歌手の三橋美智也がいい声で歌ってた曲の題名をそのままタイトルにした歌謡映画でした。僕と背の高さが違いすぎるので、キャメラマンがずいぶん苦労してましたが……。日高繁明監督でした。

『若人の凱歌』は青柳信雄監督。『天上大風』は瑞穂春海監督。『婚約指輪（エンゲージリング）』は松林宗恵《しゆうえ》監督の作品です。三年目にして年間十三本の作品に出演しました。

前掲「マイ・スクリーン・ライフ　宝田明さんの巻」で宝田は、『婚約指輪（エンゲージリング）』について、「短篇だが割と評判の良かった作品で、石原慎太郎君の原作・主演物。彼とはこの映画を撮影中にすっかり意気投合し、僕の為に脚本を書いてくれる約束をした」と書いている。後年、石原の原作で『接吻泥棒』（一九六〇）がある。

年間最多出演の年

一九五六年は、新作二本立て興行が徹底されたため、東宝のこの年の製作総本数は最多の九十六本に上った。

翌年一九五七（昭和三十二）年も同じような製作ペースで九十一本が作られている。宝田の出演作の本数も、その人気の高まりと相まって、一九五七年が最多出演の年となる。

昭和三十二年になると、十五本も出てるんですねえ。一番多かった頃かなあ。ともかくハイペースでした。

瑞穂春海監督の『歌う不夜城』『青春航路』はチエミ・いづみの二人と。『ロマンス誕生』はひばり・

いづみ。瑞穂春海は東宝の監督じゃありませんから宝塚映画で撮りました。

この年には『大当り三色娘』もあります。これもひばり・チエミ・いづみの三人娘と一緒で、監督は杉江敏男監督です。三人娘の作品では、大体において、僕が三人娘の憧れという設定でした。一年間で三人娘たちと四本もやってるんですね。

『極楽島物語』は佐伯幸三監督が宝塚映画で撮った作品。菊田一夫作の舞台が元です。これは喜劇人総出演の映画でしたね、エノケンさん、森繁さんに三木のり平、益田キートンさん、宮城まり子さん、いろんな人が出てましたね。南洋の島に漂着した日本兵のお話。僕は敗戦を伝えに来る軍人役で出演シーンは少なかったです。


当時東宝は、本拠地である世田谷の砧の撮影所と、宝塚市の宝塚映画、それに東京目黒にあった東京映画と、三つの撮影所があった。

宝田がその後多くの作品に出演することになる宝塚映画は、一九五一（昭和二十六）年阪急電鉄の全額出資により、株式会社宝塚映画製作所として設立される。

設立には二つの目的があった。ひとつは、当時、東宝争議の後で疲弊した東宝の一翼を担うこと。そしてもうひとつは、宝塚歌劇団のスターたちの映画界への流出を防ぐことである。

当時、淡島千景や久慈あさみ、乙羽信子、有馬稲子らの退団が相次いだ。危機感を抱いた宝塚歌劇団は、一九五〇（昭和二十五）年に、生徒の映画出演を許可し、一九五六（昭和三十一）年には「映画専科」を設置。八千草薫や環三千世、扇千景が所属した。

宝塚映画のスタジオは、一九五三（昭和二十八）年に火事で全焼。その後数年は仮の撮影所で製作は続けられた。そして、一九五六（昭和三十一）年に新しいスタジオが完成。このスタジオは頑丈な鉄筋コンクリートの二階建て、冷暖房完備の当時最先端の設備で、日活が後にスタジオを建てる時に参考にしたとの証言もある（『宝塚映画製作所』神戸新聞総合出版センター刊参照）。

また、同書によると、楽屋からステージまで俳優が雨に濡れずに入れたのが画期的で、東宝砧からも羨ましがられたという。

宝塚映画の製作本数がピークを迎えた一九五六年、最盛時には五〇〇人ものスタッフがいた。

五社協定で各社が制約に縛られていた中、宝塚映画撮影所と東京映画撮影所は、五社協定に縛られておらず、東宝の隠れ蓑的スタジオであった。東宝が他社の監督には砧で撮らせなかったというニュアンスよりは、社としても砧のスタジオを他社の監督が使うのは対外的に都合が悪いということだったように思われる。さらに、他社の監督が砧スタジオを使うと、砧の助監督たちが反発したとも聞く。

宝塚映画には砧とは違う独自の雰囲気があり、砧から来た東宝の監督たちも、砧とは違う表情を見せた。自社の黒澤明はもとより、小津安二郎、木下恵介ら他社の巨匠たちにも、撮影所の評判は良く、中でも小津は三か月にわたる『小早川《こはやがわ》家の秋』の撮影期間中、すこぶるご機嫌だったという。

一九五二（昭和二十七）年から一九七八（昭和五十三）年まで、一七六本の作品が作られ、宝田の出演作は、そのうちの十六本であった。

一方、東京映画株式会社は、一九五二年設立。

設立第一作は、豊田四郎監督の『春の囁き』である。

一九五八年、豊田四郎監督『喜劇駅前旅館』で始まった「駅前シリーズ」は、一九六九（昭和四十四）年杉江敏男監督の『喜劇駅前桟橋』まで、全二十四作が東京映画で作られた。

東京映画では、佐藤一郎プロデューサーが、豊田四郎と組んで数々の文芸映画を撮った（藤本眞澄プロデューサーとは相性が良くなかったようである）。豊田四郎は、宝塚映画でも『花のれん』を撮っており、この時の美術のセットの素晴らしさは、当時の宝塚映画のスタッフの多くが思い出として語っている（『わが青春の宝塚映画』参照）。

宝塚映画同様、監督と俳優は東宝から供給され、技術スタッフは独自のスタッフであったため、独自のカラーが出た。

東京映画は、初期の東宝の社風を引き継いで、戦後もスタッフが全員ネクタイを着用していた紳士集団のイメージであったという。

製作本数は約二二〇本、宝田の出演作は『奥様は大学生』『森繁よ何処へ行く』（いずれも一九五六）、『夢で逢いましょ』（一九六二）の三本のみ。

それからいよいよ、丸山誠治監督の『山と川のある町』。

これは、石坂洋次郎の原作で朝日新聞連載の新聞小説でした。石坂さんは夫婦ともに青森県弘前市の出身で秋田県の横手市で先生をされて、ちょっとズーズー弁だったと思いますが、お二人とも実に人の良さそうな優しい方でした。

ぼくは高校の先生で、雪村いづみはその高校の女学生。神社の境内で本当に清いラブシーンがありましてね。

台本には、先生とその教え子が口づけするようなところがあるんだけど、丸山監督に、「どういうふうにやりましょうか？」って訊いたら、「うん、宝田さん、本番では本式でやってください。二人のアップで撮りますから」と言われ、結局いづみちゃんには何も言わないで本番。

そしたら彼女、目を閉じてフッとこう上を向いたんで、ぐっと、口をつけたら、彼女、ビクっ……（笑）その内に身体がブルブルブルブルブル〜って震えていって。純情だったんだねえ。

『山と川のある町』宝田と雪村いづみ

僕のことをあの三人娘は「お兄ちゃんお兄ちゃん」て呼んでましたから、「お兄ちゃん、口つけるんだったら言ってくれればよかったのに」って。「いや、監督が、事前に言わずにやった方が新鮮でいいだろうからって」って説明しましたけれども。

まあそういう思い出がある、初めての雪村いづみとのラブシーンでした。ラブシーンがあるときは、別の組のスタッフがセットに入って来て見に来るんだよ（苦笑）。それが邪魔くさかったです。

後述の藤本眞澄《さねずみ》プロデューサーは、後世に残るような名作や大作を作ることも大事だが、一定水準以上の娯楽性の高い作品をとにかくたくさん作る、という「B級映画論」支持者であった。

この頃、映画産業もピークを迎え、また各社とも二本立て興行を定着させたことから、「プログラムピクチャー」が多数作られることになる。

当時の東宝には、黒澤明や成瀬巳喜男、豊田四郎という巨匠名匠が大作を作る背後に、娯楽作品を量産することで、東宝を支えた監督たちがたくさんいたのである。

ここで、宝田がここまでに仕事をした監督たちを紹介する。

青柳信雄は、プロデューサーでもあり、エノケン主演作やサザエさんシリーズなど、喜劇映画をたくさん撮った監督である。東宝入社前は、前進座や新劇の舞台演出を手がけていた。非常に仕事が早く、九時～五時どころか、午後の二時か三時には撮影が終わることもしばしばであった。芝居はほとんど役者まかせで、ゆえに、役者の芝居の上手・下手が作品の良し悪しを決めたようである（高瀬昌弘『東宝監督群像』）。

杉江敏男は、宝田がもっとも多く監督作に出演した監督である（その数十七本）。一九三七（昭和十二）

年に、P・C・Lに入社。一九五〇（昭和二十五）年に『東京の門』でデビュー。予算通りに撮れる監督として、大変に重宝され、「三人娘シリーズ」「お姐ちゃんシリーズ」をヒットさせた。前述の『東宝監督群像』の中で、高瀬は、杉江作品の中で『三十六人の乗客』を一番の出来とし、杉江も自分の作風をこの路線にしたいと願ったが、「東宝は彼の持つ職人的技術を捨てることを許さなかった」と書いている。

丸山誠治は、娯楽作品というよりは、文芸寄りの佳品を撮った監督である。黒澤明と同期でありながら、二度の応召で監督昇進が遅れ、一九五一（昭和二十六）年に三十九歳で監督デビュー。一般人であった司葉子の発掘の経緯は、宝田の前述に詳しい。デビューが遅かった反面、年齢と経験によりその作風はどっしりとしたものであり、後年は、『太平洋奇跡の作戦 キスカ』『連合艦隊司令長官 山本五十六』などの戦記大作映画を手がける。代表作は、『男ありて』。

日高繁明は、宮崎県出身。一九三六（昭和十一）年に松竹下加茂撮影所に入社し、衣笠貞之助に師事。東宝には一九四一（昭和十六）年〜一九五九（昭和三十四）年まで在籍。その後、第二東映と東映へ。宝田出演作のようなサスペンスものや、時代劇を師匠衣笠譲りの語り口で撮った（前掲書）。『眠狂四郎無頼控』というと今では圧倒的に雷蔵版のイメージだが、雷蔵版より先に、鶴田浩二で映画化している。宝田の出演作ではないが、ゴジラシリーズの二作目『ゴジラの逆襲』の脚本なども担当している。

瑞穂春海は、長野県善光寺の長男として生まれ、大学卒業後、松竹蒲田撮影所に入社。一九五五（昭和三十）年に東京映画と本数契約をする。森繁久彌やフランキー堺が主演のコメディや、水原弘の『黒い花びら』などを撮った。『日本映画作家全史』（猪俣勝人・田山力哉著）によると、「麻雀、競輪などに眼がな」かったらしい。

佐伯幸三もこの時期、宝塚映画、東京映画で活躍した監督である。大都映画出身。のちに、戦時統制により大映に所属。一九五五（昭和三十）年より宝塚映画で撮り始め、一九五八（昭和三十三）年には東京映画に招かれ、現代劇は東京映画、時代劇は宝塚映画で撮るようになった。一九六四（昭和三十九）年より、「駅前シリーズ」を引き継ぎ、十二作を撮る。「興行上危げのない監督として引っぱり凧であった」（『日本映画作家全史』）。

一九五七年（昭和三十二年）の作品について、ふたたび宝田に話を続けてもらおう。

『サラリーマン出世太閤記』、これは小林桂樹主演のサラリーマンものですね、筧《かけひ》正典監督との仕事です。続編『続サラリーマン出世太閤記』にも出てます。この時期は、サラリーマンものというと大プロデューサー、後の東宝専務の藤本眞澄がとにかく数多くやってますね。

『恐怖の弾痕』は日高繁明監督。共演は、白川由美、安西郷子《きようこ》、小沢栄太郎。アクション風のサスペンスものでしたね。僕は、ふとしたことで麻薬密売組織にかかわってしまう主人公でした。『わが胸に虹は消えず』、これは本多猪四郎さんの、いわゆる怪獣ものじゃない、ストレートプレイの作品。とってもいい映画だったと思います。

青柳信雄監督『大学の侍たち』はシリーズもの。池部良にも大学生ものがありましたが、池部良の後に「大学シリーズ」をやったのは僕なんです。大学シリーズの主題歌は全て僕が歌いました。「大学の侍たち」は古関裕而作曲です。契約していたコロムビアでは、服部良一、西條八十という大先生の曲も随分歌ってます。

池部良の大学生ものとは『若人の歌』で、宝田の出演した「大学シリーズ」は、『大学の侍たち』のほかに、『大学の28人衆』（一九五九）、松林宗恵『大学の人気者』（一九五八）の三本である。この時期の東宝青春映画では久保明や江原達怡《えはらたつよし》、山田真二らの共演が多かった。

筧正典は、一九一五年長野県生まれ。一九四〇年の東宝入社で、丸林久信と同期。一九四四年に徴用され、終戦で復帰。一九五五年『泉へのみち』で監督デビュー。一九六三年に撮った『妻という名の女たち』でサンパウロ映画祭グランプリを獲得。一九六八年、フリーに転向。監督作に『新しい背広』（一九五七）があるが、これは当時東宝が併映用に作った一時間以下の「ダイヤモンド・シリーズ」の中の一本で、『結婚の夜』（一九五九）と並んで評判が高い。『ウルトラマンA』などテレビでも活躍した。一九九三年没。

歌えるスター

そして続いて、松林宗恵監督で『青い山脈・新子《しんこ》の巻』『続青い山脈・雪子の巻』の二本。『青い山脈』は昭和二十四（一九四九）年に第一作が今井正監督で製作されました。池部良、原節子、新子役が杉葉子、若山セツ子、それから芸者の役は木暮実千代。

昭和三十二年になって、東宝の藤本眞澄が、満を持して、「よし、宝田&司で行け！」ということで再映画化されました。

藤山一郎が歌っていた「青い山脈」を今度は僕がソロで歌うことになりました。藤山先生にお会いすると、「ああ宝田さん、あなたならいいでしょう。頑張って歌って下さいね」と、お墨付きを頂きました。

前後編二部、岐阜県の中津川市、恵那市を中心に約一か月の長期ロケ、地方の高校や市民の協力を得て出来上がりました。当然ヒットしました。

中津川市では、三年に一回位ずつ上映会が行われ、何度か挨拶に行っていることもあり、いまだに交流を続けております。

『青い山脈』は、石坂洋次郎の戦後最初の新聞連載小説で、一九四七（昭和二十二）年より朝日新聞に掲載された。連載予告を受けて各映画会社は、映画化を申し込み、東宝は、今井正監督で企画を提出。一方松竹は木下恵介監督を立て、東宝に勝ち目はないと思われたが、映画化に関する交渉を任されていた朝日新聞学芸部記者の好意により、東宝が獲得した。

翌年、撮影がスタートするも、東宝争議で製作中止。藤本眞澄は、争議の責任をとって辞職したが、すぐに「藤本プロ」を設立し、争議の直後で製作する余裕のない東宝にかわって、『青い山脈』の製作を再開した。

キャストは、原節子、龍崎一郎（リメイクで宝田がやった沼田玉雄役）、池部良（三十一歳で十八歳の役）、杉葉子（本作でデビュー）、若山セツ子、木暮実千代の面々。木暮実千代の役は、木暮推しの藤本と、木暮じゃ不満で杉村春子あたりにしろという今井との間で対立したというが、最終的に藤本案を通し、木暮実千代はその年の毎日映画コンクール助演女優賞を受賞した。

宝田のリメイク版では雪村いづみが杉葉子が演じた女学生の新子役、司葉子が原節子が演じた英語の島崎雪子先生役だった。

こうして完成した『青い山脈』は、公開初日に、渋谷東宝一館で一万人を越す入場者を出す大ヒット。戦後の青春映画の金字塔となった。

『青い山脈』の主題歌は、服部良一作曲、西條八十作詞、藤山一郎が歌ったが、木暮実千代の配役に続いてここでも藤本・服部側と今井との間に対立があったという。

始めから服部良一の書いた主題歌が気に入らなかった今井は、服部が劇中そのメロディを多用するのが不服で、あまりに不服な箇所は自分で適当な音楽を入れることを主張。結局折り合いがつかず、今井バージョンと服部バージョンと、二本のフィルムが作成され、両方を試写、検討の上、服部バージョンが公開版となった。なお、今井と服部は後年、和解している（池井優『藤山一郎とその時代』参照）。

藤山一郎は、譜面通りに、歌詞をはっきりと歌う「正統派歌手」として知られる。宝田の歌う「青い山脈」はお墨付きを頂けたが、筆者の敬愛する矢野顕子の「丘を越えて」は、藤山の逆鱗に触れた。

僕が映画主題歌を歌うようになったのは以下のようないきさつがあったせいだと思います。売り出しの頃から、藤木悠や岡田眞澄たちとキャバレーに行ったりすると、必ず僕が歌を歌ってたんです。ジャズから流行歌、なんだって歌

『青い山脈』の現場で。左から太刀川洋一、水谷良重、宝田、司葉子、久保明、雪村いづみ、井上大助

いました。

そして、作品に出るようになると、会社から「おい、宝田お前、北海道行ってくれ」とか「岡山行け」「名古屋に行け」とか、つまり「出演作を上映してる映画館で、舞台挨拶しろ」ということで、全国を回ったものです。

当時の舞台挨拶も今と同じような形で、スクリーンの前で、約十五分くらい、僕と河内桃子とか、八千草薫さんとかと、「新人宝田明でございます。今度これに出ておりますのでどうぞよろしく」などとご挨拶をする。でもあまり話すことがない、芸談を話すようなキャリアがあるわけじゃありませんから。だから僕は、東宝にお願いしたんです。

「地方に行ったら、僕に歌を歌わせてください。歌謡曲でも、ジャズでも何でもいいから」と。映画館にアップライトのピアノなんか置いてませんよね。ですから、「すいませんが、楽器はアコーディオン一本、ギター一本でもいいんで、流しの人を誰か連れて来てくだされば」と。

あの当時、流しが流行ってましたから。適当な人を呼んで、僕はスクリーンの前で挨拶のあとに歌を歌わせてもらってたんです。そうしたら、地方の館主さんたちが、「おい、宝田明って新人は歌が歌えるぞ。挨拶だけじゃイヤだから歌を歌わせてくれっていうから、流しの連中呼んで歌わせたら、結構お客さんにウケてたぞ」って。

本社の方にもそういう報告が伝わって、「宝田、お前、映画の主題歌歌ってみろ」ということになったのが、松林宗恵監督の『美貌の都』。

僕と司葉子との本格的な共演作品ですね。

これは、大阪の十三《じゅうそう》、淀川の川沿いにある町ですけれども、そこの下町の工場の貧しい職工とそこで働く女事務員のラブストーリーです。

『美貌の都』で司葉子と

この会社の副社長が木村功で、二人の間に入ってきて彼女は執拗に迫られて、捨てられてしまう。この作品で、「おい、宝田お前、歌うたえ」って藤本眞澄、東宝の大プロデューサーに言われたんです。西條八十作詞、上原げんと作曲の「美貌の都」、これが大ヒットしましてねえ。いまだにカラオケで歌ってくれる人もいらっしゃいますね、私が映画主題歌を歌った初めての作品です。これが昭和三十二年。コロムビアから出したんですけど、映画も大変ヒットしました。

藤本眞澄は、明治製菓で宣伝をしていた頃の経験から、強力な主題歌は映画との相乗効果となり得ることを実感として知っており、前述の『青い山脈』を始め、主題歌付きの娯楽作品を多数プロデュースした。

そういう意味で、主題歌が歌える主役級のスター宝田は、藤本にとって相当頼もしい存在だったに違いない。

本書のテーマと逸れるので詳しくは取り上げないが、主題歌、映画ともにヒットした例としては、戦前では『愛染かつら』（「旅の夜風」西條八十作詞／万城目正作曲）、『白蘭の歌』（久米正雄作詞／竹岡信幸作曲）、戦後では、『青い山脈』の他に、『銀座カンカン娘』（佐伯孝夫作詞／服部良一作曲）、『そよかぜ』（「リンゴの唄」サトウハチロー作詞／万城目正作曲）『鐘の鳴る丘』（菊田一夫作詞／古関裕而作曲）、『春の饗宴』（「東京ブギウギ」鈴木勝作詞／服部良一作曲）などがある。

大プロデューサー、藤本眞澄

僕が本当にラッキーだったと思うのは、藤本眞澄っていう東宝の大プロデューサーに出会えたことですね。この人がいなかったら僕はここまでスイスイ行けなかったと思いますよ。

藤本さんは『青い山脈』や多くの作品を作りながら、その後は東宝で映画担当の専務として活躍されました。

一方、菊田一夫が演劇担当の専務として活躍されていた。

そして、その上に森岩雄という社長がちゃんといて、トロイカ体制のように映画担当は藤本、演劇担当は菊田一夫、この二人を見事に御しながら、森岩雄はやって来たわけですね。

もちろん、『ゴジラ』のプロデューサーの田中友幸という存在もあります。

でもやっぱり僕は藤本さんの作品に多く出ましたね。

「おい宝田、飲み行こう飲み行こう」っていって、銀座のそりゃもう高い有名なとこに連れていかれたものです。そこには、松竹の木下恵介監督を始め、各社の有名な監督さんが来るし、演劇評論家の戸板康二さん、今東光さんの弟の今日出海さんなんかも来る。

そういう時、藤本さんは、必ず僕をみなさんに紹介して、「おい宝田、おいお前、歌え！」となって、「青い山脈」とか「美貌の都」とかを歌わされるんです。

「(手拍子しながら)へすったも〜んだァと言ったとて」って藤本さんも大好きなこの歌を一緒に歌ったもんです。

木下恵介監督が、「藤本さ〜ん、ねーえ、この子松竹に貸してくれなァい？」て言うと、「だーめだめだめだめ、ウチのは貸さないっ！」(笑)。東宝の大事な商品だからって断わってました。

藤本眞澄は一九一〇(明治四十三)年、旧満州生まれ。慶應義塾大学卒業後、明治製菓に入社し宣伝を担当。このとき、社がタイアップしていた松竹の成瀬巳喜男や高峰秀子と知り合い、後に引き抜くことになる。一九三六(昭和十一)年、森岩雄に誘われ、P・C・L入社。一九四七年、東宝争議での責任を取るとして、東宝を退社。一九四九（昭和二十四）年に「藤本プロダクション」を設立。この時手がけた『青い山脈』が大ヒットする。明治製菓時代の経験により、出版社や新聞社にも顔が広く、次々にベストセラー作品の映画化権を獲得。特に石坂洋次郎の作品は、その作風が東宝のカラーにも合ったことから、多数の作品を映画化した（『名画座手帳2017』によると、石坂洋次郎原作の映画化作品数は八十三本にのぼる）。一九五一年、東宝に復帰。同年『ホープさん』、翌年に『三等重役』を製作して以降、サラリーマン喜劇が看板ジャンルとなる。一九五三年に、銀座に名画座の「並木座」（一九九八年閉館）を設立。一九五五年、東宝取締役製作本部長に就任。田中友幸と共に、東宝黄金期を築く。一九七九（昭和五十四）年死去。その生涯に製作した作品本数は約二八〇本に及ぶ。

俳優についてもプロデュース感覚に富んでいた。三人娘の生みの親であり、森繁久彌と河村黎吉《れいきち》を『三等重役』で成功させ、大映でくすぶっていた小林桂樹を東宝に呼んで『ホープさん』で売り出した。上原謙を成瀬作品に起用し、俳優として返り咲かせた。脇役である加東大介を『大番』の主役に抜擢。「若大将シリーズ」も藤本の案である。また新東宝にいた市川崑を呼び戻したり、東京映画の三橋達也を東宝に移籍させたり、とエピソードは枚挙にいとまがない。一方、当時は藤本派と田中派とで派閥があり、田中派であった水野久美は、海外旅行などの際、口もきいてもらえず、酷いいじめに遭ったと話している。酒豪。一九六三年、映画界を引退した原節子に、死ぬまで給料を払い続けたという。

唾を飛ばしながらがなりたてる、ガサツなイメージが強い藤本ではあったが、尾崎秀樹編の『プロデューサー人生 藤本真澄映画に賭ける』に今井正による印象的なエピソードがあるので、紹介しておく。「彼は私と並んで歩き出した。二、三歩歩くと、彼はふと気づいて、実にさりげなく私の左側にまわった。私は赤ん坊の時、ひどい中耳炎をやって右の鼓膜がなくなって以来、右の耳はまったく聞こえない。それを知っている相当に親しい友人でも、すぐ私の右側から話しかける。藤本君は、それを聞いてから、絶対に私の右から話をしなかった」

かと思えば、同書の司葉子の回想には、『乱れ雲』の十和田湖ロケのエピソードがあり、これまた印象的である。

ロケの食事が十和田湖のマス責めでうんざりしていたスタッフのため、藤本は牛肉十キロを片手に十和田湖へ向かったが、悪天候で飛行機がそのまま北海道に向かってしまった。翌日、肉に北海道の魚も加え、両手いっぱいの荷物をかかえて現場に着いた藤本が言った言葉が、「飛行機の中を走って来たよ」。せっかちな藤本の人となりを示していて、可笑しい。

そんな藤本のドル箱シリーズの「社長シリーズ」「サラリーマンシリーズ」には、先に宝田が挙げた先輩俳優の、加東大介、小林桂樹がレギュラー出演している。

加東大介は、歌舞伎役者、前進座を経て映画デビュー。代表作は、藤本から主役に抜擢され、「ギューちゃん」の愛称で大ヒットした「大番」シリーズだが、小津の『秋刀魚の味』、黒澤の『七人の侍』、成瀬の『浮雲』など、巨匠の名作から「社長シリーズ」まで、実に幅広く活躍した。実姉の沢村貞子共々、日本が誇る名脇役である。後で宝田の話にもでてくるが、一滴も酒を呑まない真面目人間としても知られる。『七人の侍』の出演が決まった時、加東は、豚松役でマキノ雅弘の『次郎長三國志第五部・殴込み甲州路』の撮影が始まらんとするところであった。そこに東宝からマキノへ「ブタマツコロセ」と電報が入り、「コロシヤマキノ」は、なんとか無事に豚松を殺し、加東も無事『七人の侍』の撮影に間に合ったという（マキノ雅弘『映画渡世・地の巻』参照）。

一方、小林桂樹は、日活、大映を経て、東宝へ。サラリーマン路線のものでは、森繁久彌の助演のイメージが強いが、『首』や『黒い画集 あるサラリーマンの証言』など、シリアスな作品での堂々とした主役振りも実に素晴らしい。なお、戦時には、小林は満洲へ、加東はニューギニアへ応召されており、加東のこの時の体験が『南の島に雪が降る』となりヒットした。同作には小林も出演。二人の共演作は、なんと、七十本以上にのぼる。

第二章のP・C・Lの項でも少し触れたが、東宝では森岩雄のプロデューサーシステム導入により、松竹のような監督至上主義ではなく、プロデューサーが、その企画から俳優スタッフの配役、製作費まで、全ての責任を持つこととされた。

俳優やスタッフは、年間契約となり、実力主義へ。配給手数料なども含め、全ての経費も、それまでの水商売的などんぶり勘定ではなく、きちんとした方程式を踏んで計上されるようになった。

戦後、マッカーサー指令により、一九四七（昭和二十二）年に公職追放された森は、一九五〇（昭和二十五）年、それを解かれて東宝に復帰。翌年、再び最高顧問として製作の指揮をとり、黄金期を迎える。

この時期の二大プロデューサーが藤本眞澄と田中友幸であり、田中友幸のもとで育ったプロデューサーの田中文雄は、その著書『神（ゴジラ）を放った男』の中で、二人の違いを、「藤本真澄は猛将型でせっかちで近寄りがたく、上意下達、なんといっても喜劇や文芸物が得意なプロデューサーだ。それに比べて田中は活劇派。寡黙で、新人の企画をよく聞いてくれ、脚本家との打ち合わせや進行もまかせてくれる。企画用のストーリーを作ってくれといわれることも多かった。人づかいがまことにうまい」とし、「藤本真澄が映画戦国時代における織田信長とすれば、（略）田中友幸は徳川家康にあたる」と書いている。

日本映画観客動員ピーク

一九五八（昭和三十三）年は、映画観客動員数最多の年であり、その数一一億二七〇〇万人。この年をピークに、以降、テレビの普及など生活スタイルの変化により急激に下降線をたどる。

この年、東宝の製作映画本数は、八十四本にのぼる。

昭和三十三年の出演本数は九本ですね。『ジャズ娘に栄光あれ』ってのは、これヤマカジ（山本嘉次郎）さん。同じく山本監督の『東京の休日』、これはオールスター作品ですから、僕はたくさんは出てないんですが。

あ、李香蘭（山口淑子）さんが出演されてますね。撮影中李香蘭さんに、「実はあの……大先輩の映画はわたしは少年時代に満洲でよく観ました」と言ったら、「あら、あなたそうなの、へえ、中国語お話しになる？」「少しですが……」といって中国語で喋ったりしてね。

このかたにいつの日か歌ってもらいたいな、と思う気持ちはありましたね。一度生で聴いてみたいな、と。そしたら『東京の休日』が封切られ、その何年か後、その頃は青山の自宅の近くのナイトクラブ「青い城（ブルーシャトー）」によく行ってましたが、ある晩、山口さんが二人連れで入って来られたんです。僕が挨拶に行き、そこで歌をお願いしたところ、生バンドで「夜来香」ともう一曲「蘇州夜曲」を歌ってくれました。まさか願いが実現するとは……。

山本嘉次郎は一九〇二（明治三十五）年生まれ。慶應義塾大学卒業後、俳優や日活での助監督を経て、早川プロダクションの『熱火の十字球』で監督デビュー。その後、P・C・Lでエノケン映画を多数手がけた。高峰秀子の『綴方教室』や『馬』などを撮った後、一九四二（昭和十七）年に『ハワイ・マレー沖海戦』、一九四四（昭和十九）年に『加藤隼戦闘隊』を撮る。晩年は、脚本を多数手がけ、「カツドウヤ」を自称し、エッセイの著書も多数。一九六〇年代は、俳優養成所の所長として、後進を指導。一九七四年死去。

山口淑子は一九二〇（大正九）年、奉天生まれ。幼い頃から、中国語に親しみ、イタリア人オペラ歌手より声楽を習う。一九三八（昭和十三）年、満映で「李香蘭」として女優デビュー。主題歌も歌い満洲で絶大な人気を得る。満映の専属女優として、長谷川一夫とコンビを組んだ『白蘭の歌』などが次々にヒット。日本でも人気となるが、長らく中国人スターだと信じられていた。終戦後、中華民国より軍事裁判にかけられるも、刑は免れた。帰国後は、山口淑子として女優を再開、『暁の脱走』や『醜聞（スキャンダル）』などに出演。一九五八（昭和三十三）年、結婚を機に『東京の休日』をもって女優業を引退。後年は参議院議員も務めた。二〇一四（平成二十六）年死去。

そして、松林宗恵監督の、『大学の人気者』。これは大学シリーズの第二弾ですね。これも主題歌を歌ってます。先に述べた『大学の侍たち』と、第三弾の作曲は古関裕而さんですが、これは原六朗さんです。作詞は三作共藤浦洸《こう》さんですね。

ほかに、一九五八年の出演作には『美貌の都』のヒットを受けて製作された『愛情の都』（杉江敏男監督）があり、この作品でも宝田は主題歌を歌っている。また、江利チエミ・雪村いづみ、フランキー堺らとの『ロマンス祭』（杉江敏男監督）、『風流温泉日記』（松林宗恵監督）がある。さらに『続々サラリーマン出世太閤記』（筧正典）と、千葉泰樹監督の『弥次喜多道中記』があり同作は、加東大介と小林桂樹が助さん格さんに扮した明朗オールスタ時代劇である。

有名だった鈴木英夫監督の役者しぼり

鈴木英夫監督との二作目、吉屋信子原作の『花の慕情』もこの年ですが、この作品で、司葉子がずいぶんと監督にしぼられましてねえ……。

彼女は、お華の家元の娘。青年歯科医である私との恋に生きるか、家元を継いで宗家として花に生きるか悩む、大変、心情的に難しい役でした。

静岡のお城の跡でロケーションをしたんですよ。お城の跡といっても、石垣だけが残ってるんですね。僕との恋に生きるかどうするか、心情的に迷うシーン。彼女は身悶えするような感じで。

一生懸命……その気持ちを出そうとするんだけど、どーしても鈴木監督が「違う違う違う、ダメだ違う、ダメだダメだ……」の連続。

僕は、司葉子をそーっとこっちに呼んで、「葉子ちゃん、男の僕だったら、愛している女性を見るとき、その女性の裸像を想像するよ。恐らく女の人でも好きな男性に抱かれたい、お互い裸で抱き合いたいと思うんだけど、どうかな？　そうしたら自然と

『花の慕情』の現場で司葉子と。右下に録音のマイクがある

目に色気が出るんじゃないかな」と言ったんです。そして本番。キャメラが廻って一発ＯＫ。監督は「それだ！　それだ！　何で最初からやってくれなかったの」って。彼女にとっていい作品になりました。

鈴木英夫は一九一六（大正五）年、愛知県生まれ。日本大学芸術学科卒業後の一九三九（昭和十四）年、新興キネマ東京撮影所の助監督部に入社。その後、東宝、さらに大映東京撮影所へ。一九四七（昭和二十二）年、『二人で見る星』で監督デビュー。一九五四（昭和二十九）年、東宝へ再移籍。『彼奴《キャツ》を逃すな』『危険な英雄』『非情都市』など、優れたサスペンス映画を撮った。『その場所に女ありて』でサンパウロ映画祭審査員特別賞受賞。五十一歳のときに、映画監督を引退、テレビに活動の場を移す。映画同好会「シネマディクト」会報第四十二号によると、一九九四（平成六）年に三軒茶屋のスタジオａｍｓで特集上映が開催されるなど急激に再評価が進んで以来、名画座で度々監督作がかかるようになった。中でも『その場所に女ありて』は特によくかかる大人気作となっている。二〇〇二（平成十四）年死去。

鈴木監督の話を続けますと、後の作品ですが『その場所に女ありて』が昭和三十七（一九六二）年ですか。これは、電通がモデルの広告業界の話ですね。

司葉子がバリバリのキャリアウーマンの役で、煙草をパァ～っと吹かして。大塚道子さんも印象的でしたね。僕はライバル会社の社員で、司葉子と張り合って。丁々発止……手練手管使って仕事を取り合う。お互いに好意を持ってるんだけど、やっぱり職業上対抗していがみ合うんだよね。

浜村純が司クンの会社のトップデザイナーだったんだけども、僕が彼を買収して、ウチの会社の方に寝返らせる。それを知った彼女はショックを受ける。僕としてはちょっと悪辣なセコい手を使って、でもそれは企業社会で生きるためだからって、そんなこと当たり前だと思ってやってるわけだからね……。

それで結局最後はビジネス的には僕が勝つけれど、司葉子とは結ばれない。女ひとり大地をゆく、となる。女性が現代社会の中で頑張ってやっていく姿を現しましたよね。

この作品には、麻雀のシーンが結構あって。司クンは麻雀なんて全くできないから、一生懸命教えたの！「ちょっと待って」って僕が全部こう、詰め込み、といって、最終的に司クンがちゃんと一番上がれるようにしたんです。彼女は麻雀なんかとてもできるような……だってお姫様お嬢様だもの(笑)。


宝田の証言にあるように、宝田の麻雀の腕前は確かであり、プロの雀士に混じってトーナメント戦に出場も。麻雀雑誌にも何度も登場している。


鈴木監督からしぼられた、って記憶は、僕はないです。

監督は大人しい方だから、僕が逆にバンバンと芝居やって、「(振り向いて)これでいいでしょ？」と機先を制する。これも一つの手。これあんまり手の内を明かしたくないんだけど……(笑)。

「カット！」って言われた後に、「あっ……いいんでしょうか……？」て恐る恐るお伺いを立てると、監督もちょっと心配しちゃうから、僕が機先を制するの。そういうのは手としてはありますね。

ずいぶんとしぼられたのは、同期の佐原健二です。これはもう、東宝始まって以来の集中攻撃だったんじゃないかな……。このときはもう、午前中から全然回ってないってことが、サロン(撮影所内の広場サイドにある俳優の待機する場所)で待つ役者にも知れるところとなり、話題になっていました。

それで、僕も同期生だし、しぼられてるの可哀想だと思って、スタジオに行ってみたら、「よーい……ダメ！」。まだテストもしてないうちに、「じゃ行こうか、よーい……ダメ！」って。


〔左頁写真〕『その場所に女ありて』、司葉子と

彼はもう、段々と堅くなり、覚えてる台詞もまともに言えなくなって……あそこまでしぼるってどうなんだろうなあと思いました。

佐原健二は、「石原忠」って本名で、それを「佐原健二」に変えたんだけど、お父さんが大会社の役員で、息子のサインした日本手拭をスタッフに配ったりしてました。

「スゲぇなあ俺には真似できないなあ」と思いましたね（笑）。僕なんかはもう、放り出されたまま、野に咲く一輪の……雑草（笑）そんなもんです。

しかしまあ、海外でも鈴木英夫監督の作品を好きな人はかなりいますね。アメリカでもそうですしね。映画通の人たちには鈴木英夫って買われてますよね。


なお、鈴木英夫については、紀伊國屋レーベルのサイト「映画の國」の中の木全公彦によるコラム「日本映画の玉（ギョク）」が非常に詳しい。宝田も、本インタビューと同年の二〇一六年十月にインタビューに答えており、宝田の目から見た鈴木英夫像を語っている。

オールスター大作映画

一九五九（昭和三十四）年、東宝の製作本数は、七十三本。日本の映画人口が戦後初めて減少した。東宝は、週二本立ての興行を維持しつつも、大作への道も探り始める。


昭和三十四年も九本ですね。

一年間に九本ですから、先にも言ったように、全部自分が出っぱなしではないとはいえ毎月一本は掛け持ちだったので、そう遊んだりなんかもできなかったですよ、夜飲むぐらいでね。

『若い恋人たち』は千葉春樹監督。『暗黒街の顔役』『ある日わたしは』は岡本喜八監督。一年で同じ監督と何本も仕事をすることが珍しくなかったのですね。

『暗黒街の顔役』では、三船敏郎、鶴田浩二と僕。当時は異色の豪華キャストといわれていました。

『ある日わたしは』では黒澤監督の『隠し砦の三悪人』（一九五八）に出演した上原美佐と共演、石坂洋次郎の原作で、男女関係のきわどいセリフなど当時としてはかなり思い切った表現をした作品でした。

岡本さんはいつも全身黒の服を着て個性的でした。すでに斬新な作風で知られていました。

『ある日わたしは』は、「県人会」のパーティで知り合った宝田と上原の恋愛もので、山田真二と水野久美との三角関係や、宝田の父親（上原謙）と上原美佐の母親（三宅邦子）の結婚前の恋愛関係などを絡めつつ、爽やかなハッピーエンドに向かう。

男女の関係性のあり方など、意見をハッキリ口に出す「今時」の若者の言葉遣いは、宝田が言うように、当時センセーショナルだったのかもしれない。

岡本監督は、スタッフからも役者からも人望が厚く、特に脇役を光らせることに定評があった。例えば、『ある日わたしは』と『暗黒街の顔役』の二作で、特撮映画でもおなじみの脇役俳優、中山豊が見事なノドを披露しているなど、脇役であっても各役者の長所をちゃんと活かしている印象を受けた。

『サザエさんの脱線奥様』なんて出てたんだなあ……、青柳信雄監督だ。サザエさんが江利チエミでシリーズで何本もあったんですね。

『大学の28人衆』も青柳信雄監督、これも大学シリーズで主題歌を歌ってます。

杉江敏男監督の『大学のお姐ちゃん』は大学シリーズではないですね。団令子主演で「お姐ちゃんシリーズ」であったんだね。

『或る剣豪の生涯』、これは三船敏郎と司葉子と。

内容は『シラノ・ド・ベルジュラック』の時代劇版です。シラノは演劇をやっていた人間にとっては有名すぎる戯曲ですね。大きな醜い鼻のシラノ、でも素晴らしい言葉で人を魅了する、この役を三船さん。ヒロインのロクサーヌは司葉子。僕は司に惚れてはいるがうまく言葉が出ずに、シラノが陰でセリフを言ってくれるという。

稲垣浩監督の演出は、僕はこのとき初めてでした。昔の有名な時代劇の俳優さんたちをすべて使って撮ってきた、戦前からの色々な撮影所を経験した旅慣れた監督が東宝にいたわけですねえ。僕には珍しい時代劇でした。

稲垣さんのような職人風の監督さんたちは、演出上の手法や、全軍を指揮して一本の作品を創り出す能力がそれぞれ全て違うわけです。そういう様々な監督たちとの仕事を通じて「なるほどなあ、こういうふうにして、映画ってカッティングをしていくんだなあ」と。ただ出演するだけじゃなくて、演出家の演出力というのも、大いに勉強になりましたね。


稲垣浩は一九〇五（明治三十八）年生まれ。新派俳優だった父の影響で、七歳より子役として舞台に立つ。日活向島撮影所に俳優として入社。一九二六（大正十五）年、伊藤大輔監督の『日輪』でサード助監督。同年、阪妻プロでの幹部俳優を経て、翌年松竹京都撮影所に助監督として入社。一九二八（昭和三）年、『天下太平記』で監督デビュー。片岡千恵蔵主演の時代劇を手がける。山中貞雄らと脚本執筆集団「鳴滝組」を結成。『丹下左膳餘話 百萬兩の壺』『河内山宗俊』などヒットを飛ばした。一九三五（昭和十）年、日活京都撮影所に入社。『無法松の一生』などを撮る。一九五〇（昭和二十五）年からは東宝に活躍の場を移し、『宮本武蔵』でアカデミー賞外国映画賞を受賞。一九五八年に『無法松の一生』を三船主演でセルフリメイク、ヴェネツィア国際映画祭金獅子賞を受賞、「トリマシタ ナキマシタ」と電報を打った。一九八〇（昭和五十五）年死去。

『日本誕生』、これも稲垣浩監督で、東宝映画製作一千本記念映画として作られました。大作映画です。タイトル通り日本神話を映像化したものです。僕の役は、三船敏郎のヤマトタケルの弟、ワカタラシヒコノミコト。原節子、田中絹代、杉村春子、鶴田浩二、中村鴈治郎、東野英治郎、三船敏郎、司葉子、志村喬、平田昭彦……。オールスターキャストですね。ヤマタノオロチなど特撮シーンもふんだんにありました。

最後に忘れてはならないのはこの年、『コタンの口笛』で成瀬巳喜男監督と初めて仕事をしたことです。成瀬さんとのことはあとで改めてお話ししましょう。

本章では、一週ごとに入れ替わる上映日程を埋めるように次々と製作された、プログラムピクチャーといわれた作品群を多く見てきた。

その作品は、シリアスなものから軽いタッチのコメディ、青春もの、ロマンス、サスペンス、と多岐にわたる。監督と会社が宝田のためにこれらの幅広い役を用意し、また、宝田もその期待に見事に応えたのであった。

そして日本映画の全盛期に、このように出演作を重ねた宝田は、さらに、次の章で語られるひとつの作品において、演技開眼を果たすことになる。次章では、役者として成長していった宝田の、巨匠たちとの仕事、あるいは交流について語ってもらう。

第五章　巨匠たちとの出会い

黒澤明

昭和三十一（一九五六）年くらいかなあ、黒澤明さんに「おい宝田」なんて呼ばれて、僕のことをすごく可愛がってくれるんですよね。監督の作品ひとつも出てないのに。

まあ、僕が出たいといったって、会社が出させないんですよ。つまり、宝田を黒澤の作品で拘束されたら、青春ものやメロドラマ路線で稼げない、と。そんな思惑があったんでしょう。

なぜ僕が宝田、宝田、と言われて可愛がられたかというと、黒澤一家っていうのはもうメンバーが決まってまして、要するに七人の侍の面々です。彼らは撮影の間じゅう黒澤さんとべったり顔を突き合わせている。でもプライベートじゃ、みんな黒澤さんから逃げて回ってる。

セットで怒られるのは仕方ないけれども、プライベートまでは勘弁、とばかりに逃げまくるんですね。でも僕は黒澤一家じゃないし、関係ない、でもなぜか僕には「おい、宝田、セットに来て少し勉強しろ」なんて言って下さってね。

他でもない、黒澤さんに言われるんだからそりゃ行きますよね。

それで監督の脇でみんなが絞られてるの見ていた。「あーあ、絞られてるなあ」「わー可哀想に、大変だなあ……」（笑）。なんて、僕だけ高みの見物（笑）。役者だってみんな、頬がこけて、太ってた役者もみんなしゅーっと、稲葉義男さんにしたって、もうこんな……頬がこけちゃって。

その頃、黒澤さんが「おい宝田、お前ゴルフやるのか?」っていうから、「はあ、いや、まあゴルフはちょっとやりましたけども、面白いですね」って。そしたら「そうか、お前、飲んでばっかりいないで、俺が相模原ゴルフクラブの会員権をもってる、二口もってるからひとつ買え!」「……ははぁーっ!」って(笑)。

三船さんら七人の侍たちは買わないんだよ。ゴルフ場でまで顔を合わせるのはゴメンだから……。それで、仕方ないから「そうですか」って買ったんです。

バブル時代、相模原のゴルフ場って四億円まで行ったんですよ。ともかく入会金が二十五万円だった。あの当時月給が大学出て一万三千八百円でしたからね。二十五万って大金ですよ。さらに保証金が五万円で、トータルで三十万。

「えぇーっ、三十万も……三十万っていったら銀座行って一体何日飲めるんだろう……」なんて思いましたけど。でも「買え」、「はい」と(笑)。だから忙しいのにも関わらず、ゴルフは合間を見てバンバンやってたんです。

当時は黒澤杯なんてのがありましてね、それをやるとなると、「おい、宝田、お前幹事やれ」って。黒澤杯は、一年に四回やるんだけど、これは松竹の大庭秀雄とか佐田啓二とか渋谷実とか、それから、日活の阿部豊、通称阿部ジャッキーさんなんて有名な監督もいたり。そして東宝の監督や七人の侍の俳優さんが参加してね。

日活はまだまだ、ゴルフをやるような若手はいなかった、さらに年を取ったバイププレイヤーがいなかった。せいぜい裕次郎とか白川由美の亭主の二谷英明とか、ま、僕らと同じような年代が会社の主流だった。バイプレーヤーのひとたちはみんな新劇から来てる、滝沢修とか金子信雄とか。あの人達はゴルフはやりませんでした。

戦後の日活の作品には、たくさんの新劇俳優が出演している。古い歴史がありながら、戦時下の企業統制で大映に合併・吸収の憂き目に遭い、一九五四(昭和二十九)年に製作を再開するも、五社協定の縛りで他社のスター俳優を引っ張って来られなかった。そのため、新劇の俳優たちを数多く起用している。たとえば、滝沢修は劇団民芸、悪役のイメージが強い金子信雄も新劇の出身で、文学座を退団した後、青年俳優クラブの結成に参加した。他に俳優座、文学座の名だたる俳優たちが劇団を運営するために多数映画出演しており、新劇俳優は日本の映画黄金期を支えたといえる。

僕と、平田昭彦、それから小泉博、ここいらが必ず幹事をやらされる。ゴルフ場の選定、会場の設営から食事のメニューの決定から……前もって下見にゴルフ場に行って、打ち合わせ。とにかく錚々たる方々が来るから、決して粗相のないように。

問題は部屋割りね。ゲストが五、六十人来るので、大体二人一部屋。さあ、黒澤明と誰を一緒の部屋にするか？　これが超大問題。

杉江敏男さんも松林宗恵さんもゴルフやるんだけども、黒澤さんなんかと合いっこない、それで一番年長の青柳信雄監督、この人なら黒澤さんも文句は言えないだろうと。お年寄りだしね(笑)。

それで三人で賞品を調達して、とにかく、黒澤監督のご機嫌を損なわないようにしようと。優勝の黒澤杯は実に立派なものが賞品に出るんですよ。上野の博物館に出品されるような、ガラス工芸家の大御所が作ったトロフィー、クリスタルで作られた一五センチくらいの大きさのゴルフのボールを形取ったもの。ほんとにもう当時何十万とするようなものをこの人は出すわけです。それを争奪するわけだから、大変なんです。実はこのクリスタルのトロフィーは、三つ作られたそうです。その内ひとつは僕が優勝して持ってます。もう一つは亡き千秋実さんが持っていて、最後のひとつは今でも黒澤さんのお家にあるそうです。実はこのクリスタルのゴルフボールの中央に「9638」の数字が刻まれている。お判りでしょうか？　そうです、クロサワを数字で表しているのです。「なんでも鑑定団」に出したらいくらになるでしょうね。

コンペのときに我々は気心の知れた人達とお互いに賭けをするんです。でも賭けをしてるのが黒澤さんに見つかって、コテンパンに怒られたことがあるの。特に千秋実さんが集中的に叱られた。「賭けるんならあんぱん賭けろ‼」。「ゴルフ場に行ってあんぱん賭けろってたって……（笑）。百円札とかなら、勝ったとか、負けたとか、お札を二〇枚三〇枚って出せばいいけど、あんぱん二〇個三〇個って、大負けした人どこで買えばいいの、どこに売ってるの？　附近

ゴルフに興じる宝田

に駄菓子屋もないのに、ねえ？（笑）「黒澤さん、あんぱん賭けろってさ……おい、あんぱん探してくんの大変だよ〜……！」って言って、幹事の平田、小泉と僕の三人で、風呂も入らないでダーっと車飛ばしてパン屋探しにそこらへん中グルグル回る。

「もううちには四つしか残ってませんよ」って言われちゃ、「それください……」って。「そこの、クリームの入ったチョコレートパンみたいな……とんがり帽子のやつ、あれもください……あ、でもあの人あんぱんって言うからなあ……」。

でもまあ、何とか五、六十個パン集めて帰って来て、ハイ、これをお金で買い替えてくださーい……。もう本当に大変（笑）。

というように、作品には出てないのに、そんなところで黒澤組の一員のように小間使いばっかりやらされました。

黒澤さんといえば撮影中のリハーサルが有名で、一週間リハーサルしてやっと本番やってそれがダメだったらまたリハーサルからやるような徹底した人、それと同じようにこの人は、自分のゴルフコースでもやるんです。登戸の川崎国際という、そこには黒澤さんが習ってる専属プロもいらっしゃる。

自分の主催するコンペですから、自分も素直にスタートすればいいのに、この人はね、出ないでリハーサル。どこまでやれば気が済むんでしょう、まったく。つまり午前中はレッスンして、コンペには参加しないんです。みんなは順に昼食に戻って来る、食べ終えた人から順番にまた出て行くんですが、そして午後一番最初に出て行かせないと機嫌が悪いのね。

そこで参加者に「さあみんな早く食事して。黒澤さんの練習の成果がどうか、みんな黒澤さんのスタートを見てください！」。皆さん息をこらして見守っている。

「ハイ、皆さん静かにして下さい。ハイ、黒澤先生が打ちますからね。えー、先生、ちょっと左は危険ですから、左、気をつけて下さい。ハイ、じゃ……」「宝田お前うるさい黙ってろーーーー!!」雷が落ちる。「ハイ、申し訳ありません」まるで幇間みたいに。僕は別に黒澤さんに怒られたってそんな本気になって怒られてるなんて思ってないから。別にね（笑）。

それで、さあ黒澤さんが強振一発打ちました!!　あっ……悲しいかな球はチョロチョロチョロ〜〜……。全員ハッと息を飲む。あッ、と大きな声を出したら失礼になるからね（笑）、まるでお通夜が一○個揃ったみたいに、シーン（笑）。

その静寂を吹き飛ばすように僕は、「先生！　惜しかったですねえ！　もうちょっとねえスイングね、ゆっくり……」「うるさいバカヤロー!!!」

三船ちゃんが、「おい宝田、お前、怒られ役で黒澤組に出ろよ」って言うんです。

三船さんは黒澤さんに、耐えて耐えて耐え抜いて、家帰って家族に八つ当たりをしていたそうです、いつも我慢していたからその反動で。彼の成城の家には大きい庭があって、そこにシェパードが二頭いるんですけどね。三船ちゃんが帰って来て自動車が家に着くと、シェパードが尻尾巻いて犬小屋へ入っちゃうっていうんだから。これは奥様の話。

ところが酒を飲まないときは、まるで猫みたいに「ああ、まあまあ、お先にどうぞ……」って。しかし酒が入ったら、「ウオッ」と吠えて、まるでMGMの映画のタイトルバックに出るライオンに化けます。

ゴルフを通じていろんな方々とお会いしましたね。森繁さんはゴルフやらなかったけど、黒澤一家を筆頭に、池部良も小林桂樹も小泉博も。

ですから当時、撮影に追われながら、空いてる時はもうゴルフ、ゴルフ。ゴルフ三昧でしたよ。東宝の砧の撮影所から近い、環状八号線に、東名道路の入り口の用賀っていうとこがありますけど、ここに東急が持ってた砧ゴルフクラブという九ホールのゴルフ場があったんですね。撮影所まで約七、八分のところに。ここは、有名な中村寅吉というプロゴルファーが専属プロ。僕もよくここでやってたんです。撮影ってのは常に待ち時間があって、長い時は一時間とか二時間とか平気で待たされるんですよね。だから、衣装着たまま、助監督に、「おいこれタバコ銭……」って五百円とか千円渡して、「俺ちょっとコレ行ってくるからな、呼び出してくれよな」って頼んでおいて、車でばーっと行って、コースを回るわけです。勿論中村寅吉プロには映画の招待券を渡して早くスタートさせてもらう。九ホールですから、約二時間少々で終わるのですが、七番ホール位のところで、ゴルフ場のコース内にスピーカーから、「宝田明さん、撮影所にお戻り下さい」って呼び出しが入る。「あ、すいません。私、ちょっと撮影所へ戻ります」ってぴゅーっと帰って来て、何食わぬ顔して撮影所に入る。メイクしたまま、靴だけ履き替えて、衣装は着たまま。時代劇だったら無理ですけど（笑）。

まあ、そんなふうにして、ゴルフを通じていろんな監督とも仲良くなり、他社の俳優さんとも仲良くなったりした。

『ゴジラ』を始め八本の映画で宝田が一緒に仕事をした本多猪四郎監督も、黒澤のゴルフ仲間であったという。黒澤と本多の友情は、P・C・L時代まで遡る。途中、しばらくはお互いの多忙さゆえ、行き来がなかったようだが、後年、再び二人でゴルフをするなどして旧交を暖め、一九八〇（昭和五十五）年の『影武者』以降、一九九三（平成五）年の遺作『まあだだよ』まで、本多は「演出補佐」を務めた（樋口尚文『グッドモーニング、ゴジラ』、土屋嘉男『クロサワさーん！』参照）。

なお、土屋の同書によると、当時中村寅吉にゴルフを習っていた黒澤から、ゴルフをやれ、と道具一式を貰いつつも、点を競うのが嫌いだった土屋はゴルフを放棄し、道具一式は返上。三船も同様に、ゴルフだけはあまり熱心ではなかったという。

成瀬巳喜男

役者始めてちょうど五年ぐらい経って、初めての成瀬巳喜男監督との仕事があります。昭和三十四（一九五九）年の『コタンの口笛』でした。石森延男さんの童話が原作です。タイトルからもわかるようにアイヌの一家を描いたものです。僕は主人公の姉弟が通う中学の美術の先生役でした。北海道の千歳空港の近くの旅館に陣取り、約一か月位ロケを続けました。澄みわたった支笏湖の美しさに圧倒されました。

二本目の作品は『娘・妻・母』。翌、昭和三十五年ですね。

これは家族の中で起るそれぞれの利害による葛藤というか。母親が三益愛子、森雅之が長男、その妻が高峰秀子。草笛光子、団令子、淡路恵子、杉村春子、仲代達矢、加東大介……。よき時代の役者さんが沢山出てますね。僕は次男役。

この作品で、原節子さんとの初めての出会いがあったんですね。ロケでの楽しい思い出なんかがいろいろありますが。原さん、けっこう飲んべえでねえ。宿に帰るともちろん、素顔で浴衣を着て、我々がトランプゲームをやってる中に入って来て、「私も賭けるわー」なんて。で見事にお勝ちになられて（笑）。そしてさらに、高峰秀子さんは成瀬さんとこの看板の女優さんでしたからねえ。

原節子は、一九二〇（大正九）年生まれで一九三五（昭和十）年に日活に入社、同年デビューした。その後、東宝、新東宝を経て、フリーとなる。代表作は小津安二郎の「紀子《のりこ》三部作」といわれる『晩春』

（一九四九）『麦秋』（一九五一）『東京物語』（一九五三）。

一九六三（昭和三十八）年の小津の死後、女優業を完全引退。宝田も出演している一九六二（昭和三十七）年のオールスター映画『忠臣蔵 花の巻 雪の巻』が最後の出演作となった。以後、マスコミと一切の交渉を絶ち、そのため〝永遠の処女〟と呼ばれ、日本映画史上最大のスター女優として今なお、多くの人に愛されている。

大のビール好きで、この『娘・妻・母』のロケ先で、宝田、淡路恵子、原節子、太刀川寛、それから仲代達矢が、トランプで賭けをして大博打大会になったらしい（淡路恵子『死ぬ前に言っとこ』）。大女優であるために、あまりトランプで賭けなどしたことのなかった原節子は、他の人が数千円出すところを、二万、三万と賭けていき、結果は淡路恵子が総取り。宝田や仲代達矢、太刀川はお土産代を淡路恵子から借りなくてはならなかったとか。

二〇一五（平成二十七）年、九十五歳で死去。訃報が流れたのは死去後二か月半経ってからであった。

さらに、昭和三十七（一九六二）年の『女の座』、これで成瀬さんの作品は三本目になりますか。これも成瀬さんらしい家族のぶつかり合いがテーマ。

成瀬さんは僕の出演シーンは、いつもニコニコと見ててくれて。他の人たちの演技はムッツリして見ていらっしゃる。「まあ、あの宝田が一生懸命やっちょるわい」と思っててくれてる好意的な微笑みなのか。成瀬組に出る、というのは、何というか、役者としては、「ああ、いい作品に出られたな」というかね、まるで勲章をもらってるみたいな感じでしたね。

青春ものやメロドラマものをやりながら、こういった巨匠の格調高い作品にも出演していました。『女の座』のキャストを見ると、成瀬組の面々が全部出てますね。笠智衆、高峰秀子、加東大介、小林桂樹、草笛光子、淡路恵子、司葉子、杉村春子、三橋達也、三益愛子……。後輩の夏木陽介とか、星由里子、団令子、一本主役やってもいいような人達ばっかりが出てますねえ。だから、この作品に出てくる俳優さんたちを見ているだけでも楽しい作品でした。

さあ、『女の座』まではつつがなく来ましたね。そして、同年『放浪記』になるわけですけども、これは『女の座』のわずか九か月後なんですね。『放浪記』についてはあとでじっくり話したいと思います。

成瀬組の撮影に玉井正夫さんという、キャメラマンがいらして、僕は『ゴジラ』のときが初めてでしたけど。縁が黒いメガネをかけた、小柄な人なんですけど、名作をうんと撮ってますね。あんまり愛想のいい人じゃなかったです。

実は現場は真剣勝負、神聖な場所と言っていいでしょう。みんな匠でしたよね。

今売れっ子の木村大作キャメラマン、山の映画『剱岳　点の記』を監督したりしてますが、当時は撮影助手でしたからね。「おい、木村！」なんて呼んでたけど、今エラくなって、大きな声ですぐ出しゃばるもんだから、「お前少し喋り過ぎだバカヤロー」って（笑）。

川島雄三

川島雄三監督とは、昭和三十五（一九六〇）年、石原慎太郎原作の『接吻泥棒』で初めて仕事をしました。日活で石原裕次郎、フランキー堺主演の『幕末太陽伝』を撮った方です。

幼い頃にポリオ（小児麻ひ）にかかり、足が不自由な方でしたが、この監督を僕は奇才中の奇才、あるいは天才と言って過言ではない人だと思っています。

演出の仕方、キャメラアングル、物の考え方が、ハッと息を呑むような閃きを持っている方でした。

この作品に入る一年位前、藤本プロデューサーから芥川賞作家の石原慎太郎氏を紹介されて、そしてある雑誌で対談をやりました。石原氏は昭和七（一九三二）年生まれ、僕より二歳年上でしたが、新進気鋭の芥川賞作家、湘南育ちで一橋を出た秀才。

でもこっちは引揚げ者で、ソ連軍の侵入に婦女子が陵辱されるのを目にし、タバコを売ったり靴みがいたりしながら、ソ連兵に撃たれて死にそうになった。そんな人生を送って来て、気後れしていた僕の話を、まるで自分の事のように真剣に聞いてくれる、心優しき兄のように思えました。

その後間もなく、当時の月刊のグラフ誌か何かに石原氏が僕との対談の事を書いてくれたんです。「宝田明の涙」というようなサブタイトルだったと思いますが、「自分とは全く違う壮絶な人生を送って来たんだ」と書かれていた。

引揚げて来て以来十三年、初めて他人に理解してもらった、理解してくれた人がいたんだ、と解放感というか、力と勇気が湧いて来たことでした。

その後石原氏が『接吻泥棒』という作品を書かれた。若手の花形ボクサーと、それを取り巻く美女群、主役の役名は「高田明」、藤本プロデューサーの話だと、僕に当てこんで書いてくれたという。それが映画化されたんですね。共演は、団令子、草笛光子、新珠三千代、北あけみ。

川島監督は、撮影中、僕の方で「ここはこうしませんか？」とアイディアを出すと、ニコニコ笑って「それ面白いですね。じゃそれに加えてこう言ったらどうですか」と乗って、そのシーンをふくらませてくれる。

まるで十年以上何作も一緒にやって来た様に、お互いに自由に発想を言いあって、この作品を造り上げました。

ちょっとエスプリの効いたライトコメディー、好きな作品の一つです。この作品の最後のシーンは、

〔左頁写真〕『接吻泥棒』で団令子と

僕がタイトル戦で勝って、恋人の団令子と河に浮ぶ怪しげな船上レストランで食事をしているところへ原作者の石原慎太郎さんが現れ、僕が色紙にサインをお願いし、慎太郎さんが左手（石原氏はサウスポー）でサインをする、その色紙のアップにエンドマークが映し出される。なかなか洒落たものでした。

そんなことがあって、同じ年に今度は『夜の流れ』をやりました。川島雄三監督でした。これは、成瀬監督と共同演出で、両者で分け合って撮影された珍しい作品でした。

小津安二郎

昭和三十六（一九六一）年には、松竹の大監督小津安二郎監督の『小早川家の秋』。これは宝塚映画の作品でした。こういう監督のもとで一回でも出演の経験をさせてもらったということが大きいですよね。

出演シーンは少なかったが、質をしっかり受け止めたというか、観察できた。

ローアングルというのはこうして撮って、ああして、ああなるのか、それでなぜここで長いカットを回されるのか。なぜセリフを何度も反復して言わせるのか。出来上がった作品を観ると、実に素晴らしい映画になっている。僕は監督に、「オズの魔法使い」とあだ名をつけました。

余談ですが、小津先生は昼食は、黒ビール二本と「冷やっこ」一丁が定番でした。


『小早川家の秋』は、司葉子がその前年に松竹で『秋日和』（一九六〇）に出たお返しに、小津が、宝塚映画で撮った作品である。

京都の造り酒屋の主人・中村鴈治郎を取り巻く人間模様で、宝田は、その娘の司葉子の相手役である。

『宝塚映画製作所』によると、小津の来訪は宝塚映画の歴史に輝かしい一ページを残した、という。当

『銀座の恋人たち』の出演者たち

時、同製作所では一か月に一本の撮影ペースが普通だったところ、『小早川家の秋』の撮影は三か月かけて悠々と進められた。

宝田と司の、十三《じゅうそう》駅ホームでの二人だけのシーンは、夜間ロケで撮影されたが、深夜から早朝にかけての時間帯だったにもかかわらず、多くの見物客でごった返したという。

千葉泰樹

昭和三十四（一九五九）年千葉泰樹監督との初めての作品『若い恋人たち』に次いで、昭和三十六（一九六一）年には千葉泰樹さんとの二本目の仕事『銀座の恋人たち』。脚本は井手俊郎。

千葉さんって方はねえ、無声映画時代からやってらっしゃる方で、常に背広上下にソフト帽、鼻ひげが良く似合う、非常にジェントルマンでいらした。最大の特長は、台本にすでに最初から全てのシーンのカット割が書かれ、キャメラのサイズ、移動、クレーンの使用が全て書きこまれているんです。もうこれは絶対的な才能ですね。

だから、ここを撮って、ここからもう一回通しで撮って、なんて方法は絶対にとらない。今、映画でもテレビでも、一つのシーンを色んなサイズで何度も何度も撮ったりしますけど、千葉さんはそうじゃない。テストをやって、みんながグーっと盛り上がってきたところで、パッと撮れたらそれが一番いいんですから。

カット割は監督に任せればいいんですよ。だから編集の人もラクなの。フィルムの前後の余分なとこ切って真ん中だけを繋げて行けばいいわけ。千葉監督の頭の中には映像というモンタージュが完全にできているんですね。

おそらく映画界広しといえども、これが出来るのは千葉さんだけ、職人技なんだな。藤本眞澄の信望も厚くてね。藤本眞澄よりはるかに年上ですけども。あちらこちらと映画会社を渡り歩いてきた。戦前の日活多摩川、戦時中の大映も然り、そして東宝で。正に匠の中の匠、映画の魔術師と言っても過言ではないでしょう。良識の人。映画界のコスモポリタンですね。だから海外に行っても、人間として通用する。そんな存在感がありました。

千葉監督が東宝にいて下さった事は、僕にとって最高にして最大の利点でした。


千葉泰樹監督は、一九一〇（明治四十三）年、中国・長春に生まれた。

神戸商業学校を卒業後、阪東妻三郎がアメリカのユニヴァーサルと提携して設立した「阪妻立花ユニヴァーサル聯合映画」に入社。高瀬昌弘『東宝監督群像』によると、同社にはアメリカから新しい撮影機材がどんどん入って来て、指導員もアメリカから来て、ライティングやキャメラの使用法などについて教えたらしく、高瀬は「こんなハリウッド式な会社の社風だからこそ、千葉さんの持つダンディズムは本物なのかも知れない」と書いている。その後、小さなプロダクションを転々とし、日活、大映、新東宝を経て、さらに松竹、東映と渡り歩き、一九五六（昭和三十一）年以降は東宝の専属となる。

千葉監督は「製作費どおり、スケジュールどおりの映画を造り、それでいて、一定の収入を得て、それで観る人に喜ばれる仕事、正に、映画造りの職人であった。映画の心の判る人」であり、藤本眞澄が唱えた「B級映画こそ映画の主流と云う考えを実現した」監督であった（同書より）。

また同書には、藤本眞澄の言葉として、東宝の映画監督を野球チームの打順になぞらえたものが載っており、それによると、千葉監督は「一軍」の「一番打者」なのだそうだ。以下、賛否両論もあろうが、藤本がそれぞれの監督をどうみていたかが垣間見えて興味深いため、一覧を抜粋する。

【一軍】①千葉泰樹、②川島雄三、③成瀬巳喜男、④黒澤明、⑤稲垣浩、⑥久松静児、⑦松林宗恵、⑧杉江敏男、⑨豊田四郎、ピンチヒッター円谷英二

【二軍】①須川栄三、②福田純、③岡本喜八、④堀川弘通、⑤谷口千吉、⑥佐伯幸三、⑦筧正典、⑧丸山誠治、⑨本多猪四郎、ピンチヒッター松山善三、石原慎太郎

確かに、千葉泰樹の作品には「映画を観る歓び」が心の底から湧いてくるような作品が多く、筆者にとっても、数いる監督の中でトップクラスに好きな監督である。中でもこの『銀座の恋人たち』は、筆者がこれまでに観た千葉泰樹作品の中で個人的ベスト五に入ると言っていい（他の四作品は『河のほとりで』『丘は花ざかり』『裸の重役』、そして次に宝田が語る『二人の息子』）。

ちなみに、『銀座の恋人たち』は、宝田と加山雄三との初共演作でもある。

次いで、千葉さんとご一緒した『二人の息子』という作品がありました。松山善三の脚本でね。この作品に入る前に、藤本眞澄から「おい、宝田、お前もいろいろ仕事して来たけどな、今度の『二人の息子』はお前の決め手になるぞ。今までとは違ったものになるから、心してこの作品に取りかかれ」って、言われたんです。そして、「これがお前の勝負になるぞ」と。俳優になって五年、自分でも、これは役者としての大きな飛躍にせねば、と自覚した作品です。

現代社会にも通ずる親と子、兄弟の物語ですよね。小さな家庭で、本当に平凡な幸せとは何かと問う。加山雄三が弟で、やっと家族揃ってすき焼きをやる場面が忘れられないね。

以下に、実際の作品から台詞を抜き出してみる。ト書きは松山善三のシナリオ（『シナリオ』一九六一年十月号所収）を参照し、筆者が実際の画面をもとに多少付け加えた。

・父……藤原釜足
・母……望月優子
・正二（次男）……加山雄三
・紀子（長女）……藤山陽子
（宝田はこのシーンにはいないが、長男の健介役である）

（久し振りに夕食にすき焼きを食べながら）
父「こんな味忘れてたよ。卵つけて食べたらもっと美味いだろうな」

紀子「父さん、言う事だけは贅沢ね。卵なんかつけて食べたことないくせに。ねえ、母さん」
母「昔はいつだってうちもそうだったんだよ」
紀子「あら、わたしなんていっぺんも食べさしてもらったことないわ」
正二「母さん、ないのかい？　卵」
母「ひとつあるけど……」
正二「父さんに出してやんなよ」
母「でもあれはお前が……」
正二「いいよ構わないよ」
母、卵出して正二に渡す。
紀子「それ兄ちゃんが飲むんでしょ、夜」
正二「はい、父さん」
正二、受け取った卵を卓袱台の父の前に置く
父「いいよいいよ、言ってみただけだ」
父、卵を母に差し出す
母「いいって言うんだから。食べればいいじゃない」
（母、差し出された父の手を押しやる）
父「いらないよ」
紀子「食べればいいじゃない。頑固ね」
（父、卵を卓袱台に置く）
母「やっぱりお前に取っとこうか」

紀子「そうよ、兄ちゃんは一日に十五時間も働くんですもん。父さんなんか何にもしないんだから」
父「悪かったね」
正二「なに言ってんだよ父さん、食べなよ」
正二、卓袱台の卵を父の前に置く
父「ほんとにいらないんだよ。もうおしまいだから」
（父、誤って卵を落とす）
母「あらあら……」
紀子「割れちゃった？」
母、一生懸命畳の上の割れた卵を殻に戻そうとする
紀子、葉書を二枚取って母に渡す
紀子「これでやるといいのよ」
（母、葉書で卵を掬う）
母「お皿！」
紀子、黄身を皿に受ける
紀子「あーあ……黄身も崩れちゃった……。どうせ割れたんだから、父さんつけて食べなさいよ」
紀子、卵の入った皿を父の前に置く
父「いらないといったら、いらないんだ‼」
紀子「なに怒ってんのよ。そんなら始めから卵食べたいなんて言わなきゃいいじゃない」
母「紀子！」
（父、紀子をひっぱたく）

『二人の息子』で加山雄三と

卵が卓袱台から転げ落ちて割れてしまう。折角の一家団らんの夕食が……。

弟は自分が自動車事故を起して金に困っていること、又、両親の家計の苦しさを兄である僕のところに訴えに来る。

お兄ちゃんとこはいいじゃないか、家もあるし冷蔵庫もある、といって、金銭的な助けを求める。一方、僕の方は、妻からは、あなた、ウチだって最低の生活してるのよ、別にそんな贅沢じゃないじゃないですか、と言われ板挟みになる。

世の中が進んだり、物質文明が発達してもね、今でもある普遍的な家庭の問題ですよね。やっと家が持てた、あとないのはテレビと、それから、冷蔵庫と、電気洗濯機ね、これはもう、三種の神器みたいに思っていた時代があったわけです。あの当時は高価で手がでなかった。そういう中にあって兄弟、親子の葛藤を描いている、松山善三が大変よく書いてくれましたよねえ。

名作だったと、僕は思います。

千葉さんがね、歌が下手なんですよ。（思いっきり変なビブラート効かせながら）〽何か言おうと思ってェも〜〜女房にゃ何も言えやせぬぅ〜〜て、こういう昔風な（笑）、いるでしょ？　お年寄りで昔の歌を朗々と歌う人が……。

千葉先生を囲む千葉会でみんな集まると、いつも僕は千葉節で真似をするんです。藤木悠に箸を持たせて、バイオリンやらせる。俺がアコーディオンやったりして千葉さんのモノマネをやるともう、みんな、わーわー盛り上がる。

「宝田、千葉さんのものまねばっかりやって、お前もう千葉さんの作品じゃ役取れないよ、今度の出演なくなるよ、いい加減にしろよ」なんて言われましたが、でも僕はもう、千葉さんのことを自分の父親みたいに愛してるから、尊敬してるから、全く気にせず平気でやっちゃう。

古い映画で、『うちの女房にゃ髭がある』っていう、杉狂児さんが主演した作品も演出してました。〽何か言おうと思っても　女房にゃ何にも言えやせぬ　そこでついつい嘘を言う　ぱぴぷぺ　ぱぴぷぺぱぴぷぺぽ〜　うちの女房にゃ髭がある　っていうのが映画の主題歌で、僕は千葉さんらしく、わざと音程を外して歌うと、先生ニコニコ笑いながら……

「コラッ‼　そんな下手じゃないぞ‼」

映画を離れたところで、千葉一家……千葉組、そういうものを形成して、そこで僕は器用に振る舞ったことでした。座をパッと盛り上げて楽しむ。これはもう、僕の特性というか特技というか。

同期の藤木悠も千葉組の一員。僕の同僚とか現地の出張所の社員とか、必ずなんかの役にキャスティングされる。香港に行っても千葉さんと僕と藤木悠。毎晩三人で一緒に飲む。宝田と藤木は千葉組の筆頭、若手のね。口うるさいキャメラマンとか照明部の人とかも、百戦錬磨の連中もみんな僕と藤木についてて

『香港の星』のロケ先で藤木悠と

来て、千葉先生の助さん格さん役を見事に果しました。

当時東宝には一五〇人ぐらい俳優がいましたけども、その中で、千葉組はその筆頭、一方では黒澤組ってのがあった。ところが黒澤組は、監督とみんなが仲悪くて。三船さんなんて黒澤さんに対して、バズーカ砲でぶっ飛ばしてやる！　なんて言ってたが、千葉組にはそんな雰囲気はなかったですね。千葉さんの器が大きかった。大人《たいじん》なんです、包容力のあるコスモポリタンなんです。

前出の高瀬昌弘『東宝監督群像』にも千葉会について記述がある。

〈千葉さんは低い嗄《しやが》れた声で、昭和十一年（36）日活で演出なさった『うちの女房にゃ髭がある』の主題歌、同名の一曲と、そのレコードの裏盤「あゝそれなのに」を渋い太い声で歌われた。そして、宴終わらんとすると、俳優の宝田明が藤木悠が（二人とも千葉作品『香港の夜』（61）などに出演）昭和初期、千葉が日活で監督した『人生劇場・残俠篇』の主題歌「人生劇場」の替え歌で千葉先生は男だと唄い上げ、集まる者みんなで、義理と人情の千葉さんの世界を讃えるのであった。そのみんなの唄声を聴きながら静かに盃を干す千葉さんの横顔には、たまらない人生の荒浪を越えて来た苦い時間が感じられて、集まる人は感動し、思わず涙を誘われるのであった〉

千葉泰樹を囲む会は、常に必ず僕と藤木悠が音頭をとり、毎回スタッフキャスト大勢が集まって続けて来た。千葉さんが亡くなってからも偲ぶ会は続けましたが、今はありません。

成瀬さんを偲ぶ会もあって、こちらは、亡くなってからも現在まで年一回ずっと続いてますが、でもまあ段々みんないなくなりましたけど、一五〜六人は集まりますね。スタッフも含めてね。

僕と同い年の司葉子さんは、一年に一度の成瀬さんを偲ぶ会には必ず出てきますよ。

高峰秀子さんも遠くへ逝っちゃった。それから、昭和の大女優といわれた原節子さんも。段々とそういうふうな……昭和の映画を本当に支えてきた男優さん女優さんが段々少なくなってきましたね。

高峰秀子から教わったこと

『放浪記』は、林芙美子原作のベストセラー小説である。林が様々な職業を経たのち、小説家として成長を遂げるまでを描いたもので、P・C・Lの一九三五（昭和十）年版（木村荘十二監督、夏川静江主演）、東映の一九五四（昭和二十九）年版（久松静児監督、角梨枝子主演）と、まず二度映画化され、次いで一九六一（昭和三十六）年に、菊田一夫演出・脚本、森光子主演で舞台化された。

宝田出演の宝塚映画製作・高峰秀子主演の一九六二（昭和三十七）年版は、この舞台化のヒットを受けて映画化されたもので、林の原作とともに菊田の劇作を原作としている。

宝田が演じたのは、林の三番目の夫で、なかなか芽が出ず、屈折を抱えた詩人・福地貢という難しい役であった。

なお、後年宝田は、菊田とミュージカル作品などで、数々の仕事をすることになる。

昭和三十七年一月に成瀬さんと四本目の作品『女の座』、そしていよいよ『放浪記』が入ってくるわけですね。成瀬監督との仕事はこの時期にかなり集中してましたねえ。

『放浪記』は成瀬さんとの五作品目、モノクロでした。主役の林芙美子を演じたのは高峰秀子さん。その他にもキャストがスゴかったですよ。加東大介も実直な人物で良かった……。小林桂樹も才能あったし、伊藤雄之助なんか味があるしね。それから、文学座の文野朋子……草笛光子もよかったなあ。一九六二年というと、五十五年前とかですよね？　みんなまだ三十代から四十代で、しかし本当に、適材適所にきちんと配役されてました。

成瀬さんの作品ってね、とにかく隙間がないんですよ。例によって堂々たる演出をしている。そして、「あれ? 今、自分にちゃんとキャメラは向けられているのかな。どうも向けられてないような感じがするな」って思わされるんですよ。つまり、役者がキャメラなんか全然意識しないで演技してる、そういうところを撮るんです。あざとく演技する俳優もいるじゃないですか、そういう感じでなく、ね。

僕の演じた作家・福地貢は病気で吐血をしながら書き続けている。彼女と一緒になって、小さな部屋で畳の上に机のかわりにみかん箱ひっくり返して、売れない原稿を書いては破り捨てる、そんな日々。

その日は、朝にセットに入って、テストが始まった。芙美子に雑誌の原稿料が入ったんで、「何かおいしい食事にしましょうね」と言って、買って来たおかずを卓袱台に置くシーン。

僕はセリフが一言もない。二十秒程のカットの最後に彼女の顔を見るところでカット。二、三回テストをしている間に、「宝田くん、違うよ」、って、成瀬さんに言われた、監督とはもう五本目、しかも撮影ももうなかばになっているのに。

今までは、「ああ、宝田くん、いいよ」「あはは、面白い」「それぐらいにしてね、それでいいよ」って。そして僕が少し出し過ぎたりしていたら、「あ、もうちょっと抑えた方がいいよ」なんて言われてた。

しかしこのときだけは、「違うよ」「違うよ」の連続。それが午前中に始まって、午後も続きました。テストの回数もだんだん少なくなって、ライトもひとつしか点けてくれなくなって。そのうちに夕方五時の終業のサイレンが鳴って、結局、翌日回し、ということになった。宝塚市内の宿屋に帰ってもメシも喉を通らない……。

台詞が二、三ページあって、つっかえている、とか覚えてないのであれば別なんですよ。実はその後のシーンに、彼女の出版記念会で、成功した妻芙美子に向かって僕が長いお祝いの台詞を喋るところがあるんだけども、そのときはなんなく一発ＯＫでした。

しかし、この日のここのシーンは台詞が一言もないわけです。僕は、「なんでこう言われるのかな……」と。

翌日も朝九時にセットに入ったんですが、この日は始めからライトをひとつしか点けてくれてないし、セット内のみんなも黙ってて、シーンとしてる。そして僕が、「すいません。一回やってくださいますか」と言った。それでもライトはやっぱりひとつしか点けてくれないままでした。

それで、「じゃあ、テスト。……よーい、はい」。

高峰さんが座敷に上がって来てキャメラに背を向けて座る。そして僕が彼女の顔を、ふっ、と見る。……それまでの、二十秒もかからないようなワンカット、でもやはり、「違うよ、宝田くん」のひとことだけ。僕は、「……もしかしたら監督、昨日、奥さんと電話で夫婦喧嘩でもしたんだろう。これはその腹いせみたいなやつなんじゃないかな」と（笑）。つまり、私的な感情で当たられてるんじゃないか、と思った。

セットの上にのぼってる照明さんも、ライトのとこに座ってるのだが、熱くて、上半身裸になってる。するとそのうちに照明さんの汗が、ポトっ、ポトっ、て畳に落ちてくる。その音が聞こえるぐらいの静けさの中で。

朝九時からお昼ぐらいまでのうちにテストを三、四回やったけど、全然ダメでした。

そこでもう僕はたまりかねて、高峰さんに、「先輩、あの……僕にはちょっとわからないんですけど、どこがどう違うんでしょうか。教えて頂けませんか？」って言ったんです。

そしたら、畳にペチャンと座った高峰さんがね、「宝田くん。私、わかってるけどね、勿体ないから教えてやんないよ」。

　僕は一瞬、高峰さんをぶん殴ろうか、と思った。

「なに！　教えてやんない？　……この底意地悪い先輩!!」と思いました。「俺はコジキじゃないんだ！」と。なにも物もらうために話してるんじゃない。「すいません、教えて頂けませんか。どう違うんでしょう、先輩」って、丁寧に教えを乞うているのにね。

　この小憎らしい高峰さんの顔と、彼女が演じたあの名作『二十四の瞳』の、小豆島の分教場の優しい大石先生のあの顔がダブってねえ、どっちが本物なんだろう、って(笑)。

　僕は『二十四の瞳』を観て、涙がもう涸れはてるまで映画館で泣いたんです。そんな高峰さんと芝居ができるなんて光栄だ、と思ってた。それで丁寧にお願いしてるのに、「勿体ないから教えてやんない」……そうなのか、そんなケツの穴の小さいことを言うような、そんな映画界ならばもう辞めちゃおう、殴って辞めちゃおうと思った。しょせん俺は、どうせただ運がいいだけでここまで来たんだから。

　それで監督に、「すいません、一度だけやっていただけませんか、みなさんお願いします」とお願いしたら、不請不請、ライトが、パタっ、パタっ、と点き始めた。

「よーい、スタート」、カチンコが鳴る。僕は原稿を書いている。高峰さんが入って来て、高峰さんのセリフの後、僕がぐーっと見た、「カット、宝田くん、ＯＫ。それでいいんだよ」と監督の声。

　どこがどう違ったんだろう？　何がよかったんだろう？　もしかしたら、ただこの憎ったらしい高峰秀子のことを心底、「こんちくしょう！」って思った気持ちが、女房に先んじられてプライドを傷つけられた夫の気持ちが、その目に出たのかなあ、と。まあ、少し冷静に考えてそう思いましたけど、それでもまだ、「この高峰秀子……！」と私的な感情は残りました。

　結局その作品は、批評家連中、淀川長治とか小森和子なんかがもう、べた褒めに褒めてくれましてね。

『放浪記』で高峰秀子と

特にプロデューサーの藤本眞澄氏から演技賞として金一封を頂きました。

まあ、でもはっきり言ったら、こういう汚れ役は藤本さんとしてはあまり僕にやらせたくなかったんでしょう。でもこれも、こいつにこの高いハードルを一回超えてもらおう、みたいな、親心というか、そういうのもあったのかもしれません。

それで、これには後日談がありまして。二十年ぐらい経ってたかな。高峰秀子さんから電話があったんですよ。

「おタカさん、元気?」っていうから、「ああ、元気ですよ。何ですか、先輩?」って言ったら、「私ね、何冊も随筆を書いてきたけれど……あなた、ほら、『放浪記』のときに苦しんだでしょ? あのときのことを書こうと思って……もうすでに出版社に出稿しちゃった後なんだけどさ、悪いけど、出来上がったらあんたに送るから、読んでくれる?」って。

「わかりました。ところでねえ、先輩……あのときのことはね、僕はあのとき、あなたを殴ろうと思いました。でも今は、かけがえのない忠告だった、と思っているんです。僕の脳天からつま先まで、太い串がグサーっと刺さったような……スランプみたいになったときも、いつもあなたのあの言葉が支えとなっておりました。ありがたく思っております。ありがとうございました」って、言ったら、高峰さん「(涙声で)そうお? ありがとう……」って泣いてました。で、こっちも涙が出てきてねえ。

「今、あんなことを望もうと思ってもそんな先輩なんかいません。あんな厳しく教えてくれた先輩はもう、どこを探してもいません」

「そうね、わたしはね、当時から、くそ生意気な下町育ちの女優だと思われてきたの、わたしも知ってるわよ。でもあなた、よくあン時乗り越えたわね」と。

「高峰さんは、自分で考えて、解決しろ、と。そうしなきゃ、ワンステップ上がれないじゃないか。そういう意味で仰ったんでしょう。宝物にしてます、あの言葉を」

「よくそこまでわかってくれたわね、ありがとう。あなた、あの時苦労したけど、その後も、ミュージカルに出て、ずーっと活躍してらっしゃるし、ミス・ユニバースの司会を何十年、三十年以上続けてるわね。何時も観てるわよ。よかった、あなたがそう思ってくれて」

電話の声は泣き声でした。それ以後、僕のミュージカルも見に来てくださるようになって……。考えると、お金を出しても、そんな一日半も粘ってね、役者から何か出るまでガマンして撮ってくれる、そんな監督なんて、もういやしませんよ。

また、「そんなことは自分で答えを出して覚えなさい」ってはっきりいうんじゃなくて「勿体ないから教えてやんないよ」っていう突っぱね方も、実は、暖かみのある言葉でねえ……。それが当時の僕にはわかりませんでした。

だから、この宝物はもう、自分だけが頂いた、貴重な、ひとつの人生の指針として大事に持ってるんです。そういう意味でも、『放浪記』は忘れることができない作品のひとつとなりました。


高峰秀子が書いたこのエピソードは、『忍ばずの女』（中公文庫）に収録されている。


そしてさらに『女の歴史』が昭和三十八（一九六三）年。前作の『放浪記』の後だけに、一年後また、成瀬作品に出るというのは、出るのが怖いなんてことはなかったけれども、『放浪記』の余韻はまだ少し残ってましたね。高峰秀子に対して、「このォ……」って気持ちはまだあったんです。また一緒に出てるんですからね（笑）。

共演者は多士済々、この作品には仲代達矢も出てるんですね。草笛光子に淡路恵子に中北千枝子、加東大介に多々良純。賀原夏子に菅井きん。

しつこいようですが、このときはまだ残ってましたよ、コンチキショーって気持ちが。悟りをひらくにはまだ……個人的には「なんだコノヤロー」というのはまだ残ってましたねぇ。その後、ちょっと大変だなあと思うような作品のときには、段々この言葉が支えとなったというか、悟りをひらいてきたというか、長い年月を経て心に入ってきた。

これが高峰さんとの最後の共演でした。それにしても成瀬・高峰のコンビの作品は『浮雲』があり、『めし』、『乱れる』、『女が階段を上る時』、『流れる』……もう、名作をうんと作って来られましたね。

成瀬さんの作品というと、東宝の他の監督さんや助監督も、みんな観るわけですよ、劇場に行って。すると、「おい、宝田君、あれ良かったなあ!」なんて言ってくれるんでね、だいぶあのときのショックも癒えました。自分でもまだまだと思いながらも、精神的にゆとりが出て来まして、自信も出て一気に数段かけ昇った感じでした。

ちなみに昭和三十八年の『女の歴史』が昭和二十九年第一回の出演作より数えて八十九本目の作品でした。

第六章　国際的活躍の始まり

香港シリーズ、香港側との衝突

昭和三十年代、海外展開に積極的に取り組んでいた東宝にとって、宝田明主演作品は強力なコンテンツだった。そのため宝田明の人気は海外にもおよび、香港との合作映画へとつながる。本章では宝田にとっても思い出深い「香港シリーズ」を中心に語ってもらう。

昭和三十一（一九五六）年でしたか、第一作目の『ゴジラ』が二年後にアメリカ本国に配給され、『GODZILLA KING OF THE MONSTERS!』というタイトルで公開されたんです。何とそれが、ゴジラの出現をレイモンド・バー演じる東京にいる海外特派員が伝えるという形で、その出演場面を撮り足して再編集したものだったんです。もちろんオリジナルには全くない役柄です。本多さんと円谷さんがあんなに苦労されたフィルムをズタズタに切り裂いているわけで、本来ならば許されないことなんですけど。日本の役者は吹き替えで全員見事な英語を喋ってましたね。

まずブロードウェイのロウズ・ステート劇場で公開され評判を呼び、その後マサチューセッツ州でも二八〇館くらいで拡大上映されました。日本にも翌年に逆輸入されて、これまたヒットしたそうです。

そんなこともあったし、その後、自社の映画が海外でも上映され始めたために、東南アジア及び北米、南米で、僕の映画がヒットしてましてね。

森繁さんのサラリーマンものか、宝田明のラブストーリーものか、という感じだった。でも森繁さんのサラリーマンの哀歓みたいなものは、海外ではあまり理解されなかったようです。

それで、香港のキャセイ・パシフィックが持ってる映画会社のキャセイ・オーガニゼーションから、是非パオデンミン(宝田明)を香港との合作映画に出してくれって依頼があった。香港からは、相手役として尤敏《ユーミン》という女優との共演、これが人気のある子で、美人で、仲々利発な女優さんでした。東宝は、「おい宝田、お前中国語喋れるんだから、やれ」って。それが『香港の夜』で、昭和三十六(一九六一)年でした。

東和映画の川喜多長政社長、東宝の藤本眞澄さんとで話が進められたんです。川喜多社長は東宝の重役でもいらっしゃいましたが、戦時中、上海の中華電影という会社で中国人たちと映画を作られ、戦後、フランス映画を主に輸入してこられた方で、フランス政府からレジョンドヌール勲章をもらわれてます。

一九五二(昭和二十七)年に、ヴェネツィア映画祭で黒澤明監督『羅生門』(大映)がグランプリを受賞するが、これが、日本映画が海外へと進出する突破口となった。

同年東宝は、社長に就任した小林一三が提唱した「五ヶ年計画」による「百館主義」の実施で、事業的に大きな飛躍を遂げ、自社作品の海外市場開拓にも積極的に取り組むことになる。

一九五三(昭和二十八)年、ロサンゼルスでの国際東宝株式会社の設立を皮切りに、翌年には「外国部」を設置。映画輸出業務の拡大を狙った。

昭和三十年代には、世界主要都市に海外支社を設置し、駐在員を派遣、海外販路の拡大へとつながった。まず、一九五八(昭和三十三)年にブラジル・サンパウロ、一九五九(昭和三十四)年に香港、一九六〇(昭和三十五)年にはニューヨーク、パリ、その後リマやホノルルなどに設置された。

一方で、一九六〇年にはロサンゼルスに劇場を購入。直営館「東宝ラブレア劇場」としてオープンさせ、清水雅社長と三船敏郎がオープニングセレモニーに出席し、『無法松の一生』で興行をスタートした。その後も、ニューヨーク、サンフランシスコ、ホノルルに直営館をオープンさせた。

また、一九六〇年に、かねてより東宝の重役であった川喜多長政が取締役を務める東和映画株式会社を合併させ、これにより、東宝映画の輸出だけではなく、外国映画の輸入事業も飛躍を見せる。

川喜多長政は、一般的に知られる洋画の輸入事業だけでなく、戦前、すでに日本映画の海外輸出を試みていた。一九二八（昭和三）年に東和商事を設立すると、まず最初に溝口健二の『狂恋の女師匠』（一九二六）をはじめ、日本映画のヨーロッパ輸出をはかる。しかし、当時のヨーロッパにおいては、日本の文化は奇異なもの以外の何者でもなく、畳に座って食事をするだけで笑いが起きる始末であり、興行的にも大失敗であった（佐藤忠男『キネマと砲聲』）。逆に、海外の著名監督との合作により日本文化を外に紹介しようとしたのが、日独合作映画『新しき土』（一九三七年、アーノルト・ファンク監督）である。

なお、東宝が初めてイタリアと「合作映画」を製作したのは『蝶々夫人』（一九五五年公開）であるが、これは川喜多長政が東宝の重役だったことによる。一九五六（昭和三十一）年には香港ショウ・ブラザースとの提携で、『白夫人の妖恋』（豊田四郎監督・円谷英二特技監督）が製作されたが、これは、東宝と香港との初めての合作映画であった。

『プロデューサー人生 藤本真澄映画に賭ける』によれば、その後、「お姐ちゃんシリーズ」三作目の『お姐ちゃん罷り通る』（一九五九）も香港ショウ・ブラザースとの提携で、香港ロケを行っている。

同書によると、藤本はこのロケで主役の三人（団令子、重山規子、中島そのみ）に相当過酷なスケジュールで撮影や舞台挨拶等の任務を遂行させたようで、「今もって慚愧にたえない」と反省している。

さて、ここからはまず『香港の夜』について、エピソードを交えつつ宝田に語ってもらう。

監督は千葉泰樹、映画界の生き字引です。英語も達者、社交性もあるジェントルマン、尤敏《ユー・ミン》とも上手くコミュニケーション取れますし。脚本は井手俊郎で、映画主題歌はもちろん私と尤敏が一曲ずつ歌いました。

この「香港シリーズ」は空前の大ヒットをしました。東南アジアはもちろん、シンガポール、台湾、香港それからマレーシア、さらにはハワイからアメリカでも在留邦人の間でヒットしました。

それで昭和三十七（一九六二）年に続編『香港の星』、昭和三十八（一九六三）年に『ホノルル・東京・香港』、と三年間、毎年一本ずつ作る結果になったわけです。

この香港シリーズの第一作、『香港の夜』ですが、もちろん、製作会社の香港のキャセイオーガニゼーションと、日本側とでちゃんと台本の綿密な打ち合わせをしましてね。香港ロケの部分、日本での撮影の部分、それからいろいろな撮影上のことを決めて。撮影は、まず香港ロケから入りました。

すでに尤敏さんとは日本での衣装合わせとか、その他ちょっとしたグラビアの写真なんかも撮って、顔は合わせていましたけれども、いざ撮影となるとそれはまた別問題でね。

さて、いよいよこの香港のビクトリアピークのすぐそばにある、小高い丘で夕景のシーンで、太陽が西に沈んでいくほんの短い間に二人が愛の告白をして、というラブシーンがあるわけです。

台本には、宝田は彼女を抱きしめそして接吻をする、というト書きが書かれていて、台本も両者の理解のもとに書かれてるわけですから、それをやるつもりで、午後一時ぐらいからその現場へ行って、限られた時間に撮影をスムーズにやろうということで、リハーサルをしたんですね。夕陽が沈んでいく一時間半ぐらいの間に撮影を終えなきゃいけないわけですから、前もって綿密なリハーサルをしました。

最後に私が彼女を抱いて、ぐっと顔を寄せて接吻をするというシーンになったら、向こうのプロデュ

『香港の夜』での尤敏と

ーサー（鐘啓文《しょうけいぶん》）が「ちょっと待ってくれ」と。香港の大スターの尤敏さんに、日本の男優が接吻をするというのは許されない、ということで、撮影にストップがかかったんです。

それで、千葉監督を始め我々も、「ええっ、どうしてだ、台本に書かれていることは了解事項じゃないか」ということで、大変険悪な状況になりましてね。

もちろん尤敏さんも僕も、出演者はだまってたんですが、日本の製作陣と香港側の担当のプロデューサーとがやり合って、そこに今度は千葉監督が割り込んで、喧々諤々《けんけんがくがく》の状況になったんです。「そんなんだったらもう撮影本隊を引き上げよう」と、千葉さんが号令をかけて、日本のスタッフは全員ホテルに引き上げてしまったんです。

香港島での撮影でしたが、宿は九龍サイドの、国賓宿店「アンバサダーホテル」というところなんです。そこにとにかくロケ隊が一旦引っ込んだんです。

千葉さんが怒りましてね、「東宝から藤本眞澄呼んでくれ！　でなきゃもう、動かない、この撮影も全面的に中止だ」ということになって、しばらくその様子を見ていたんですが、向こうから折衷案が出て来るわけでもない。

翌日藤本プロデューサーが飛んで来て、香港側と藤本眞澄さんたちがやり合ったんでしょう、じゃあ、二人は口を合わせるんじゃなくて、合わせる寸前に体を回転して、僕がキャメラ側にいて彼女を隠すような形で接吻するシーンを撮りたい、つまりシルエットならOKということで、両者合意がなされたんです。

それで、三日後でしたか、撮影を再開しました。千葉さんとしては、「何だ、今時接吻ぐらい」と。愛し合ってる二人が自然に接吻するのは、自然の成り行きじゃないか、と千葉さんは大いに反対をしてましたがね。

『香港の夜』完成記念、椿山荘にて。前列左から4人目より千葉泰樹監督、草笛光子、藤本眞澄プロデューサー、尤敏。後列右から3人目が藤木悠、4人目が宝田

最後は、申し合わせ通り、夕陽が沈むところで人間の身体がシルエットになって顔がぐーっと重なったところで、カット、ということになって。それで、ひとまず一件落着、ということになったんです。

香港も日本軍に占領されて統治下にあったわけです。ましてや戦後そんなに長い時間は経ってないんで、まだまだ日本人の男性が中国人の女性にキスをするなんていうことは、儒教的な考えからしてもね……。あるいは、過去の歴史上の経緯からみても、許せないようなことだったのかもしれませんね。

でも、尤敏は僕が「君はどう思う？」ってきいたら、「我没関係（ウォ メイクァンシー）」私は関係ないと思いますって言ってましたけれどもね。演ずる我々としては別に問題なかったんです。いずれにしてもそれが上手く行くことを願ってい

ました。

イギリス領といえども中国人ですから、日本と中国の民族的な感情というのが、そういうふうなところでちょっと摩擦を起こしたというのがありますね。

数多い映画を撮って来た千葉さんとしては、いろんなラブシーンを撮って来てる方ですから、許せなかったんでしょう。一歩、身を引いたという形になりますかね。このときの千葉監督は僕が知ってる中でも、一番怒ってましたよ。

普段撮影中は、絶対怒っている姿をセットでも見せたことはなくて、「あ、それで結構ですよ」いつもニコニコしてました。僕がちょっと、ややコミカルに演じると、ほんとにニコニコして「それ、いい、それでいきましょう、面白いですね」って笑って、もう慈悲深き父親のような存在でした。

この藤本眞澄、千葉泰樹という関係が、いろんな意味で僕を育ててくれたと思いますね。

結局その後、尤敏さんと僕とは次またその次の作品と、合計三本続くんですが、僕のつたなき中国語と英語を交えての二人の会話はまるで兄妹みたいな、本当に胸襟を開いた仲で、そういう関係がずっと続いてきたというのはありますね。雨降って地固まるみたいなことでしょうかね。そんな思い出がありますす。


宝田の語る撮影中のトラブルの前にも、クランクイン前日に千葉監督がキャセイの総支配人の自宅を訪問した際に揉めており、千葉監督は『プロデューサー人生』の中で、「いくら温和《おとな》しい私でも黙って引き下がるわけにはいかない」「これ以上の話し合いは無用であると席を蹴るようにして宋さんの家を辞した」と書いている。

なお、問題の夕景のシーンは、シルエットに過ぎず、キスしているようにはみえないほどである。

ここで簡単に『香港の夜 A NIGHT IN HONGKONG』の内容を紹介する。

通信社の特派員、田中弘（宝田）は、スペインから帰国途中、香港に立ち寄るが、長旅の疲れで玉蘭《ユイラン》（草笛光子）がホステスとして働くナイトクラブで倒れてしまう。玉蘭はそんな田中を自分のアパートに連れて行き、漢方薬局で働く隣人の麗紅《リーホン》（尤敏）に看病を頼む。ふたりはお互いに惹かれるが、麗紅には戦時中母親に捨てられた過去があり、一方田中には、彼を慕う幼なじみの恵子（司葉子）がいた……。やがて、田中は危険な戦場取材に赴く。

尤敏の息を呑むような美しさ！　司葉子の宝田への想いも切ない……。尤敏と宝田のロマンスはもちろんだが、尤敏が戦争で生き別れた母親（木暮実千代）と再会するシーンも涙を誘う。

また、草笛光子のカタコトの中国語を笑う人もいるようだが、あれだけのカタコト演技ができる草笛は偉大というほかない、好演である。

続いて第二作の『香港の星 A STAR OF HONGKONG』の内容もみてみよう。

商事会社の香港駐在員、長谷川透（宝田）は、帰国前に寄ったソニーの香港オフィスで、ひょんなことから王星璉《ワン・シンリエン》（尤敏）と知り合う。星璉は日本の女子医大に留学中で父を継ぐべく医者を目指していた。日本で偶然再会した二人は急速に惹かれ合う。さらに、星璉と仲の良いデザイナーの卵・可那子（団令子）も長谷川に密かに想いを寄せる。将来の仕事への夢を抱え、三人の男女はそれぞれへの思いに悩みながら選んだ道とは……。

親友の尤敏のため、身を引こうとする団令子がいじらしい。本作での宝田は、世界を股にかけて商談を決めるバリバリのビジネスマン。非常にスマートで絶品のカッコよさである。

当時の週刊誌や劇場公開時のパンフレットには、各所ロケ時のスナップやエピソードが多数取り上げられており、特に北海道ロケに関しては、南国生まれの尤敏にとって初めて見る雪だったようで、「ユキ、ユキ！」と大はしゃぎ、非常に楽しんだようである。

また、劇中尤敏が、「ドサンコ（道産子）」と言って笑いを取るシーンがあるが、ロケでは「しばれる（寒い）！　しばれる（寒い）！」を連発し、スタッフを笑わせたとか。

また、本作はクアラルンプール、シンガポールでもロケを行っているが、パンフレットに寄せたエッセイの中で宝田はこう書いている。

〈僕の兄も隣のフィリッピンのルソン島で戦死した。

夜、ホテルを出て海岸に行く。足首まで水につかりながら山空を見はるかすと、遠く日本を離れて戦野に青春を散らした兵士達の魂がひしひしと胸に迫る想い。『――ただ瞑目――』

『香港の星』の北海道ロケで。千葉泰樹監督、尤敏と

外地に旅行して何時も思うことは、日本を客観的な立場で見られるということが何よりもプラスになるということだ。

かって先人たちが遺した足跡を、再び彼の地に踏むとき、〝もう二度と戦争はごめんだ〟と叫ばずにはいられない気持ち〉

それにしても、千葉泰樹監督の作風のハリウッド的なこと。『香港の夜』『香港の星』共に、筆者などは観ていてウットリしてしまう。宝田が千葉監督を表すのに使う、「コスモポリタン」というキーワードがまさにピッタリである。

三作目が、『ホノルル・東京・香港』。これも千葉監督。この映画に、加山雄三が僕の弟の役で出てくるんです。ハワイロケもあり、僕にとってはサンパウロでの映画祭の第一の公演地がハワイでしたので、二度目のハワイ。いろいろ楽しかったですね。

香港の呂浩洋服店で。『社長洋行記』ロケの森繁久彌、加東大介、小林桂樹らと（1962年）

加山の父親の上原謙も出てました。ところが加山が風邪で身体の調子が悪いとか言ってね、お母さんの女優の小桜葉子さんがついて来たんです。それがねえ、朝みんながロケに出発するときは姿を見せない。そしてお昼頃になると、全員でブッフェスタイルでランチを食べるんですけど、その時になると、現場に出て来て、それでメシ食って、ビール飲んでそれで帰っちゃうんですよ。よく飲むお母さんだった。

加山は「ドカベン野郎」って呼ばれて、また、それを売物にしていました。何かの撮影の時に、撮影所の食堂で、昼にカレーライス食って、助監督が「あー加山さーん、出番ですよー」。彼は立ち上がって行こうとしたら、そこに黒沢年男がいたので、「あーー時間がない、黒沢これ食えよ」って。まだ半分ぐらい残ってたらしいのね、撮影所のカレーライスが。それで、食べ終わった後にセット行ったら、「おい、さっきのカレーライス半分やったから、半分金くれ」って（笑）。黒沢ボヤいてました。

三作目『ホノルル・東京・香港 HONOLULU-TOKYO-HONGKONG』の内容も紹介する。

岡本真珠の長男・雄一（宝田明）は、留学中の弟・次郎（加山雄三）を訪ねてハワイへ行くと、学生時代の恋人・美代子（草笛光子）がハワイにいることを告げられる。一方、ミス・ハワイに選ばれた次郎の同級生の愛玲《アイリン》（尤敏）は、副賞の東京香港旅行に行くことになり、両親より実は愛玲が実の娘ではなく、香港に、妹と幼い時に決められた許嫁がいることを知らされる。東京でのエスコート役を買って出た雄一と愛玲は、楽しい時を過ごすうち、惹かれあってゆく……。

前の二作に比べると、若大将・加山の登場のせいか、コミカル要素も増えて、より「東宝っぽい」楽しい作品となっている。劇中お互いを兄弟のようにからかい合う宝田と尤敏にしても、素に近い感じだったのではないだろうか。

『ホノルル・東京・香港』のロケ現場

なお、『プロデューサー人生』によると、藤本は本作と前後して、『社長外遊記』と『ハワイの若大将』のハワイロケも合わせて行ったが、これは航空運賃や機材の輸送費の節約のためであったらしい。さらに、加山が若大将でホノルルに来たから、『ホノルル・東京・香港』に出演してもらった、との記述もある。

『香港の夜』では司葉子が、『香港の星』では団令子がそれぞれ尤敏の恋のライバルを演じており、二作とも、ライバル役の二人が、苦しみながらも身を引き、友好的に宝田を尤敏に譲る。

『香港の夜』では、ライバル同士の尤敏と司がそれぞれイヤリングと指輪を交換するシーンで、「フレンドシップ」という言葉が使われるが、これに関して藤本眞澄は、「この個人間のフレンドシップから次第に大きな国と国との友情が生れ、相互に理解することにより国際親善のもとになることが製作者としての希いであり、目標」であるとパンフレットに寄せている。

また、『ホノルル・東京・香港』では、まず日本人である宝田が、中国人の尤敏をひっぱたき、そして最後には尤敏が宝田をひっぱたき返す、というシーンがある。

これについて、『NHKラジオ中国語講座（二〇〇二年八月号）』の「宝田明が見た60年代の香港映画界」の中で、中国文学研究者の藤井省三は、長谷川一夫&李香蘭の『支那の夜』（一九四〇）で、長谷川が李に平手打ちをして中国人の間に猛反発を引き起こした事件を引き合いに出しつつ、『ホノルル・東京・香港』で尤敏に宝田をひっぱたき返させたシーンについて、「これは日本映画界による李香蘭平手打ち事件に対する一種の賠償的演出であったと言えよう」という興味深い考察を述べている。

さらに藤井は、「香港三部作」について、「洗練された国際的娯楽作品であるばかりでなく、戦前日本の中国・東南アジア侵略に対する国民的謝罪というメッセージがこめられた映画でもあったのだ。その日本側の主役に、かつてハルピンで少年時代を送った宝田明が抜擢されたこと、メッセージ受け取りの中国側窓口に香港が選ばれたことには、東宝や川喜多長政の深い配慮があったと言えよう」と締めくくっている。

尤敏との友好関係

ご存知のように香港は広東語が主流ですが、尤敏さんは英語も達者ですし、特に北京語つまり標準語が出来るんです。女優さんとしてはギャラが高いんですよ、何故なら二か国語が喋れる、ということで。反対に、広東語だけの女優さんってのはギャラ安いんです。

そういう頭のいい人だから、日本語もどんどんどんどん上達するし。性格もいいし、みんなに可愛がられていました。

帝国ホテルに一人で滞在してるので、撮影が夕方六時とか七時に終わってホテルに帰っても寂しいだろうと思って、「ラーメン食べに行こう」「お寿司はどう?」と誘い出しました。

会話は北京語と英語のチャンポンで、やりとりしてると、気心が知れてきてね。もう安心して僕の後をついて来るんで、僕の飲み友達と会わせたり、それから、麻雀も一緒にやりました。

麻雀で、僕がいい手で上がったりすると、「あんたなにヨ、この競技はわたしの国の競技じゃないの」って(笑)、だからこっちも「お前は脳みそがコワれてるから俺より下手なんだ」って。「何よアンタ○×○×……!(罵る)」まるで兄弟げんかしてる。

そんな風にケンカし合うようになると、実は撮影が上手く行くんですよ。お互いいつまでたっても借りてきた猫みたいにやってると理解が深まらないですよね。

だから僕はもう尤敏に向かって、「你死了好(ニィスーラハオ)」つまり君は死んだ方がいいって言うと、「アナタこそ死になさいよ!」なんて。そのぐらい軽

『香港の星』の撮影の後で、麻雀を楽しむ(当時の記事より)

口叩くようになってると、セット入ってもお互いにこう、スムーズな撮影になるんです。それで僕がちょっとでもNG出すと、「だははは〜」って笑ってくる、「頭悪いから」って（笑）。そう言われる方がいいんですよ、和気あいあいとして。

尤敏の、「香港シリーズ」出演に伴う日本での人気は凄まじく、三部作が作られた一九六一（昭和三十六）年〜一九六三（昭和三十八）年当時、映画雑誌はもとより週刊誌もこぞって尤敏を取り上げている。当時の週刊誌を見ると、宝田とのロマンスネタとして取り上げているゴシップ記事も多い。

宝田自身、近年名画座などでのトークショーの折に触れているエピソードではあるが、尤敏からあるとき「宝田、あなたは私と結婚する気があるのか」と訊かれ、どうしてかと尋ねると、香港で結婚の話が持ち上がっているが迷っているという。しかし、どうやらものすごい玉の輿のようで、話を聞いた宝田は結婚を勧めたという。結局尤敏は女優を引退し結婚を決意する。

東宝は、尤敏の新作出演辞退に落胆、さては宝田が手を出したんじゃあるまいな、とかなり疑われたのだとか。宝田は、「そんなことありません」と答えるだけで、尤敏の結婚については口外しなかった。その後、尤敏は一九九六年に六十歳で亡くなっている。

多くのファンが待ち望み、東宝も期待したであろう「香港シリーズ」第四作は、こうして永遠に幻となったのであった。なお、一九六六（昭和四十一）年にはやはり千葉泰樹監督で『バンコックの夜』が撮られているが、こちらは、宝田ではなく加山雄三の主演作であった。

尤敏さんの息子さんには、小さいとき香港で会ったきりだったんですけれども、平成十七（二〇〇三）年七月、香港のフィルムアーカイブス、香港電影資料館の主催で「香港映画の黄金時代」と称して香港三部作を上映した時、僕は二日間にわたって講演をしたんです。

その時に、息子さんが見に来てくれてたみたいなんです。僕が彼女のお墓参りに行ったことが新聞に出てるのを息子さんも気にしていたそうです。僕はある方を通じて息子さんの連絡先を探して、メールをしたんですよ。そうしたら、「是非会いたい、そして母の事を色々聞きたい。あなたのことは、こっちの人みんなが、母といい映画を撮った人ということで、話題にしていますよ」と返事が来た。

数年前、日本に来られてお会いしましたが、実に端正な好青年で、実業家として又音楽家として活躍していらっしゃるそうで、そのうちに一緒に仕事をしようと約束しました。

東宝は、前述の海外進出の一環として、一九六〇（昭和三十五）年より「東宝映画祭」を海外支社設置都市を中心に展開する。第一回は、ベネズエラのカラカス、第二回が香港。そして、一九六一（昭和三十六）年、第三回のサンパウロでの東宝映画祭には、宝田が派遣される。

なお、『東宝五十年史』の年表によれば、その後一九六四（昭和三十九）年の第十二回まで数えられる。

当時は、ブラジルなんかでも、毎年俳優さんの人気投票をやっていて、一位二位になるのは大体僕か鶴田浩二か。少し後に日活で裕次郎が追って来ましたが。

それで、ブラジルで会社が映画祭をやった時に、会社から僕と草笛光子が選ばれて行きました。先ずハワイ、ロサンゼルス、サンフランシスコ、ニューヨーク、そしてブラジルのサンパウロ、最後にアンデス越えてペルーのリマ、この六か所で映画の上映と実演をやりました。一か所一週間。

草笛光子はＳＫＤ出身ですからショーは得意ですからねえ。僕が羽織袴で黒田節を踊り、草笛君は日本調でさのさを踊り、そして日本の歌のパレード等、二人だけで一週間連日ショーと実演というのは大変ツラかったですよ。

ショーのバンドは各国現地で手配するんです。現地のバンドの生音《なまおと》でね。でもミュージシャンが現地の人だから、なかなか日本調のフィーリングが出せない。吹けないんですね。ちょっとやりづらかったのを覚えていますね。

お客さんは日系人が六割、現地人が四割くらいでしたか。舞台が終わると今度は食事会、イベントやるからそれに出てくれ、と引きずり回されてクタクタでしたね。

映画のフィルムも、各所にあるわけじゃないから、一か所でかけたらそれを次の会場へ、と送りながらの巡業でした。僕の主演作品を十本持って行き、七日間お客様の要望に応えて七本をピックアップして、上映をしていく方式でした。

香港映画に単独出演

そして昭和四十（一九六五）年の『最長的一夜』。これは香港映画に、僕が単独出演した作品。イーウン（易文）という監督さんで、私より十歳ぐらい年上の優しい監督でしたね。

主演の女優は、香港の尤敏と双璧を狙う、美人女優のローティ（樂蒂）さん。ローティというのは北京語だけど、広東語だとロックタイ。

第二次世界大戦中の話で、中国大陸に派遣された日本軍の報道班員が、たまたま生き残って、戦場を彷徨してるうちに、ある山村部落の中に迷い込むんです。

そこの部落には老夫婦がいて、おじいさんは目が見えなくて、おばあさんは少し痴呆がかってるんですけど、自分の息子も兵隊に行ってるんで、僕のことを、息子の太良（ターリャン）が帰って来たと勘違いするわけです。

さらにその老夫婦の家には、息子の許嫁がいるんですが、彼女には当然私が日本人だと判るんです。でも親が、「ターリャン、ターリャン」と信じ切っているんで、義父母のためにあえて、私の身分を明かさないんです。

そして、一晩そこで過ごすその一晩の物語で、これも東南アジアで大ヒットした作品です。

ところがこの作品のローティさんは、その後自殺をしましてね……。彼女の旦那は僕もよく知ってる香港随一の遊び人俳優、ピーター・チェンなんだけど。こんな浮気男に取っ捕まったためにこの綺麗なローティさんは本当に苦労した……大変ツライ思いして。とうとう自殺しちゃったんですよ。

この作品で僕は一か月半ぐらい一人で香港に滞在してました。香港の街を着流しで角帯しめて雪駄履いて歩いたのは僕がおそらく初めてなんじゃないでしょうか。

撮影が終わって、夕方ぐらいから、あのにぎやかなところをシャナリシャナリと歩いてると、お店の人が出て来て、「パオデンミン！　パオデンミン（宝田明）！」と声をかけて来る。いまだにあの辺りの古いお店の人は俺みると「ニィハオ！　久しぶりですね！」って声をかけてきますね。

あと、この長期滞在中にはエピソードがふたつありまして。

まずひとつは、江利チエミがお兄さんと香港に遊びに来て、僕が撮影中だと聞いて、突然セットに陣中見舞いに来てくれたんです。一年前にミュージカル「アニーよ銃をとれ」で共演（第八章参照）した後だったので、大変懐かしくその日は夜を徹して痛飲したものです。

もうひとつは、撮影中ある日の午後、香港の日本総領事館から電話が入りまして。香港映画の出演、撮影、御苦労様です、ついては、明日の夕方公邸で夕食会があるので来てほしいとの連絡でした。

僕は、喜んで出席させて頂きます、と返事をして、翌日、お迎えの車で公邸へお邪魔しました。九龍サイドから香港島に渡り、高台から見える眼下の香港湾の夜景は見事でしたね。

新関《にいせき》（欽哉）総領事御夫妻に挨拶をすると、部屋には既に十人位の方々がいらしてたでしょうか。一つの大きなテーブルに一同が座り、僕の左隣に日本人の老御夫妻が座られました。そこでそれぞれ紹介されて判ったんですが、そのかたは、あの、高名な日本画家の大家梅原龍三郎先生だったんです。

満漢全席ならぬ数々の料理が運ばれてきて、紹興酒と共に実に和気藹々の中に時が過ぎてゆきました。料理が七、八品出されたところで、梅原先生が「オイ、新関君、今日は蛇が出てないな」といわれ、座がシーンと白けました。

一瞬の後、総領事が「あ、先生、実はこの時期、蛇が旬じゃありませんでしたので、今夜は……」と答えられた。

するとすかさず「何を言ってるんだ、この時期が旬だという事は私は知っている。今回は蛇を食べる為に香港に来ているんだよ」さらに座はシーンとなりました。

総領事は大変恐縮して、「どうも申し訳ありませんでした。早速お出し致しますのでしばらくお時間を」と言って、その後約一時間半位して蛇料理が一皿に盛られて出て来ました。二十センチ位の細目の鰻を甘辛く煮込んだようで、色は褐色、梅原先生はおいしそうに目を細めて、五匹位食べられていました。

僕も、蛇料理は台湾で何度も食べたことがあり、知ってましたが、その日の蛇の味は実に美味しく、酒のせいもあって三匹頂きました。

先生が食べている途中、奥様が「実は主人は目を悪くしておりまして、蛇は目に良いということで、好んで食べているんですよ」と話しておられました。そういえば最初お目に掛かった時、先生は、どちらかの目か忘れましたが御不自由であったと記憶しております。

そんな、色んな思い出のある『最長的一夜』ですが、残念ながらこれは日本では封切られませんでし

筑摩書房 新刊案内

● 2018. 5

●ご注文・お問合せ
筑摩書房サービスセンター
さいたま市北区櫛引町 2-604
☎048(651)0053　〒331-8507
http://www.chikumashobo.co.jp/

この広告の定価は表示価格＋税です。
※刊行日・書名・価格など変更になる場合がございます。

おさだゆかり

わたしの北欧案内 ストックホルムとヘルシンキ

――デザインとフィーカと街歩き

カルダモンが香る焼菓子、眺めのよいレストラン、素敵な雑貨、森の中のホテル……選び抜いた情報と美しい写真で最高の街歩きに誘う大人のガイドブック。

87900-4　A5判（5月上旬刊）１９００円

宝田明　構成・のむみち

銀幕に愛をこめて

――ぼくはゴジラの同期生

現役の大スターが、笑顔の陰に秘めた悲惨な戦争体験、ゴジラの思い出、有名監督や俳優たちの素顔、舞台への想いなど、ファンタスティックな役者人生を語る。

81543-9　四六判（5月上旬刊）２０００円

6桁の数字はISBNコードです。頭に978-4-480をつけてご利用下さい。

5月の新刊 ●11日発売 ちくま文庫

赤い猫
仁木悦子 日下三蔵 編

●ミステリ短篇傑作選

昭和ミステリの名作がまた読める

爽やかなユーモアと本格推理、そしてほろ苦さを少々。日本推理作家協会賞受賞の表題作ほか〈日本のクリスティー〉の魅力をたっぷり堪能できる傑作選。

43518-7 **880円**

父と私 恋愛のようなもの
森茉莉 早川茉莉 編

パッパは私のすべてだった!

「パッパとの思い出」を詰め込んだ蜜の箱。甘く優しく、それゆえ切なく痛いアンソロジー。単行本未収録16編を含む51編を収録。（堀口すみれ子）

43517-0 **800円**

開高健ベスト・エッセイ
開高健 小玉武 編

文学から食、ヴェトナム戦争まで——おそるべき博覧強記と行動力。「生きて、書いて、ぶつかった」開高健の広大な世界を凝縮したエッセイを精選。

43512-5 **950円**

貧乏まんが
山田英生 編

青春、恋愛、犯罪、笑い……マンガが描く貧乏。水木しげる、赤塚不二夫、永島慎二、水野英子、松本零士、つげ義春、楠勝平、谷岡ヤスジほか収録。

43520-0 **780円**

世界のことばアイウエオ
黒田龍之助

世界一周、外国語の旅！ 英語や日本語といった身近な言語からサーミ語、ゾンガ語まで、100のことばについて綴ったエッセイ集。（高野秀行）

43509-5 **620円**

6桁の数字はISBNコードです。頭に978-4-480をつけてご利用下さい。
内容紹介の末尾のカッコ内は解説者です。

好評の既刊

＊印は4月の新刊

人生の教科書［おかねとしあわせ］
藤原和博
お金を何にどう使うかが、幸せになるかならないかを決める。「人との絆」を重視する著者が説く幸せになるお金の使い方、18の法則とは？（木暮太一）
43521-7 740円

紅茶と薔薇の日々
森茉莉 早川茉莉 編 甘くて辛くて懐かしい！ 解説・辛酸なめ子
43380-0 740円

贅沢貧乏のお洒落帖
森茉莉 早川茉莉 編 鷗外好みの帯に舶来の子供服。解説・黒柳徹子
43404-3 780円

幸福はただ私の部屋の中だけに
森茉莉 早川茉莉 編 贅沢貧乏の愛しい生活。解説・松田青子
43438-8 760円

ビブリオ漫画文庫
山田英生 編 本がテーマのマンガ集。水木、つげ、楳図ら18人を収録
43468-5 780円

新版 女興行師 吉本せい
矢野誠一 朝ドラ『わろてんか』放映にあわせて新版で登場！ ●浪花演藝史譚
43471-5 680円

ほんとうの味方のつくりかた
松浦弥太郎 必ずあなたの「力」になってくれる
43473-9 680円

笑いで天下を取った男
難波利三 朝ドラ『わろてんか』が話題 ●吉本王国のドン
43467-8 880円

家庭の事情
源氏鶏太 父と五人の姉妹に巻き起こるドタバタ物語
43477-7 780円

あるフィルムの背景
結城昌治 日下三蔵 編 昭和に書かれた極上イヤミス ●ミステリ短篇傑作選
43476-0 840円

世間を渡る読書術
パオロ・マッツァリーノ 生きる力がみなぎる読書
43479-1 820円

田中小実昌ベスト・エッセイ
田中小実昌 大庭萱朗 編 入門編にして決定版！
43489-0 950円

色川武大・阿佐田哲也ベスト・エッセイ
色川武大／阿佐田哲也 大庭萱朗 編 はぐれ者よ、路に輝け
43495-1 950円

吉行淳之介ベスト・エッセイ
吉行淳之介 荻原魚雷 編 文学を必要とするのはどんな人か？
43498-2 950円

三島由紀夫と楯の会事件
保阪正康 綿密な取材による傑作ノンフィクション
43492-0 900円

飛田ホテル
黒岩重吾 「人間の性」を痛切に描く昭和の名作短篇集
43497-5 820円

箱根山
獅子文六 これを読まずして獅子文六は語れない！
43470-8 880円

断髪女中
獅子文六 山崎まどか 編 再発見されたニュー・クラシック ●獅子文六短篇集 モダンガール篇
43506-4 760円

ロボッチイヌ
獅子文六 千野帽子 編 やっと読める幻の短篇小説 ●獅子文六短篇集 モダンボーイ篇
43507-1 760円

＊**笛ふき天女**
岩田幸子 獅子文六夫人による自伝的エッセイ
43515-6 740円

＊**夜の終る時／熱い死角**
結城昌治 日下三蔵 編 警察小説不朽の名作、増補復刊 ●警察小説傑作選
43514-9 840円

6桁の数字はISBNコードです。頭に978-4-480をつけてご利用下さい。

5月の新刊　●11日発売　# ちくま学芸文庫

鶴見俊輔全漫画論1

鶴見俊輔　松田哲夫 編

■漫画の読者として

漫画はその時代を解く記号だ。——民主主義と自由について考え続けた鶴見の漫画論の射程は広い。そのすべてを全2巻にまとめる決定版。（福住廉）

09855-9
1700円

鶴見俊輔全漫画論2

鶴見俊輔　松田哲夫 編

■日本の漫画の指さすもの

幼い頃に読んだ「漫画」から「サザエさん」「河童の三平」「カムイ伝」「がきデカ」「寄生獣」など。各論の積み重ねから核が見える。（福住廉）

09856-6
1600円

増補 革命的な、あまりに革命的な

絓《すが》秀実

■「1968年の革命」史論

「一九六八年の革命は「勝利」し続けている」とは何を意味するのか。ニューレフトの諸潮流を丹念に跡づけた批評家の主著、増補文庫化！（王寺賢太）

09864-1
1500円

初学者のための 中国古典文献入門

坂出祥伸

文学、哲学、歴史等「中国学」を学ぶ時、必須となる古典の基礎知識。文献の体裁、版本の知識、図書分類他を丁寧に解説する。反切とは？　偽書とは？

09869-6
1200円

Math & Science

入門 多変量解析の実際

朝野熙彦

多変量解析の様々な分析法。それらをどう使いこなせばいい？　マーケティングの例を多く紹介し、ユーザー視点に貫かれた実務家必読の入門書。

09861-0
1200円

6桁の数字はISBNコードです。頭に978-4-480をつけてご利用下さい。
内容紹介の末尾のカッコ内は解説者です。

5月の新刊 ●16日発売

筑摩選書

0156

1968［3］漫画

比較文学 四方田犬彦／フランス文学 中条省平 編

実験的であること、前衛的であること、アンダーグラウンドであること。それが漫画の基準だった――。第3巻では、時代の〈異端者〉たちが遺した漫画群を収録。

01663-8 2600円

0160

教養主義のリハビリテーション

近畿大学准教授 大澤聡

知の下方修正と歴史感覚の希薄化が進む今、教養のバージョンアップには何が必要か。気鋭の批評家が鷲田清一、竹内洋、吉見俊哉の諸氏と、来るべき教養を探る！

01666-9 1500円

好評の既刊 ＊印は4月の新刊

文明としての徳川日本――一六〇三‐一八五三年 芳賀徹 第74回恩賜賞・日本芸術院賞受賞！ 01646-1 1800円

日本語と道徳――本心・正直・誠実・智恵はいつ生まれたか 西田知己 中世から現代まで倫理観の意外な様変わり！ 01655-3 1600円

新・風景論――哲学的考察 清水真木 絶景とは何か？ 西洋精神史をたどる哲学的考察 01653-9 1500円

憲法と世論――戦後日本人は憲法とどう向き合ってきたのか 境家史郎 憲法観の変遷を鋭く浮かび上がらせた労作！ 01656-0 1700円

神と革命――ロシア革命の知られざる真実 下斗米伸夫 宗教が革命にどう関与したか、軌跡を描く 01657-7 1800円

陸軍中野学校――「秘密工作員」養成機関の実像 山本武利 公文書に基づいた初めての歴史的検証と考察 01658-4 1700円

貧困の戦後史――貧困の「かたち」はどう変わったのか 岩田正美 終戦から今日に至るまで、貧困の変容を描く 01659-1 1800円

1968［1］文化 四方田犬彦 編著 全共闘文化50年。あの時代の記憶が甦る！ 01661-4 2400円

1968［2］文学 四方田犬彦 福間健二 編 文化の〈異端者〉が遺した反時代的考察 01662-1 2400円

童謡の百年――なぜ「心のふるさと」になったのか 井手口彰典 誕生百年の童謡はどう変化し、受容されたか 01664-5 1600円

雇用は契約――雰囲気に負けない働き方 玄田有史 柔軟で安定した職業人生を送るための必読書 01665-2 1600円

＊**流出した日本美術の至宝**――なぜ国宝級の作品が海を渡ったのか 中野明 明治に起きた日本美術の海外流出の実態とは 01667-6 1700円

6桁の数字はISBNコードです。頭に978-4-480をつけてご利用下さい。

た。

『台湾映画二〇一三年』（東洋思想研究所）の山﨑泉による宝田インタビュー記事によると、『最長的一夜』のロケで宝田は初めて台湾を訪れている。

また山﨑の註として、「一九六四年九月七日付『聯合報』によれば、『最長的一夜』の台湾ロケは一九六四年九月六日、台北郊外の木柵で行われた。記事には、見物人が『二万人余り』押し寄せた」とある。

続いて同じ年に、福田純監督で台湾との合作映画『香港の白い薔薇』がありました。これは台湾の女優の張美瑶（チャン・メイヨウ）との共演でした。この女優は台湾東部にある花蓮県、そのあたりには高砂族が多くいて、そこの出身のお嬢さんです。メイヨウというのは芸名で、本名は張富枝（ちょうとみえ）というんですよ。
日本統治時代にこの子が生まれたときに、祖父が日本名を付けたそうです。女優となって「チャン・メイヨウ」って芸名にしたんです。おじいさんがやっぱり、日本の教育を受け、親しくしていた日本の将校に頼んでつけた日本名だそうです。

福田純はインタビューによる自著『映画監督 福田純』（ワイズ出版、染谷勝樹との共著）の中で、『香港の白い薔薇』を「難しい写真」で「成功はしてない」としながらも、香港での隠し撮りシーンの撮影について書いている箇所があるので以下に引用する。

〈とくに宝田明なんか『ホーデンミン』と呼ばれて香港で凄い人気があった。香港の繁華街みたいなところで、宝田が逃げて警官が追うのを隠し撮りでやってたら気付かれちゃってね、群衆に取り囲まれて、身動きできなくて撮影中止になったりした。撮影してると、店のオヤジが言うんだ『あなたが羨ましい。ホーデンミンと話してる』って。台北でも凄かったね。全く身動きがとれなくて警察が引っ張り出さないと駄目だった〉

宝田はその後、単独で台湾映画に出演した。勿論中国語で、題名は『愛你入骨』、日本流にいえば「骨まで愛して」である。

この作品は台湾の東傳有司製作、監督は岳千峰という中堅の方で実力のある人だった。主演は台湾の若手男優の秦漢《シン・ハン》、日本側からは、その恋人役で賀田裕子さんが私の娘役で出演しました。台湾をはじめ東南アジアでヒットしたそうですが、残念ながら日本では公開されていません。

東宝が最初に香港と合作をしたのはショウ・ブラザースとの『白夫人の妖恋』であったと前述したが、昭和三十年代、「合作」ではなく、日本から香港へ呼ばれて「香港映画」を作った映画人たちがいたことを書き添えておきたい。

満映を経て新東宝でキャメラマンをしていた西本正は、一九五七（昭和三十二）年に若杉光夫監督と共に呼ばれて出向いた香港の映画界で、主にキャメラマンとして三十年以上、映画制作に携わった（『香港への道』筑摩書房）。

西本は、ショウ・ブラザースからの依頼で、日本から井上梅次、中平康、島耕二、古川卓巳、村山三男、松尾昭典らを招聘、井上梅次の『踊りたい夜』『嵐を呼ぶ男』、中平康の『狂った果実』『猟人日記』などがリメイクされた。

中でも井上梅次は扱いが別格であったらしく、名前の表記も「井上梅次」のままであったが、他の監督は、中平康の「揚樹希」（ヤン・スーシー→やすし）、島耕二の「史馬山」（シー・マーサン→島さん）、古川卓巳の「栽高美」（タイ・コウメイ→たくみ）、松尾昭典の「麥志和」（マッ・ヂーウォー→まつお）など、冗談みたいな変名が使われていた（『キネマ旬報臨時増刊'96年7月6日号 中華電影物知り帖』「映画にみる香港と日本の関係」宇田川幸洋）。

なお、同誌によれば監督以外にも、服部良一が香港映画に音楽を提供したり、村木与四郎もショウ・ブラザースで美術を担当していたという。

このように昭和三十年代の日本映画界は海外へ向けて大きな広がりを見せてゆくのだが、そこには昭和三十年代後半の一九六〇年代になると、日本映画産業の斜陽化が叫ばれる国内事情があったことも指摘できるだろう。

第七章　特撮、アクション、そしてコメディ

『世界大戦争』

一九六〇（昭和三十五）年、映画館数が七四五七館となりピークを迎える。が、翌年には、公開本数こそ一九六〇年をしのぐものの、入場者数が激減、入場者数ピークであった一九五八（昭和三十三）年からすると、約二十六万人減少する（「日本映画産業統計」日本映画製作者連盟より）。また、新東宝が倒産するのもこの年である。

そんな日本映画界が斜陽の時代に突入する一九六〇年代に、宝田は、日本映画史上に残る名作に多数出演した。

巨匠たちの作品は前の第五章で語ってもらったが、本章では、再びフィルモグラフィーに戻る。

昭和三十五年が十一本ですね。

石坂洋次郎原作の『山のかなたに』、これは須川栄三監督の作品で、夏木陽介、白川由美との共演でした。会津ロケ、雨を降らせての白川由美とのラブシーンが印象的でした。

須川栄三は、一九三〇年大阪生まれ。東大卒業後、一九五三年東宝に入社。一九五七年、助監督時代に書いた脚本『危険な英雄たち』が鈴木英夫監督の『危険な英雄』となった。高瀬昌弘は『東宝監督群

像』の中で、「助監督四年目の須川さんのシナリオが映画化されることは、他社に比べて現代的で、明るい東宝としても、正に驚天動地のことであり、「シナリオを書いたら監督になれる、こんな大きな夢を助監督の胸に抱かせる一つの事件だった」と書いている。一九五八年、外部の石原慎太郎監督起用に対する助監督たちの反発を受け、社内の助監督であった岡本喜八と共に監督に昇格し、同年監督デビュー（『青春白書 大人には分らない』）。『野獣死すべし』（一九五九）や『野獣狩り』（一九七三）などハードボイルドなイメージが強いが、ミュージカル映画やクレージー作品などコメディも撮っている。また、宝田が出演した『山のかなたに』を含め、石坂洋次郎や井上靖、石川達三などの文芸作品も多い。後年はテレビでも活躍した。一九九八年没。

次は、宝塚映画の『嵐を呼ぶ楽団』、井上梅次監督。このかたは日活の裕次郎なんかを育てた監督で、月丘夢路さんのご主人でもあります。

『山のかなたに』の撮影の後で白川由美と

多彩なキャスティングで、朝丘雪路、雪村いづみ、神戸一郎、水原弘、江原達怡《たつよし》、高島忠夫、柳沢真一……。

達者な井上梅次監督の作品に初めて出ましたこの作品も時々名画座なんかで上映されますよね。

『嵐を呼ぶ楽団』は、ジャズピアニストの宝田が、一緒に仕事をしたシンガーの雪村いづみにバカにされて奮起、仲間たちと一流の楽団を作り上げる、井上梅次お得意の、恋と音楽の娯楽作品。

高島忠夫を始め、ほぼ全員が歌える、芸達者な豪華キャスト。

宝田はこの年、本作の他に、『太陽を抱け』『第六の容疑者』と、三本の井上梅次作品に出演している。

井上梅次は、一九二三年京都市生まれ。慶應義塾大学在学中、一九四三年に学徒出陣、終戦後復学。一九四七年、大学卒業後新東宝に入社し、佐伯清や千葉泰樹らに師事。そのわずか五年後の一九五二年に監督に昇進、同年『恋の応援団長』でデビュー。一九五五年、製作再開直後の日活に移籍。石原裕次郎の『嵐を呼ぶ男』（一九五七）が大ヒット、同年のもう一本の裕次郎映画『鷲と鷹』と共に観客を熱狂させた。一九六〇年にフリーに転向して以後は、商業主義に徹し膨大な数の娯楽作品を撮った。戦後の邦画六社全てで撮っており、日本の映画界が斜陽となってからは香港でも活躍したことについては前章で述べた通り。後年はテレビでも活躍した。二〇一〇年没。

高島忠夫は、一九三〇年、兵庫県生まれ。一九五一年、大学在学中に第一期新東宝ニューフェイスに合格。一九五二年、前出の井上梅次の監督デビュー作『恋の応援団長』でデビュー。新東宝の歌えるスターとして活躍。その後、菊田一夫に誘われ東宝に移籍し、ミュージカルにも出演。七〇年代に宝田が出演したミュージカル『マイ・フェア・レディ』の日本での初演を務めたのは高島である。『近代日本演劇の記憶と文化6　戦後ミュージカルの展開』（日比野啓編・森話社）に、当時演劇評論家だった宮下展夫が後に「朝日新聞」の夕刊に書いた記事として、同作の公演初日のカーテンコールの模様が書かれている。「舞台が終わって、高島忠夫は楽屋の横の階段に腰を下ろして長い間泣いていた」映画では『君も出世ができる』（一九六四）などに出演。後年は、『ごちそうさま』（宝田も何度か出演し、中華料理の腕前を披露）や『ゴールデン洋画劇場』など、お茶の間の人気者となった。妻は女優の寿美花代。息子二人も俳優の芸能一家。

それから『第三波止場の決闘』。佐伯幸三監督で、宝塚映画です。

『太平洋の嵐』は松林宗恵《しゅうえ》監督の東宝オールスター出演。

僕の出演シーンはおそらく十分ぐらいしかなかったんじゃないかと思いますが、航空戦隊空母「赤城」に乗っている通信参謀役でした。

話はちょっとそれますが、当時、東宝でNGよく出してたのは、池部良さんでした。多い時で三十六回ぐらいNG出してましたね。

それで、もう一人いるんですよ。それが上原謙さん。あの人に軍隊用語なんか喋らしてごらん、もうロレっちゃうから。

例えばこの『太平洋の嵐』で、ミッドウェー海戦の時の地上基地攻撃装備から艦船攻撃装備に作戦を切り替える時の指令を発するセリフで、「急速収容～！」という専門用語があるんですね。

それを上原謙は、「急速スー容～！　……あー」するとブッブッブーとブザーが鳴る。何回もやり直し。

僕ら、セットの片隅で上原さんが何回NG出すか賭けしたりして（笑）。

僕はあんまりNG出さない方でしたよ。最長記録は『放浪記』の一日半でしたが、あれはフィルムを回してくれないでNG、というか「違うよ」と言われるわけですから、だからフィルムは損はさせてません。あ、もうひとりいるか、僕の同期の佐原健二、これがNGの御三家。

松林宗恵は、一九二〇（大正九）年、島根県の浄土真宗の寺に生まれた。龍谷大学専門部をへて、日本大学芸術学科在学中に東宝助監督部に入る。大学卒業後海軍予備学生となり、中国の廈門《アモイ》で終戦。復員後の東宝争議に際し、渡辺邦男らと共に新東宝へ。一九五二（昭和二十七）年『東京のえくぼ』で初監督（丹阿弥谷津子が絶品）。一九五六（昭和三十一）年、東宝に復帰して以降は、「社長シリーズ」や戦争映画を撮った。人気シリーズの軽いものから大作まで着実にこなす職業監督であった。愛称はその出自から、「和尚さん」。二〇〇九年死去。

宝田は、この年同じく松林宗恵監督の『現代サラリーマン 恋愛武士道』と、杉江敏男監督の『サラリーマン忠臣蔵』にも出演している。

『サラリーマン忠臣蔵』は、「東宝サラリーマン映画一〇〇本記念作品」で、森繁久彌を筆頭にサラリーマンコメディの要素と忠臣蔵の筋が見事に絡まり、翌年の続編と共に、見応えのある娯楽作品に仕上がっている。宝田と司葉子は、まさに「お軽と勘平」の役どころであった。

その社風と、藤本眞澄プロデューサーの好みにより、「サラリーマンもの」は東宝のお家芸ジャンルであった。

その作品には源氏鶏太原作のものが多く、藤本が小林桂樹を大映から引っ張ってきて作った『ホープさん』（一九五一年）、『ラッキーさん』（一九五二年）に始まる（『名画座手帳2018』「映画化常連作家の映画化作品一覧その②源氏鶏太」より）。

さらに、藤本は、戦後あまりいい役に恵まれていなかった河村黎吉を社長役に抜擢して『三等重役』

（一九五二）を製作。河村の死後、今度は同作で河村を助演した森繁久彌を社長役に立て、一九五六年に『へそくり社長』を作り、それを皮切りに森繁の「社長シリーズ」が始まり、「サラリーマン映画の黄金期」へと突入する。松林監督は、「社長シリーズ」全三十三本のうち、二十三本を撮っている。

さあ、そして、昭和三十六（一九六一）年の話題作、松林宗恵監督の『世界大戦争』。

これは、平凡な庶民の家庭が物語の中心で、タクシー運転手の父親がフランキー堺さん、母親が乙羽信子さん、そしてその娘に星由里子さん。僕は、貨物船の通信士をしている役でした。船長には東野英治郎、それから貨物船の老給仕の役で、なんと、笠智衆さんが出てるという、大変珍しいキャスティングの中で撮影されました。

ご存知のように、日本は広島、長崎に次いで、とにかく核の脅威にさらされましたよね。ですから、核廃絶に向けて世界に発信できる国は、この日本をおいて他にない、という東宝の製作陣の考えによってこの作品が作られたと思います。

この映画の中で、僕とその恋人の星由里子が、好きだ惚れたという問題ではなくて、その核の脅威について真剣に話し合ってるシーンがあります。とっても重要なメッセージ性をもった台詞がこの若い男性の口から吐かれているんですね。

この地球は核によってあっという間に滅亡して行くんだというその脅威について、真摯に彼女と話し合ってるところがある。そこが僕には大変印象的でありました。

〈世界の戦争の歴史でね、火薬というものを初めて使ったのは、蒙古の軍隊なんだよ、ほら、元寇《げんこう》の役で。だから、日本は火薬の洗礼を受けた世界最初の国なんだ。原爆の洗礼も最初に受けた。広島、長崎。

水爆の洗礼も最初に受けた、ビキニの灰で。だから、そういう国に生まれた僕たち若いものは再び人類の上に戦争の不幸を招いちゃいけないんだ。例えば今度戦争になって、誰か一人の人間が誤ってあるいは慌ててボタンを押したら、もう、この地球は取り返しのつかないことになるんだ〉（映画『世界大戦争』より）

実は、アメリカ映画で『渚にて』という作品がありました。やはり核戦争によって地球が破壊されて、という、大変ショッキングな映画でした。

特に日本人は核の被害にあって、広島で一瞬のうちに十四、五万、長崎でも同じ様に一瞬のうちにあの原爆によって尊い犠牲を強いられたわけですけれども、悲しい哉、広島ではいまだに、被爆者の方が年々亡くなられて、その数は広島だけでも四〇万人を越しているという報告がなされてます。

とにかくその当時、東宝はゴジラに次いで、核戦争の脅威というものを世界に発信し得る作品を製作したということが言えると思いますね。

この中で、タクシーの運転手をやっている父親のフランキー堺が、物干台に上がって、涙を流しながら喋るところがあります。

「やい、原爆でも水爆でも来てみやがれ。俺達の倖せには指一本触らせねえから。俺達は生きてんだちくしょう。チューリップの花が咲くの見て俺は楽しむんだよ……。

母ちゃんには別荘建ててやんだい。冴子にはすごい婚礼さしてやんだい。春恵はスチュワーデスになるんだしおめえ、一郎は大学に入れてやんだよ。俺の行けなかったおめえ、大学《でえがく》によお」

『世界大戦争』左から乙羽信子、フランキー堺、星由里子と

これはもう、説得に十分足る台詞だったと思いますね。

それからいよいよ僕が貨物船に乗って、中近東の方まで行く、恋人と別れて船は段々と沖へ行きます。それを見送った星由里子が、岬の上に立ってその船を見送る。

その後、家へ帰って、彼女もハム（無線）を勉強していて、無線で通信士の僕とお互いの思いを確かめ合うところが大変印象的だったと思います。

冴子「サエコ　サエコ」

高野「コウフクダツタネ　サエコ　サエコ　コウフクダツタネ　コウフクダツタネ」

冴子「タカノサン　アリガトウ」

これを観て、涙が止まりませんでしたね。

結局愛の交信を終えたあと、日本は核によって消滅されてしまうという表現が最後のシーンで出てくる。円谷英二さんの特撮による実に恐ろしい映像でした。

そういったように、よその国では決して作れないような、日本だからこそ言える、核の脅威に対する警告を発するような映画が作られたということは、当然といえば当然のことかもしれませんね。

アメリカに行ってもこの『世界大戦争』というのは大変評価が高いですね。僕は年間四、五回アメリカに行って、いろんな講演会やサイン会をするんですけれども、『ゴジラ』は当然としても、この『世界大戦争』のことも必ず質問に出ます。今のアメリカ人には、アメリカが広島・長崎に落とした原爆に対する自分たちの責任と反省が広まりつつあって、素直に核問題に向き合っている、そういう感じを受けますね。

とにかく、水爆を四、五発落とされたら、もう日本は消滅してしまうという恐ろしい武器、兵器ですからね。何としても、核廃絶を狙った運動は地道にであっても日本人は声高らかに続けて行かなければならないと思います。

『世界大戦争』の完成の裏には、実は大きな紆余曲折があった。

『東宝特撮映画大全集』（ヴィレッジブックス）に記されている概要を以下に書く。

一九六〇（昭和三十五）年に公開された『渚にて』（スタンリー・クレイマー監督、一九五九）の反響は大きく、公開後すぐに『週刊読売』が特集記事を掲載。この記事にも協力していた著名な軍事評論家・林克也の著書『恐怖を作る人々』に元々興味のあった田中友幸プロデューサーは、すぐに橋本忍に『第三次世界大戦 東京最後の日』というタイトルのもと脚本を書かせ、堀川弘通を監督にあてた。

その後、今度は『週刊新潮』が『週刊読売』の記事をさらに物語調にした特集記事を掲載。田中はすぐに『週刊新潮』に映画化権を申し込んだが、すでに東映の手に渡っていた。

その東映が、一足早く『第三次世界大戦　四十一時間の恐怖』（日高繁明監督）として企画を具体化した。

それを受け、東宝も、自身の監督作『南の風と波』の製作で手が空かなかった橋本忍に代わり、八住利雄が急ピッチでシナリオ改稿を試みたが、脚本の類似性は解消しがたく、森岩雄はついに製作中止を決定。

東宝は、八住利雄のまま脚本を一新、監督も堀川から松林宗恵にバトンタッチされ、名作『世界大戦争』が誕生した。

この作品が作られたとき、僕は二十六歳、星由里子は十七歳だったんですねぇ。もう、とにかく可愛いかったですよ。

星クンは、千葉先生を偲ぶ会とか成瀬巳喜男を偲ぶ会には必ず出て来るんですけれども、今じゃもう七十をちょっと超えられてると思うんですが、歳をとられた星クンってとっても美しくてねぇ！　可愛くてチャーミングでしかもとっても心の優しい方になられてるんですよ。

だから会う度に「キミは素敵に育って大きくなったねぇ！」なんて言うと、「ええ～おタカさんありがとうございますー！」って。本当にこちらが嬉しくなるぐらいに、ニコニコして人に気を遣って。何でもこなすいい女優さんになりましたねぇ。

昭和三十六（一九六一）年には七作品、『世界大戦争』、『香港の夜』、『小早川家の秋』、『二人の息子』とまあ、映画史に残る傑作に出たんですね。

この年の出演作には他にも、筧正典監督で小林桂樹主役のサラリーマンもの『出世コースに進路をとれ』（翌年の同監督作品『女難コースを突破せよ』も同じ流れと思われる）、杉江敏男監督の『続サラリーマン忠臣蔵』、千葉泰樹監督の『銀座の恋人たち』がある。

岡本喜八監督と

昭和三十七（一九六二）年の暮れの作品に、僕が好きな岡本喜八作品の『月給泥棒』があります。原作は庄野潤三なんです。

ライトコメディで、司葉子と僕。原知佐子、それからジェリー伊藤が出てたね。確かお父さん（柳川武夫）が日活で企画・製作なんかをされてた柳川慶子、塩沢ときも出てる。

サラリーマンコメディでしたね。特にこの作品は僕は気に入ってます。やっぱり若さだなあ。二十八歳の時でした。

岡本喜八は、一九二四（大正十三）年、鳥取県米子生まれ、明治大学専門部卒業後東宝入社。豊橋陸軍予備士官学校にて終戦を迎える。

東宝復帰後は、マキノ雅弘、谷口千吉、成瀬巳喜男らのもとで助監督を務める。特に、マキノのもとで、作品のテンポとカットつなぎを習得し、後に独自の作風に昇華させた。

高瀬昌弘は『東宝監督群像』の中で、宝田も出演した『獣人雪男』でチーフ助監督の岡本と共に現場についた（高瀬はサード）ときの思い出を書いており、八ヶ岳のロケで、毎朝誰よりも朝早く起き、その日一日のロケが上手く運ぶように奔走（ときにスキーで）する姿を書き留めている。宝田もそのスキーの腕前には「ついて行けなかった」と語っているほどである。

一九五八（昭和三十三）年、前述の須川栄三の項に書いた経緯により、『独立愚連隊』『ああ爆弾』のシナリオが認められ、須川と共に監督に昇進した。

『日本のいちばん長い日』が興行的には一番ヒットした（配給収入四億四五〇〇万）作品ではあるが、これは本来小林正樹が撮る予定だったもので、岡本はこの作品のヒットの後、自力で資金を調達し、自身の戦争体験を反映させた作品『肉弾』をＡＴＧで撮っている。オールスター大作である『日本のいちばん長い日』では自由に込められなかった撮り方や思想を、『肉弾』に込めたという。

『血と砂』は岡本監督作品の中でも筆者が大好きな作品であるが、当時、その作風により、「ふざけている」という批評もあった。しかし、『血と砂』も『肉弾』も、岡本監督ならではの、超一級の反戦映画である。

また岡本監督はガンマニアでもあり、『暗黒街の対決』や「独立愚連隊シリーズ」での銃の考証はありえないほどリアルなのだとか。『kihachi フォービートのアルチザン』の中で、景山民夫は「岡本喜八監督は、銃器ひとつをも役者として使ってしまう」と大絶賛している。

同書で岡本喜八は、森卓也から、「(『月給泥棒』の)宝田明が植木等の無責任男にみえてしまう」というコメントを受け、「僕は『ニッポン無責任野郎』見てなかったんです。で、設定も脚本家も同じでしょう。これはないだろうと思ったんですよね。でもアトのマツリ。こんなのはちょっと困るなあと思うんだけど――」と話している。

『ニッポン無責任野郎』は『月給泥棒』の二週間後(十二月二十三日)に公開。配給収入三億六〇〇〇万のヒットとなった(『月給泥棒』は四九〇〇万)。

監督としては、不覚にも『ニッポン無責任野郎』と酷似した作品となり複雑な思いだったかもしれないが、キャストは中丸忠雄、砂塚秀夫、小川安三、沢村いき雄、と〝喜八的〟オールスターキャストで、楽しめる。

宝田が、中近東の石油王国(富豪役はジェリー伊藤)の現地の女に女装するシーンもあり、その女装姿は、抱腹絶倒ながらも美しい。また、劇中宝田と原知佐子がビールの大ジョッキを一気飲みするシーンがあるが、あれは本物のビールで、「あの時は大分酔っぱらったわ」と、原知佐子ご本人も話している。

ちなみに原知佐子は、前年の『銀座の恋人たち』(千葉泰樹監督)の劇中でも北あけみと酒を飲むシーンがあり、その時も、朝からそのシーンの撮影で、撮影終了時にはベロンベロンに酔っぱらっていたという。

話が前後しますが、岡本喜八監督との初めての作品は昭和三十四（一九五九）年、一月十五日封切りの正月作品『暗黒街の顔役』でした。これは鶴田浩二と三船敏郎と僕と三人で。僕と鶴田浩二が兄弟なのね。そしてギャングと戦うという、大ヒットした作品でした。音楽は伊福部さんでしたね。僕は劇中で二曲、浜口庫之助作曲の主題歌を歌っています。

宝田の歌う主題歌二曲は、「毀れた方向指示器」と「可愛いいあ奴」。いずれも作詞は本作の脚本も書いている、関沢新一。「毀れた方向指示器」は、アップテンポなジャズ調の曲で、宝田の歌う主題歌の中でも珍しいタイプの曲ではないだろうか。

しかも劇中歌っているのはジャズクラブ、デビュー当時に藤木悠や岡田眞澄とキャバレーに行き、バンドをバックに歌わせてもらって勘定をサービスしてもらっていた頃も、まさにこんな感じだったのかもしれない。（そしてやっぱりすごく上手い！）

なお、関沢新一は、特撮ジャンルでも脚本を多数担当している。

鶴田浩二さんは、静岡の出身の人ですけど、松竹の高田浩吉さんの付き人から、弟子としてスタートしました。

元々ヤクザの世界とも縁があったらしく、聞いた話ですが、鶴田浩二さんの興行は、地方の組織の人達が全部チケット買って、一般人にそれを売りつけて、それで成り立っていたらしい。

だからその代わり、そっちの筋からの、地方興行の要請には絶対出なきゃならないって、そういう運命というか、宿命があったようですね。

僕が鶴田さんの若い頃にちょっと似てた、というのもあって、それでよく鶴田さんのお宅によく呼ば

鶴田浩二と

れてお邪魔したものです。懐かしい話ですけど、お互いに金ボタンの学生服を着ましてね、肩組んで飲んでいました。

それを奥さんやお子さんたちも覚えてくださっていて。

「いつも宝田さんて、お父さんと一緒に家へ来て飲んでは肩組んで踊ったり歌ったりしてましたね」って、鶴田さんのお嬢さんに言われたことがあります。

いい先輩ですよ。人情味があって、理屈に合わない事は決して妥協しない。

しかも彼には、過酷な戦争体験がありました。死地に赴く多くの特攻機を見送っている。自分は生き残ったわけですね。だから、土性骨があるんですね。

「古いやつだとお思いでしょうが……」っていう吉田正が作って大ヒットした「傷だらけの人生」は鶴田浩二本人の人生を歌っているんですね。

だから鶴田浩二が、東映に行って今度はヤクザ映画に出るとなりますとね、やっぱりみんな引き締まってやったそうです。

十一本出演した一九六二（昭和三十七）年

昭和三十六（一九六一）年が七本に、三十七年が十一本。二年間で十八本出てたんですね。やはり月に二本ずつぐらいは掛け持ちしてた、ということでしょう。

この頃は、すでに東宝に入って十年が経とうとしていて、年齢ももうすぐ三十歳、そして、出演作も九十本をこえたというところで、本当に何やっても恐ろしくない。つくしがス～っと芽を出して、う～ンと伸びて来るような感じでしたねえ。

でも、自分には東宝っていう看板が常に自分の両肩にのしかかってる、その責任と義務みたいなのはありましたね。

そういうことを自覚するようになって、それがどんな風に自分を変えたかわかりませんが、そういう感覚は自然発生的にあったと思います。

一九六二年の出演作にはザ・ピーナッツとの共演作『私と私』（杉江敏男）と『夢で逢いましょ』（佐伯幸三）の歌謡ものもある。

また、稲垣浩のオールスター時代劇『忠臣蔵 花の巻 雪の巻』にも出演。本作が原節子の引退作となった。

先に紹介した『女の座』（成瀬巳喜男）、『その場所に女ありて』（鈴木英夫）、『香港の星』（千葉泰樹）の他に、「都シリーズ」の三作目となる『旅愁の都』（鈴木英夫）、『女難コースを突破せよ』（筧正典）、『続サラリーマン清水港』（松林宗恵）などがあった。

十年ぶりのゴジラ映画

昭和三十八（一九六三）年の『やぶにらみニッポン』はコメディです。

鈴木英夫監督にしてはちょっとコミカルな作品で、これなんかはもう、僕が得意とするところでしたね。飛んで弾けてというか。


一九六三（昭和三十八）年には、すでに語ってもらった『ホノルル・東京・香港』（千葉泰樹）、『女の歴史』（成瀬巳喜男）のほか、千葉泰樹監督の『女に強くなる工夫の数々』、鈴木英夫の『暁の合唱』にも出演。

『暁の合唱』は、石坂洋次郎の同名小説が原作で、一九四一年版（清水宏監督）、一九五五年版（枝川弘監督）、そして宝田の出演した鈴木英夫版が三度目の映画化である（『名画座手帳２０１７』「映画化常連作家の映画化作品一覧その①石坂洋次郎」より）。


翌年（昭和三十九年）、本多猪四郎監督の『モスラ対ゴジラ』では、第一作以来十年ぶりのゴジラとの再会でした。

この作品では、僕は、新聞記者の役でした。新米カメラマンの星由里子と、博士役の小泉博と共に、インファント島に飛び、モスラの卵を取材するんです。同僚記者に藤木悠、悪役が佐原健二、と懐かしい面々との共演でもありました。

脚本は関沢新一さんで、台詞の掛け合いなんかも楽しかったですね。硬軟の言葉の使い分けが上手い、非常に才能のある方だったと思います。

監督とはこれ迄に『獣人雪男』（一九五五）、『わが胸に虹は消えず』第一部、第二部（一九五七）でご一緒しましたし、雲の上の人だった円谷特技監督とも『ゴジラ』の時ほど緊張はせず、お話しする機会も増えてましたから、随分、気分的にはリラックスして取り組めました。

役作りも楽しかった思い出があります。

新聞記者というと、ヨレヨレのコートでハンチングかぶって靴はかかとがすり減っていて、なんとなくそんなイメージがあった。いわゆる〝ブンヤ〟ですね。でも僕は、もっと都会的な洗練されたイメージにしたくて、シーンが変わるたびに背広変えて、おしゃれにしてるんですよ。

外側の工夫だけじゃなく、演技面でも、新聞記者像を作り上げるのに、本多監督にいろいろと提案なんかもしましたね。もちろん参考にすぎず、最終決定権は監督にあるわけですが、本多監督はだいぶ僕の意図する演技を汲み取ってくれたと思います。

翌、一九六四（昭和三十九）年の出演作には、野球好きの旧作邦画ファンには堪らない一本『ミスター・ジャイアンツ 勝利の旗』（佐伯幸三）がある。ジャイアンツ優勝祝賀会のシーンで、仲代達矢、香川京子、新珠三千代、草笛光子らと共に、本人役で出演している。

さらに、三人娘シリーズもので『ひばり・チエミ・いづみ 三人よれば』（杉江敏男監督）。

そして、福田純監督との初めての仕事である『血とダイヤモンド』と続く。

『血とダイヤモンド』では、ギャング団と素人泥棒集団と共にダイヤの原石を奪い合う、悪徳私立探偵の役を好演。

福田監督のアクションの腕が光る、スタイリッシュなモノクロのハードボイルドもので、最近の名画座でも人気の高い作品である。

宝塚映画で撮られた本作は、最後のセットが火事に遭い、大変であったらしい。福田は『映画監督福田純』の中で、「てめえのセットが燃えるってのは空しいもんだと思ったなぁ」と述懐している。

なお、福田純監督は、一九二三（大正十二）年に生まれ、宝田と同じ満州出身であり満鉄勤務だった父親を持つ。日本大学芸術学科卒業後、一九四六（昭和二十一）年に東宝の助監督募集に合格、稲垣浩や本多猪四郎のもとでキャリアを積む。映画黄金期～斜陽期に、若大将シリーズやゴジラシリーズなど、東宝の興行を支え、同じく若大将やクレージーシリーズを担当した古澤憲吾と共に、「F・F時代」と言われた（同書より）。

得意なコメディ『100発100中』

昭和四十（一九六五）年には福田純監督との『100発100中』。

スマートでしかもコミカルに演じました。僕の中に潜在的にそういう要素があったというのは言えると思います。

この辺りからそういった役柄がなんとなく目立ってきましたよね。『怪獣大戦争』なんかもそれに近い感じのキャラクターでしたし。

『100発100中』は、田中友幸プロデューサーでした。「007」的な感覚の、日本版みたいなものので。この役もちょっと都会的センスのある役どころでした。

『血とダイヤモンド』水野久美と

有島一郎さん扮する刑事のあのトボケた味、良かったですね。突然奇声を上げたりするんだよねぇ（笑）。猫に電気ショックを与えてキャーって全部毛が逆立つみたいな、そんな奇声を発するの。僕は、そんな有ちゃんのことを「アリババ」って呼んでたんです。「アリババと十一人の盗賊」にちなんで「アリババ」。

あのかたも軽演劇からいろんなことやってきて、もう芸達者な人でねえ。一方シリアスなものも見事にこなす方です。

この作品は僕が三十一歳のとき。これから脂がのっていく感じですね。それまで撮ってきた一〇〇本近いものが血となり、また肉となって、わたしの身体の中に蓄積してきたわけです。

『100発100中』は、都筑道夫の「パリからきた男」を、岡本喜八と都筑道夫が脚本にした国際犯罪アクション。

宝田扮する殺し屋が、殺された国際捜査官「アンドリュー・星野」になりすまして、拳銃密売組織のボス（多々良純）を追う。宝田は、日系三世のフランス人という役柄を、ノリノリで演じており、役柄的にはまさに「当たり役」といっていいだろう。

福田監督は、『映画監督 福田純』の中で、「これは『007』のオモチャみたいなもんでしょ。どうせ金も掛けられないし、好き放題もできないんだから、だったら、子供たちが遊べるようなオモチャの映画にしようと思ったんだよね」と、話しているが、宝田の役柄、浜美枝のお色気キャラ、有島一郎のコミカルな刑事など、確かにまるで漫画のような雰囲気がある。

本作のヒットを受け、三年後の一九六八（昭和四十三）年に、続編の『100発100中 黄金の眼』（原作は同じ都筑道夫の「ベイルートから来た男」）が作られるが、こちらは一作目ほどはヒットしなかった。

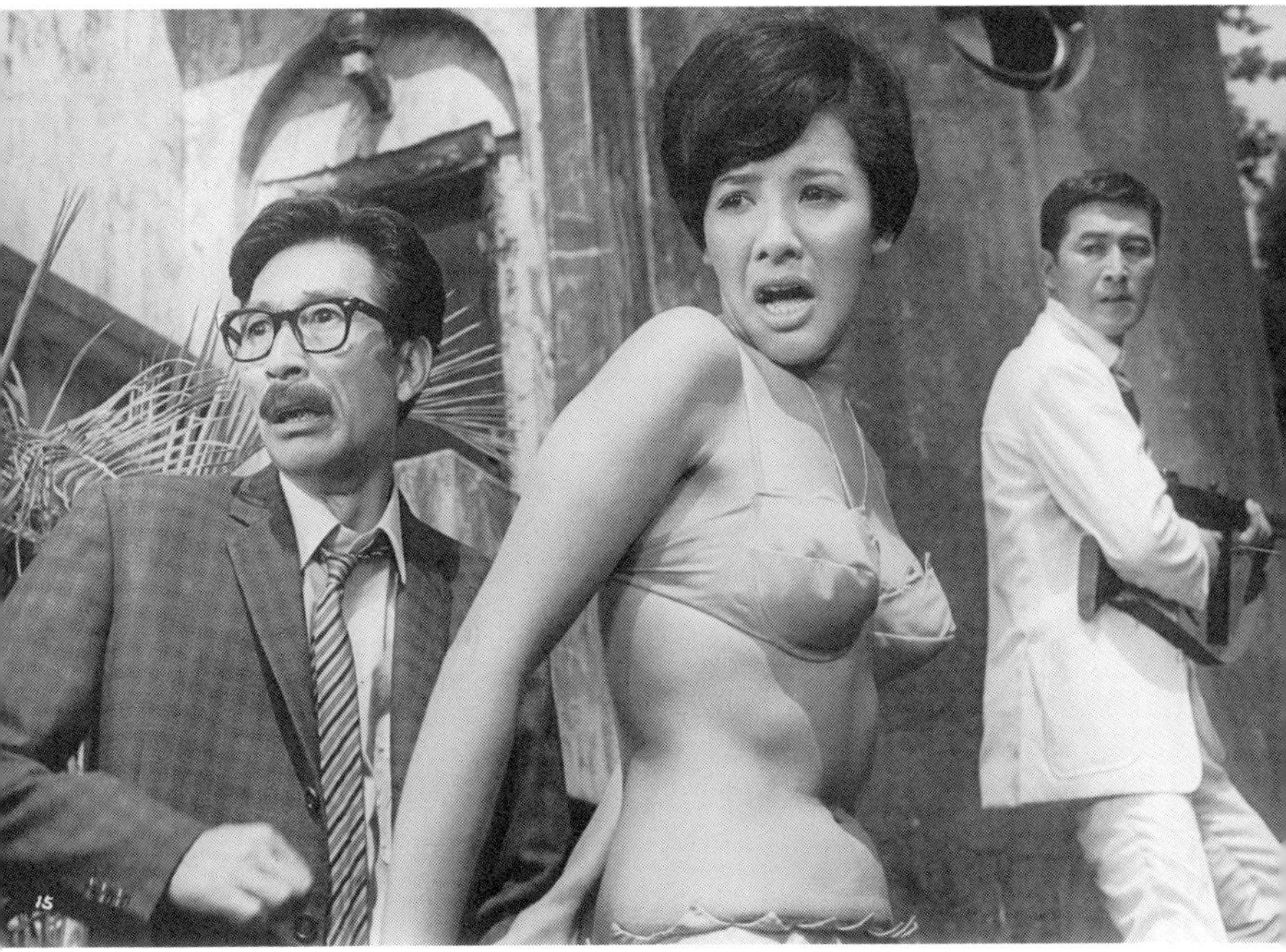
『100発100中』での有島一郎、浜美枝と

監督自身、同書で「ひと押し足りな」かったと話している。

なお、都筑道夫には、他に岡本喜八の『殺人狂時代』、『俺にさわると危ないぜ』（長谷部安春）、『危いことなら銭になる』（中平康）などの映画化作品がある。

『都筑道夫ドラマ・ランド 完全版 上』（河出書房新社）に収録されている岡本喜八のエッセイによると、『殺人狂時代』は完成時、東宝が「水準以下だから」との理由でオクラ入り、この時期に自棄になった岡本は、それまで一滴も呑めなかった酒をたしなむようになり、バカにしていたゴルフを始めた、とある。その後、中原弓彦の援護などにより、完成後七か月経ってようやく公開されたという。

同書によると、都筑は、映画化作品の中ではやはり「100発100中」シリーズ二本がお気に入りで、特に一作目のクライマックスのドラム缶が爆発して飛び回るシーンの迫力は想像以上だった、と絶賛している。

怪獣と来日スターと

昭和四十（一九六五）年には本多監督の『怪獣大戦争』で海外から来た俳優とも共演しました。中でも、ニック・アダムスとはものすごく仲良くしてました。これは、僕の三本目のゴジラ映画です。

このニック・アダムスは、『拳銃無宿』という、アメリカのテレビ映画に長く出演した俳優さんなんですよね。クリント・イーストウッドなんかより前にやってましたね。日本でもよく知られてる俳優さんだった。

僕と年齢もそんなに変わらなくて、お互い若いし、撮影に入って直ぐに十年来の知己であるが如くに仲良くなりました。「おい、ニック、飲み行こうか」って、あちこち連れて飲み歩いて。

で、俺はこいつにあだ名を付けたんですよ。「Horny」って「スケベ」という意味なんだけど、「Horny

Nick」って「スケベのニック」ってあだ名付けたら、彼喜んでね（笑）。

どういうことかというと、これはちょっと、男同士の話だけども……もうオープンにしても時効かな……「女の子を紹介しろ、紹介しろ」って、いっつもそう言う。まあ、しょうがないでしょう、血気盛んな若者だったしね。

それで、何人か紹介してやったことありますよ、プロを。……女優なんか手ェ付けたらダメ！（笑）。ちゃんとね、もちろん、営業が許可されている政府公認のとこへ連れて行きました。

だから、兄弟みたいな仲になっちゃうのね。ツーと言えばカー。彼は、僕のことを名字の宝田から「タック」って呼んでました。ニックとタック（笑）。

この頃僕はミュージカルにも出るようになってましてね（詳細は次章）。そこでニックにアメリカで評判になってるミュージカルのスコアを送ってもらうように頼みました。早速届いたのが、翌年に東京宝塚劇場で初演をした『キス・ミー・ケイト』のオールスコアだったんです。これは貴重な資料で大変参考になりました。

『ゴジラ・エビラ・モスラ　南海の大決闘』とか『怪獣大戦争』、これはアメリカでは今でも熱烈なファンがいましてね。そんなアメリカの「Gファン」と称して、ゴジラファンの人達が、三年に一回ぐらい日本に四〇人ぐらい来るんですよ。

九州から北海道まで観光して、そして東京で必ず誰かをゲストに呼んで、彼等にとっては夢にまで見た東宝の撮影所で交流会と食事会をやるんです。

僕がその世話役をしていますが、ゴジラ作品に出た、夏木陽介、星由里子、水野久美、久保明、土屋嘉男、ゴジラスーツアクターの中島春雄氏らに出席してもらってます。

あらかじめ撮影所に手配をしておいて、所内の大きなスクリーンで、特別に、「ゴジラ」の僕が出てる作品を十五分くらい抜粋してもらって上映すると、もうみんな喜んでねえ。夜はみんなで一緒に飯食ったり、隅田川から東京湾までの船上パーティーをしたり。みんな和気あいあいで、そういう交流を今でも続けています。


一九六五（昭和四十）年の出演作には先に紹介した『最長的一夜』『香港の白い薔薇』のほかに、もう一本、坪島孝のホームドラマ『こゝから始まる』がある。脚本は松山善三。

宝田は本作でも新聞記者役。司葉子、団令子、村松英子、星由里子の四人姉妹の三人はそれぞれに夫がいる設定で、宝田の相手役は次女の団令子。共演者に小泉博、佐藤允、夏木陽介、三益愛子ら。


昭和四十一年になると、鈴木英夫監督との『3匹の狸』という作品をやってますね。これも結構コミカルな映画でした。

小沢昭一と僕と、あと伴淳三郎がペテン師で捕まって三人とも府中の刑務所へ入ってるってシーンで、実際の刑務所の前でロケをしたんです。我々ももちろん正規の囚人服着て帽子被って、雑草をとりながら、良からぬ話を三人でしてるシーンを撮りました。

さあ、十二時になって昼食となったんです。

「ああ、あそこの中華そば屋へ行きましょうか」と、三人で「こんにちは～」ってお店に入ったら、店のおばさんが「ハ～イ、いらっしゃ……ウワあああ！」と店の奥へかけこんだんです。脱獄囚だと思われちゃって（笑）。

「あ！　今日ほら、刑務所の前でロケをやってるんです。こちら伴淳さんと小沢さん、僕ほら、宝田明です」って言ったら「ああびっくりした、脱獄したのかと、それにしても本当ですか？」って、その場

『３匹の狸』での小沢昭一、伴淳三郎と

にへなへなと座り込んでしまいました。

『3匹の狸』の撮影は、刑務所の外での撮影ですから、当然ノイズが入りますので、撮影所のスタジオでアフレコをやらざるを得ないんです。

そこで、俳優の中で一番アフレコの下手な俳優さんというと……伴淳三郎。これが下手くそなんてもんじゃない（笑）。あのかたは、テストと本番で毎回セリフが違うし、間が違うから口が合わないんですよ。

普通だとスクリプター（記録係の女性）が本番の時多少セリフが違っても、素早く記録してくれるのですが、勝手に、ああ言ったりこう言ったり語尾が全然違ったり、ぼそぼそとあの独特な訛《なま》りでいろんなことを言いますし、擬音が入ったりもしますし。

東宝に関して言えば、ま、伴淳さんはアフレコが一番下手っぴい、東の横綱。

砧の撮影所は、調布の飛行場が近いんで、例えば、「ああ……ちょっと今飛行機の音が入っちゃった」となっても撮り直さずに、「今せっかくいい芝居だったから、これ、じゃアフレコにしよう」となるときもあるわけです。飛行機待ちとか、ヘリコプター待ちもあるんです。それに救急車のサイレンとか。それが本番の声がかかると必ず聞えて来るんです。皮肉なもんですね。

ただ、その場でやれば、テンポを覚えてますから、それに音をはめればいいので、やりやすい。ところがロケーションとか撮影期間の長い映画で、後でワンシーン全てアフレコとなると、これは大変ですよ。

一か月以上遅れて、最終的な段階でアフレコするわけですから。もう忘れっちまいますよ。

それなのにあの……めちゃくちゃ言う名人の伴淳三郎なんかだと本当に大変（笑）。

実は予防策があるんです。このシーンがアフレコになる事が判ると、少しセリフのテンポをゆるめ、口をはっきり開けて喋る様に心懸ける事です。

アフレコとは「アフター・レコーディング」の略で、撮影終了後に、スタジオで台詞を別途録音すること。吹き替えや特撮の音声収録は「アテレコ」とも言われる。

一九六六（昭和四十一）年の宝田出演作には、他に『女は幾万ありとても』（杉江敏男）、『沈丁花』（千葉泰樹）、石坂洋次郎の同名原作の四度目の映画化である『石中先生行状記』（丸山誠治）がある（『名画座手帳2017』）。

千葉泰樹の『沈丁花』は、千葉の後年の作品であるが、味わい深く、筆者も好きな作品である。中でも母親役の杉村春子と長女役の京マチ子が素晴らしい。

本作の宝田は、美人の次女（司葉子）を品定めする役で、司はそんな宝田に惚れるが、宝田の品定めは実は弟・佐藤允のためであった。

福田純監督の『ゴジラ・エビラ・モスラ 南海の大決闘』も昭和四十一年でしたね。

僕は、金庫破りの役でした。金庫破りのために潜んでいたヨットに若者三人が乗り込んできて、そのヨットが、嵐に遭って犯罪組織「赤イ竹」の基地がある島に流されるって設定で。

僕は、金庫破りでありながら、若者たちを上手くまとめて「赤イ竹」に立ち向かうというなかなかやりがいのある役でした。福田監督らしいアクション風のゴジラ映画でした。

続いて昭和四十二年ですが、本多監督の『キングコングの逆襲』。これはアメリカの男優ローズ・リーズン、それから女優さんのリンダ・ミラーって可愛いお嬢さんが出演しました。この前日本に来たんです。その時会ったら今はちょっと太ったおばちゃんになっちゃってましたけど（笑）。

『キングコングの逆襲』は、一九六二（昭和三十七）年の『キングコング対ゴジラ』に続く、東宝のキングコング映画である。

マダム・ピラニヤ役の浜美枝は、『007は二度死ぬ』の撮影を終えてロンドンから帰国したばかりだったという。天本英世扮するドクター・フー、面目躍如の怪演も本作の見どころ。なお、『キングコング対ゴジラ』ではゴジラに入っていた中島春雄が本作ではキングコングを演じた。

この頃、テレビではウルトラマンなどで怪獣が大ブーム、映画界の衰退に比例する形で怪獣映画の対象年齢は下がる傾向にあった。そんな中、『キングコングの逆襲』は、ドラマ部分がしっかりしており、大人っぽい内容となっている。

宝田本人も『ニッポン・ゴジラ黄金伝説』の中で、「シリアスな演技を心がけ」、「ゴジラ映画にはコメディ調の演出が取り入れられるようになっていたが、『キングコングの逆襲』がめざしたのは、あくまでも正統派の怪獣映画だった」と書いている。

また、宝田は、同年『レッツゴー！　若大将』（岩内克巳）にも出演。同作には香港の武侠映画のスター女優・陳曼玲（メリンダ・チェン）が出演し、香港でロケもされた。宝田は、陳のフィアンセの中国人の役で、陶芸を勉強しに日本に来ているという設定であった。

続いて、一九六八（昭和四十三）年の宝田の出演作は、『春らんまん』（千葉泰樹）、『100発100中　黄金の眼』（福田純）、『空想天国』（松森健）の三本である。

『春らんまん』は、大映で作られた『婚期』（一九六一年）のリメイクで、宝田は、オリジナル版では船越英二が演じた男主人公のホテルの支配人役である。女優陣は大映版の京マチ子・高峰三枝子・若尾文子・野添ひとみに対し、新珠三千代・白川由美・司葉子・星由里子で、大映版の方が華やかではあるものの、千葉泰樹の安定の仕事ぶりにより、こちらも秀作となった。

昭和四十四（一九六九）年、本多監督の特撮映画『緯度0大作戦』ではジョセフ・コットンと共演しました。私たちの世代にとってアメリカ映画の『第三の男』（一九四九）は特別の思いがありますから、その主演のジョセフ・コットンと共演するには感慨深いものがありました。もちろんご本人にも伝えましたけどね。そして、シーザー・ロメロといって、『八十日間世界一周』などに出てた大俳優ともご一緒しました。

この二人の演技には非常に感銘を受けましたね。演技が自然なんですね。それでいて、スターとしての華がある。今でいうSF作品だからといって手を抜くとかバカにした素振りなんて微塵もなくて。そんな彼らと仕事ができた、俳優としてこれ以上の肥やしはないですよ。

これは、アメリカのSFラジオドラマが原作で、アメリカと東宝との共同製作の予定が、アメリカ側が降りて東宝が単独でやることになったので、制作面で監督さんたちは大変苦労されたと思います。とはいえ、アメリカでも公開が決まっていたので、台詞は全て英語。

同じく昭和四十四年の『水戸黄門漫遊記』で、千葉監督ともコメディをやりました。

これは森繁さんが黄門様、僕が助さん、高島忠夫が格さん。相当エッチな森繁黄門様でね。

旅する女の子のお尻をちょっと触ったりして。

「黄門様っ！」って、僕らがお目付役でたしなめる。

森繁さんというひとは、よくテストの時にいろいろアドリブを言うんです。必ず最後にちょっとセリフを言って、みんなゲラゲラ～って笑ってるけど、本番の時はパッとやめちゃいますよ。それで僕は森繁さんに尋ねたことがあるんです。

「森繁さん、みんなアドリブアドリブって言いますけれども、アドリブはあんまり……されませんね」

「うん、よくわかったな、俺はアドリブは確かにテストの時は言うけれど、本番では言わないだろ？　ほんの一つか二つだ」って。

あ、そうか、この人はアドリブで喋ってるような台詞の言い回しをする俳優さんなんだな、と思いました。

「あれアドリブでしょ？　面白いねえあの人」と観客にアドリブで言ってるんじゃないかと思わせるような話術を、心得てるわけね。それを、みんなアドリブを言ってると思って単純に真似したりするから、薄っぺらな演技になってしまうんです。


宝田のフィルモグラフィーは、一旦ここで途絶え、一九八一（昭和五十六）年まで映画の出演はない。

先にも触れたが、日本の映画界は一九五八（昭和三十三）年に観客動員数が十一億二七〇〇万人、一九六〇（昭和三十五）年に全国の映画館数が七四五七館を数え、それぞれピークを迎えている。しかし、その後は激減をつづけ一九六三（昭和三十八）年には観客数が五億一〇〇〇万人とピーク時より半減、映画館は一九六八（昭和四十三）年には三八一四館とこちらも半数近くまで減っている。製作配給本数も一九六〇（昭和三十五）年に大手各社で約五四〇本あったのが、一九六五（昭和四十）年には約二七〇本まで落ち込んでいる。いっぽうでピンク映画と総称される中小の製作配給会社による低予算の成人指定映画がつくられ始めた一九六二年には十数本だったが、一九六五年には二二五本もつくられている。

人口の少ない地方の映画館や、封切から数週、数か月が過ぎた作品を二本立て三本立てで上映する二番館、三番館……とつづく下番館などが、番組編成や集客が思うようにいかなくなるとピンク映画の上映を選択することになる。

大手映画各社も、東映は、片岡千恵蔵、市川右太衛門、中村錦之助、大川橋蔵などで人気を誇った時代劇が衰退し、昭和三八年から任俠映画（ヤクザ映画）にシフトしていく。

一九七一（昭和四十六）年には「座頭市」シリーズや「ガメラ」シリーズの大映が倒産。石原裕次郎のアクション映画や吉永小百合の青春映画で知られた日活はロマンポルノ路線へと転換する。

こうした時代、東宝も危機対策として、一九七二（昭和四十七）年に本社での映画製作を停止、専属の監督らも次々に契約を解除された。

高瀬昌弘は『東宝監督群像』の中で、ひとつ興味深いエピソードを書いている。

この時期すでにテレビ部にいた杉江敏男、丸山誠治、鈴木英夫の三氏に、東宝が、契約未消化金があるという理由で退職金は出さないと言ってきた際、高瀬と、監督会の連絡係をしていた児玉進が掛け合って交渉をしたところ、なんとか退職金がいくらか出ることとなった。

その後高瀬と児玉は、杉江監督から電話で自宅に呼び出され、二人が出向くと、そこには丸山、鈴木両監督もいて、三人の監督から感謝の言葉をもらった上、その晩は思い出話に花が咲き、監督と助監督の気分で五人の酒盛りが続いたという。

一九七〇年代、宝田のフィルモグラフィーは空白期となるのだが、実は意外な形でスクリーンでの活躍はつづいていた。

一九六九（昭和四十四）年に東宝は怪獣映画とテレビの人気アニメなどの短編四、五本を併映作にし、「東宝チャンピオンまつり」と銘打った興行を開始する。これは「東映まんがまつり」にヒントを得たものだった。

特撮の神様といわれた円谷英二が一九七〇（昭和四十五）年に亡くなる。東宝は製作部門の分離独立、専属契約制度を廃止するなど製作環境が厳しくなるなか、「東宝チャンピオンまつり」で宝田主演の旧作はメインの作品として重宝され、全国の東宝系映画館での公開が続いていたのだ。

一九七〇（昭和四十五）年冬休み『モスラ対ゴジラ』

一九七一（昭和四十六）年春休み『怪獣大戦争　キングギドラ対ゴジラ』（『怪獣大戦争』を改題）

一九七二（昭和四十七）年夏休み『ゴジラ・エビラ・モスラ　南海の大決闘』

一九七三（昭和四十八）年冬休み『キングコングの逆襲』

一九七四（昭和四十九）年冬休み『海底大戦争　緯度0大作戦』（『緯度0大作戦』を改題）

一九八〇（昭和五十五）年春休みには、「ドラえもん」劇場版長編アニメの第一作『ドラえもん　のび太の恐竜』との二本立てで、『モスラ対ゴジラ』が公開されている。

いずれも二十分程度カットした短縮再編集版であり、オリジナリティの尊重という観点からは疑問もあるが、多くの子供たちが映画館に詰めかけ、宝田明の活躍に胸躍らせたことはまぎれもない事実だった。子供たちにとっては大きなスクリーンで活躍する宝田明は、あこがれの映画スターであったといえよう。

第八章　華麗なるミュージカルの舞台へ

ミュージカルの舞台へ

昭和三十一、二（一九五五、六）年頃かな、映画の合間に日劇の舞台のショーにも出るようになったんです。平尾昌晃とか山下敬二郎とか、ロカビリーが流行ったのはもうちょっと後でしたね。

さらにその数年後からは、正月というと、東京の日劇と大阪の北野劇場でショーをやってました。「新春スター・パレード」といって、一週目は越路吹雪が日劇でショーをやる。一方、大阪の一週目は、僕がショーをやる。司葉子とか関西のお笑いタレントさん、亡くなったフランク永井さん、ダイマル・ラケット、大村崑さんなんかも出演してましたね。

日劇は「日劇ダンシングチーム」が有名ですが、大阪にも「北野ダンシングチーム」ってのがあったんです。みんな実力のある人達でした。コマ（梅田コマ劇場）ができる前ですね。

それで二週目になると今度は、我々がそっくりそのまま日劇に移動するわけ。ダンシングチームは各劇場に残したまま、僕が東京に、越路さんが大阪へ。

それを何年もやってきたんです。だから、正月は飲んで食って遊んで、じゃなくて、必ず、日劇と大阪で仕事をしてました。

映画をやりつつ、ショーもやり、オフの時はゴルフをやり。そして、決して酒は絶やすことなく飲んでました。律儀にもね（笑）。

「新春スター・パレード」は、一九五四（昭和二十九）年から一九六七（昭和四十二）年までの日劇の恒例正月公演で、山本紫朗《しろう》が構成、第一回には、池部良、久慈あさみ、岡田茉莉子、柳家金語楼、トニー谷らが出演した。

橋本与志夫の『日劇レビュー史日劇ダンシングチーム栄光の50年』（三一書房）によると、宝田は、一九六〇（昭和三十五）年から最終回の一九六七（昭和四十二）年まで（ただし一九六三〔昭和三十八〕年は出演者名に記録がない）、計七年間、「新春スター・パレード」に出演している。同ショーの他の主な出演者は、越路吹雪、高島忠夫、加山雄三、司葉子、星由里子ら。

なお、同著によれば、宝田の日劇初出演は一九五六（昭和三十一）年二月の「春のプレリュード」で、共演に太刀川洋一、山田真二、河内桃子ら、とある。

その後も、同年には岡田茉莉子との「罌粟《けし》と太陽」、雪村いづみとダブルキャストの「ドライ・アンド・ウエット」、一九五七（昭和三十二）年の「陽気なクリスマス」、一九五八（昭和三十三）年の江利チエミとの「チエミの青春の歌声」、一九五九（昭和三十四）年の「歌う不夜城１９５９年」を経て後の「新春スター・パレード」レギュラー出演であった。

インターネット上で見つけたサイト（「昭和レビュー狂時代」）に画像が掲載されている一九六二（昭和三十七）年の同公演のパンフレットによると、この年の出演者は、宝田を筆頭に、高島忠夫、加山雄三、越路吹雪、ザ・ピーナッツ、ハナ肇とクレージー・キャッツの面々で、映画の上映もあり作品は『椿三十郎』であったらしい。

一九五八（昭和三十三）年には、平尾昌晃がソロデビュー。東宝は、「ウェスタンカーニバル」の公演名で、平尾とミッキー・カーチス、山下敬二郎を日劇に出演させ、同公演は若者に絶大な支持を受け、ロカビリーブームに発展した。同公演は、一九七七（昭和五十二）年まで続き、一九八一（昭和五十六）年、日劇閉館時の「サヨナラ日劇公演」でも上演された。

東宝は、そもそも阪神急行電鉄（現・阪急電鉄）の小林一三により、株式会社東京宝塚劇場として設立された会社であり、その設立以来、劇場経営は映画部門と並ぶ事業であった。

一九三四（昭和九）年に開場となった東京宝塚劇場を始め、翌年には有楽座を開場。さらに同年、すでに一九三三（昭和八）年に開場し日本映画劇場株式会社や日活によって経営されていた日本劇場（日劇）の直営を始めた。

日劇の直営を皮切りに、同昭和十年、横浜、京都、名古屋、そして大阪北野劇場、と次々に直営劇場をオープンさせた。

また、一九一一（明治四十四）年に開場された帝国劇場（帝劇）は、一九三一（昭和五）年より松竹が経営していたが、小林は一九三七（昭和十二）年に同劇場の吸収合併に成功、一九四〇（昭和十五）年より東宝の直営となった。

昭和三十八（一九六三）年まで僕は映画、映画、映画、それと歌。どっぷり漬かってました。それが、昭和三十九（一九六四）年から、今度はミュージカルという世界に足を踏み入れたんですね。つまり、映画が少し衰退してきたので、自然と長いフェイドアウトをせざるを得なかった。そして上手くオーバーラップして、ミュージカルの世界にフェイドインしたのです。

だから、映画がハイおしまい、それでブランクがあってミュージカルが始まる、ということじゃなく、両方が上手くミックスし合って来たというところが、僕の俳優人生の、今日に至るまでのひとつの道のりといえるのかもしれません。

映画界で、藤本眞澄、田中友幸という見事な御者で走らせてもらってきて、そして今度は、演劇の菊田一夫の元でミュージカルをやるようになっていったんです。

菊田一夫は、一九〇八（明治四十一）年、横浜に生まれ、生後すぐ養子に出され、台湾に渡るもそこで捨てられる、など、苛酷な幼少期を過ごした。転々とした後、菊田家の養子となる。年季奉公をつとめるなどした後、大阪で小僧をしながら夜学で苦学の末に上京。その後、サトウハチローの世話で浅草国際劇場に入り、古川ロッパらの劇団「笑の王国」の座付き作家となった。一九三六（昭和十一）年、東宝文芸部に入社し、戦後は古関裕而とのコンビで数々のヒットを飛ばす。代表作は、映画・ラジオドラマでは『鐘の鳴る丘』『君の名は』など。舞台では『がしんたれ』『放浪記』『風と共に去りぬ』などがある。演劇界の権威で、一九七三（昭和四十八）年の菊田の死後、「菊田一夫演劇賞」が創立された。近年では、司葉子や草笛光子が、長年の功績により特別賞を授与されている。

『チエミと共に』（名古屋名鉄ホール）

ともかく、昭和二十九（一九五四）年のデビューから十年後、今度はミュージカルの世界で、新しいハードルに挑戦する機会を得たわけです。

きっかけをくれたのは江利チエミでした。それまで、江利チエミと美空ひばりと雪村いづみの三人娘と一緒にやってるうちに、チエミから「お兄ちゃん、そのうちミュージカルやる時代が来るから、是非一緒にやりましょうよ」とことあるごとに言われていたんです。

そして今度は、菊田一夫さんが藤本眞澄さんと話し合いをして、「チエミが宝田君を是非ミュージカルにって勧めてくるから、やらせてみてくれ」っていうようなことが、重役会議で話されていたそうなんですね。

藤本さんから、「おい、菊田から言われたけども、宝田お前、ミュージカルに出てくれ。映画をちょっと休んで、ミュージカルやれ」と言われたんです。ちょうど、『女の歴史』の撮影中でした。

それが昭和三十九（一九六四）年十一月公演の、『アニーよ銃をとれ』という作品です。

早速ボイストレーニングに専念して、その時にチエミと約束したんですよ、「禁酒は無理だからせめて節酒しよう」って。

「断酒じゃなくて、節酒だぞ」

「わかった。お兄ちゃん節酒ね、断酒じゃないのね？」

「断酒なんてするんならもう死んだ方がマシだ！」って（笑）。

それでレッスンを受けて、たっぷりと稽古をして、初日の幕を開けました。

観た人がびっくりして、「おい、宝田ってあれ、本当に自分の声で生で歌ってんのか?! 誰かが吹き替えしているか、または口パクでプレスコでやってるんじゃないか？」なんてね。劇場に観にきた評論家たちも驚いていたそうです。「宝田が生で歌っている」って。

ミュージカルでは、男性の主役は普通はテノールかハイバリトンで、女性ならソプラノか、まあメゾソプラノ。脇役は、バリトンかバス。僕は、ハイバリトンで、上はF、頑張ればGくらいまで、と非常に広い音域をカバーできたんです。つまり主役をやるのに必要な音域をクリアできた事が幸運だったと思いますね。

藤本眞澄も公演を観たあとに、重役会議で「宝田が今すごいのやってるからみんな見に行けーっ！」て号令をかけたそうです。副社長の森岩雄さんも、その後社長になった清水雅さんを始め、文字通り役員全員が見に来ました。

加えて東宝の監督たちにも全部指令が行ったらしい。「宝田のあの『アニーよ銃をとれ』を見て来い！」って。

もう、緊張と興奮と感動で欣喜雀躍の日々。

一か月半の稽古、そして本番が一か月三十六ステージ、今では考えられない公演回数です。毎日が発見の連続でした。

舞台上に全身をさらけ出して、持てる力をフルに発揮して、映画の世界とは全く異質の新天地でした。毎日ベストコンディションで臨み、新宿コマ劇場一八〇〇人の観客の前で演じる快感たるや！

三幕三時間半、千秋楽は、フィナーレに緞帳が下がりますが、歓声と拍手で何度も上げ下げして、観客が最後の幕を下ろさせてくれない程でした。

実はこの作品は、昭和三十九年度文部省芸術祭参加作品だったらしいんですね。でもそんなことは全く気にしていませんでした。

ところが、その年の暮れ近く、文部省社会教育局芸術課から電話が入り、第十九回芸術祭の奨励賞に選ばれたとの知らせを受けたんです。

なぜ僕が？　と思ったのですが、その後届いた通知によると、「新宿コマミュージカル『アニーよ銃をとれ』におけるフランク・バトラーの役の成果に対し、終始真摯な態度で公演し、新しいミュージカルタレント誕生の希望をもたらした。」との授賞理由でした。

そして明けて昭和四十年一月二十三日二時四十分、虎ノ門ホールに出席するよう添えられてありました。

授賞式当日は、あまり広くない虎ノ門ホールの舞台上に他の授賞者と共に並んで、愛知揆一文部大臣から賞状を貰うことになっていました。

名前を呼ばれ、立ち上がって五、六メートル先の中央のテーブルまで賞状を受け取りに行くんですが、そこまでの距離がやけに長く感じられましてね。まるで雲の上を歩いているような気分で受け取りました。新宿コマの大舞台を縦横無尽に動き廻ったのが嘘のようでした。

この作品は大阪の梅田コマ劇場でも公演され、多くのお客様に観ていただきました。

つまりミュージカルを始めて、最初の作品でもう芸術祭の奨励賞を頂いてしまったわけです。

続けて昭和四十一（一九六六）年に、東京宝塚劇場でコール・ポーター作曲の『キス・ミー・ケイト』、翌年に帝劇で『風と共に去りぬ』の長期公演をやりました。

第一部、そして翌年第二部、更に総集編と、延べ八か月近く公演、帝劇通いでした。燃えさかるアトランタを脱出して、スカーレットの故郷タラへ逃げてゆく時、レットとスカーレットが御者台に、そしてメラニー夫人と子供を荷台に乗せて逃げてゆくモブシーンは、名馬「ジュラク号」の名演もあって、実に素晴らしいシーンでした。

『風と共に去りぬ』のレット・バトラーを演じることになるなんて思ってもいませんでしたよ。原作者のマーガレット・ミッチェルという人にもちろん会ったこともない、ただ、この作品を通じて、マーガレット・ミッチェルという女流作家の世界に入って行ける。女史が心血を注いで書き上げた処女作にして最後の作品となった、偉大な作品に出演できたことは誇りに思っています。

『アニーよ銃をとれ』（上）と『風と共に去りぬ』（下）

まだこの時は三十代でしたが、それから四十、五十代になって、少しずつ演技にも役にもいろんな幅が出てきましたね。また、それぞれの作品で、今もスタンダードナンバーとして残る名曲を歌うことができ、今もレパートリーのひとつとして歌うことができるのは幸せだなと思っています。

『風と共に去りぬ』をミュージカル化するにあたり、菊田一夫は帝劇ができる二年前の一九六四年に、マーガレット・ミッチェル側の代理人と交渉をし上演権を得ている。

戦後に映画を観て感動した菊田にとって、その後二十数年来持ち続けてきた、『風と共に去りぬ』上演への夢であった。

『風と共に去りぬ』では、ミュージカルでは初の「スクリーンプロセス」を使用した。舞台の背景に半透明のスクリーンを用意し、背後から戦火のシーンのフィルムを映すという手法である。その映像には円谷英二による特撮シーンもあった。

また、舞台上で実際の馬、第二ジュラク号を使ったが、これも初めての試みであった。

余談ではあるが、この馬が宝田と同じ誕生日だったそうで、毎日ニンジンや角砂糖をやって仲良くしたとか。(『ソワレ』一九九六年五月号「小藤田千栄子のミュージカルがやって来た! 日本ミュージカル界のパイオニアたち　第三回 宝田明」より) よほどウマが合ったのだろう。

第二ジュラク号は、公演を見事に演じきり、新聞も雑誌も「馬の名演技」と褒め称えたという。

道江達夫は『昭和芸能秘録 東宝宣伝マンの歩んだ道』(中公文庫) の中で、「肝心のドラマを演じている役者が陰にかくれ、すっかり霞んでしまったのには同情した」と書いている。

『風と共に去りぬ』の成功を受け、菊田一夫はその後、『風と共に去りぬ 総集篇』もプロデュースするが、いずれも好評を博した。「総集篇」の公演終了後、一九六八 (昭和四十三) 年に、藤本眞澄の音頭で

「菊田一夫の労をねぎらい、励ます会」なるものが催されたという。甘党だった菊田のために、五十二個入りのたい焼きひと箱がスカーレット役の那智わたるより進呈された。宝田は、この会の司会を務めている(同書より)。

なお、『近代日本演劇の記憶と文化6 戦後ミュージカルの展開』(日比野啓編・森話社)がつい先頃刊行されたが、宝田は本書でインタビューに答えており、ミュージカル面においてより専門的なインタビューとなっているため、内容的に重なる部分も多々あるが、是非一読をお勧めする。インタビューは、前述の日劇でのレビューにも及んでおり、特に、「ラクカラチャ、ラクカラチャ、今宵も踊ろう、ラクカラチャ、ラクカラチャ」と歌うラテンのナンバーの際、「ラクカラチャ」以外の歌詞を忘れてしまい、「ラクカラチャ」だけで歌い切ったくだりには思わず笑ってしまった。

その後、何というタイトルだったかはっきり覚えておりませんが、ひとつ断った作品がありました。東宝から、時代物の喜劇に出るように言われたのです。

けれども僕は、初めての作品で芸術祭奨励賞を穫って、『キス・ミー・ケイト』でコール・ポーターに挑戦し、『風と共に去りぬ』ではレット・バトラーという大役をやってきたのに、なんで和モノの喜劇をやらなきゃいけないんだ、と思ったんです。

それで断ったら、東宝演劇部から、「なんだお前、仕事を取ってやってんのに」ってすごい非難を浴びまして……もう少しで、干されるところだった(笑)。

昭和四十一(一九六六)年、四十二(一九六七)年と『風と共に去りぬ』の計八か月にわたる長期公演があり、昭和四十三(一九六八)年梅田コマ劇場で『サウンド・オブ・ミュージック』の公演を終えました。

そして、翌四十四年に『風と共に去りぬ』のミュージカル版『スカーレット』を、僕がレッド・バトラー、スカーレットが神宮寺さくらで、稽古を始めたんです。

これは、アメリカから演出・音楽・振り付けを含むたくさんのメインスタッフを迎えての大掛かりな企画でした。

しかし、その昭和四十四年は、僕にとって最悪の年となりました。

『平四郎危機一発』での事故

僕はこの時期、映画とミュージカルの他に、今度はテレビも平行してやってたんですよね。TBSの『平四郎危機一発』という番組を。

主人公は花屋のマスターなんですが、日本は法治国家ですから、民間人がピストルを持つのはおかしいので、危ないっていう時に煙草を吸ってそれをポンと投げて、敵が怯んだ隙にやっつけるというようなスタイルで。

シリーズは人気番組でした。

『平四郎危機一発』は、一九六七（昭和四十二）年―六八（昭和四十三）年、TBS系列で放映。当初平四郎役は石坂浩二であったが、第八話で病気により降板、第九話以降、宝田が主役を務めた。

表向きには花屋と喫茶店の経営者で、アマチュア探偵の九条平四郎が、難事件を解決していくというストーリー。

レギュラー共演者に砂塚秀夫がいる。土屋嘉男や佐原健二もゲスト出演しており、宝田出演期間は特に東宝色が強い。

当時は映画界が斜陽であったことにより、映画界から流れたテレビのスタッフ陣が豪華で、本番組でも、演出者陣に、内川清一郎、鈴木英夫、杉江敏男、中川信夫、福田純など錚々たるメンバーである。原案は双葉十三郎と南部圭之助で、脚本陣にも、「警視庁物語」シリーズで知られる長谷川公之や福田純などの名前が見られる。

シリーズは好評で、一九六九（昭和四十四）年からは『新・平四郎危機一発』が作られた。

こちらのレギュラー共演者には、平四郎の探偵アシスタント役として横尾忠則の名前があるが、横尾は東京新聞夕刊の連載（「この道」、二〇十六年九月五日付）で、この番組のエピソードを書いている。〈素人（横尾）とプロの宝田さんとの間には埋められないギャップがあった。宝田さんは如何《いか》にも映画スターの演技で、画面では普通に見えるのが、僕の自然さは逆にど素人丸出しの土足のままカメラの前に立っているという感じだった〉

実際、第九話では、横尾の描いた絵が捜査の手がかりになる、という設定もあったという。

以下は、その新シリーズの第十三話撮影時の出来事である。

十二月の中旬でした。稲城市での早朝ロケがありました。そのロケの時に、パワーシャベルにぶら下がって、僕がやられそうになるシーンがあって。もちろん、シャベルカーにはプロが乗って運転するわけですけど。二メートルぐらいの大きなシャベルがこう、上に付いていてね。二トンぐらい入るデカいやつですよ。

それで悪いやつが平四郎を殺そうとするんですが、僕は逃げ回って、でも最後にぐーっと吊るし上げられるというシーンです。

シャベルの爪はもうこんなに大きくて……その爪にロープを結わいて、そのロープを身体の中に通して、手を離しても身体がロープで支えられるようにね。でも、もしロープで首でも吊られたら大変だ、というので、「じゃ、ロープをかけて、宝田さんそれを手で持ってぶら下がって下さい」。

そして持ち上げられる、それをシャベルがガーン、ガーンと、大きく左右に動きながら僕を振り回す、という設定になった。

「じゃあ、一発本番で行きましょう」ということになりました。パワーシャベルが動き出し、僕がずーっと上の方に持ち上げられて行って、その後に、ガタンとキャタピラを止めてシャベルを右に大きく振られたんです。僕の身体が振り子の様に大きく左に振られました。僕はロープをしっかり握って我慢しましたが、アッという間に凍りついた地面に振り落とされてしまったんです。

そして、ハッと気がついたら、右足がくるぶしから折れて、折れた骨の尖ったところが靴下を突き破って、外から白い骨が見えてる……。靴をはいたままの足首がぶら下がってた……。

関節なんかも外れちゃってて、つまり複雑脱臼開放骨折といわれている怪我でした。

人間の足というのは、二本の骨の上に足が乗っかってるわけですけど、この、関節や潤滑油みたいなのが全部外れて、パクっと外れて、腱と皮だけでつながってる状態の足首が、後ろ向きになっていました。

「あれっ、俺あと一週間もしないうちにスカーレットの初日なのに……舞台が始まるのに……」って。

そのときに頭を過《よぎ》ったのは、戦後、傷痍軍人が列車の中で義足を履いて、「皆様、傷痍軍人に募金をお願いいたします」、という姿。「俺もあんな木の棒を付けるんだなあ」。痛いとかじゃないんですね。痛いのを通り越して、ただ吐気がしました。周りを見ると、みんなが、「ウワアァ……！」って泣きべそをかいてるし。

誰も側に寄ってこない。あまりにもひどい傷なんで。僕は「これ、セメダインで着けたら骨は付くのかな」、なんて、フッと思ったりして（笑）。

そのロケ場所は稲城市の山の中で、黒澤組で使われたり、よく岡本喜八が独立愚連隊シリーズの撮影で、馬で走るシーンなんかに使ってたもんだから、馬糞はあるし、十二月の末、地面は凍っているし、僕が足上げてみたら、真っ白い折れた骨の先に骨髄が見えて、そこに泥がくっついてる。

撮影現場だから、大きな銀紙を貼った畳一帖位の照明用のレフ板があるでしょ？　レフ一枚じゃ折れちゃうから、レフを二枚重ねて、それに横たわって運んでもらう。

若い俳優たちがみんな、泣きながら「宝田さ〜〜ん……足が、足がちぎれそうです」誰かが靴をはいたままの僕の足首を持って「ううぅ……う〜〜」って泣きながら、急いで山を下りて来ました。

その日は日曜日で朝も早くて、とりあえず小さい病院に連れて行かれて。さすがにその頃には痛みが出てきてて ね……。イタイイタイイタイ〜〜〜って。

白衣の看護婦が出てきて、「あれェ、酷いですねえ。ちょっと待って下さい、洗浄しますからね〜。お湯が沸くまで待っててください」と言われたけど、痛くて待ってなんかいられない……。そこでやっとぬるま湯が出てきて、シャーーーっと、折れた足に向けて、水かけて泥を落とすわけ。もう「イタイタイタイタイっ……‼」失神しそうでした。

そしたら救急車が来て、信濃町の慶應病院に運ばれて行かれた。

人間の骨髄が外気に触れると、バクテリアがブワァ〜っと寄ってくるらしいんですね。ですから、六時間以内に完全に縫合しないと危険で腐食しちゃうんです。こりゃ、どうやったってダメだな、と思いましたよね。だってあんな、馬糞なんかがうんとある場所で……。破傷風にかかるかもしれないって。如何に早く外気をシャットアウトするかが勝負らしいのです。

そこで、アキレス腱と残った皮だけで足がぶら下がってる状態で、外れた下駄みたいになっちゃってるのをまた引っ張って、戻して、そして、楔みたいな、ネジみたいなのを打って、手術は終わったそうですが、その日の夜から激痛が走り、二か月近く僕のわめき声で他の入院患者さんは寝られなかったそうです。

なお、宝田の降板後、平四郎役は第十五話より浜畑賢吉が引き継ぎ、一九七〇（昭和四十五）年三月、第二十五話まで続いた。

退院できるのは何か月も先、でも『スカーレット』の初日は目前なんですよね。とても出られる状態にはない。みんな驚いて、代役は一体誰に？ と。結局急遽、北大路欣也が二週間弱で一生懸命難しい歌も覚えて代役を務めてくれました。

しかし、ねえ……。こういう風に空中で振られるシーンといっても、キャメラを空に向けて振られてるように見えるように撮ったっていいわけですよ。テレビの画面といったって、小さいやつでしょ？ まだ五〇インチなんてなかったですもんね、あの当時。そんな小さな画面でこんな危険なカットを実際にやったって、効果はなかったはずです。カットを割ればいいんですよ。ロングで全身なんか撮らなくたって、バタバタやってるところを撮って、それから寄って、空抜きでバストから上くらいで、わ～～っと振り回されてるのを撮ればいいわけだから。

アメリカの場合、当然スタントマンがやるわけですよね。それにしても、じゅうぶん危険を避けられるよう万全を期して撮影されます。しかし日本の場合、現場の管理をするスタッフがいないんです。いかにも貧しい撮影で、製作、監督の責任が問われる問題でした。

さて、その後はもう、ギプスをがっちりはめて、全然動けない。その時に、石原裕次郎が見舞いに来てね。本を三冊ぐらい持って来てくれて。「大変でしょう、宝田さん。僕も昔、スキーで複雑骨折しちゃって、日活に大変な迷惑かけたことがあるんで、よくわかりますよ」、なんて言ってくれて。

このギプスというのは、三か月もしてると、脚が段々細くなってくるんですね。本当に、使わなきゃ脚ってくーっと細くなってくる。そしてもう、痒くて痒くてしょうがないんです。

そうして、四か月ぐらい経って、やっとギプスを外しました。

細い足が全然動かないんですよ。自分の意識だけじゃもう、びくともしない。いくらやったって動かないんです。もちろん、足首にはくるぶしの両サイドからビスが入ってますからね。今でもまだ入ってるんです、金属の器具が。

患部はまるで豚足みたいに腫れ上がってて、腫れが引かない。患部より上は、太ももまで細くなっちゃってて。これはいまだに戻らないんです。だから僕の脚は左右太さが違う、こっちが二センチくらい今でも細い。筋肉が追いつかないんですね。

それで、栃木県塩原にリハビリ専門の温泉病院がありましてね、そこの温泉で、お湯に浸かって身体を軽くしつつ、中で動き回るんですが、でも足首がまだ全然動かないんです。雪が降ってる時だったなあ。

事故から五か月後の昭和四十五（一九七〇）年の五月です。東宝から電話が入りまして。「宝田さん、慶應病院で聞いてきたけど、全治して歩けるようになるのは半年後みたいですね。ついては宝田さん、『マイ・フェア・レディ』をやってください」って言うじゃないですか。僕はもう、「完全に役者はダメだ、もうできないんだ」と諦めていたわけですよね。

ですから、「東宝がまた俺に仕事をくれる⁈　えぇぇっ⁇」と驚きと共に、再び復帰することができる、復帰したい、という意欲が湧いてきたんですね。

気泡浴に入って身体を軽くして歩いてみましたけど、足首は固まったまま。びくともしません。すぐに動くようになるわけはないんです。ちょっとでも動かそうとすると、「イ〜テ〜〜〜！」って。リハビリの世話をしてくれた整体師の方が、「宝田さん、これからじゃあ、毎日涙流すことになると思いますけど、我慢しましょう」って言って、ぐーっ、「イテテテテ……」、ぐーーっ、「あ〜〜！」、ぐーーーっ、というふうに、ちょっとずつちょっとずつ、足首を動かしていました。そうしたらある日、ガクンとなんか、足首が少し動いたんですよ。激痛でしたけど、「あれ?! 動いたよ!! 動いた……！」って。それからまた毎日泣きながらリハビリに励みました。生きる意欲がみなぎって来たんです。

そうこうするうちに、ある日、寒さの残る温泉まで、東宝の演劇部の人がやって来てね、「大丈夫ですか?」「いーやいや、俺がんばるから、今度の『マイ・フェア・レディ』は是非やらせてもらたい」。そしたらそれも八月九月の二か月間だとのことで。それでまたやる気が出ましてね。

昭和四十五年の、八月から九月にかけて二か月、帝国劇場で『マイ・フェア・レディ』をやれる、ということになった。

ところが、実は、まだそんなに上手く歩けなかったんですよ、痛くて。ご存知のように、ヒギンズ教授の部屋は二階で、ちょうどセンターに作られている。階段を上がったり下りたりしなきゃいけないんだけども……。一生懸命やったけど、可動するのはまだ少しで……。

僕の足、今でもまだ、ある一定の角度以上は曲がらないんです。和式のトイレだって、足首が曲がらない。だから和式のトイレは今でも使えないんですよ。正座もできません。可動範囲が狭いので、足の上にお尻が乗っかると痛いわけ。

だから、残念な思いをしたことも何度かあるんですよ。例えば日本のホームドラマなんかだと、どうしてもお茶の間なんかに座るでしょう？　でも、「正座だけは俺できないから」って、だいぶ仕事を断りました。大河ドラマでも、侍役だとこうやってきちんと座らなきゃなんないでしょ？　それが僕にはできない。胡座でもいい野武士の役なら別ですけどね。

青森県に六ヶ所村ってありますよね。僕の身体には大小十か所の傷があるから、僕の身体は「十ヶ所村」なんだって、冗談言ってますけど（笑）。

『平四郎危機一髪』の撮影中には、立ち回りのシーンで、殺陣師の右拳が私の右目の下に当たり、眼球破裂するぐらいの怪我もしました。あと心臓でしょ（宝田は一九九七年に心臓の手術を受けている）。それからソ連兵の弾を脇腹に受けてるでしょ、これも死に損なったやつ。

あと僕、馬にも踏まれました……（笑）。『五人の野武士』ってテレビ映画のシリーズをやっていて、馬に振り落とされたんです。

馬なんて滅多に人間を踏んだりしないんですけど、嫌がってもがく馬の足で踏みつけられました。あの五〇〇キロもの体重で、おちんちんの脇のところをぎゅーーんって踏まれて、「イ～テ～～～!!」って。「やられた、潰されたな……」と思いましたけども（笑）。だから太ももの付け根のこの辺を触ると、未だに傷になってます。それから他にもいろんなのがある。

というわけで、僕は十ヶ所村……ふふふ。

宝田明のテレビ出演作

ここで、この時期の宝田のテレビでの仕事についても少し触れておく。

映画に比べてテレビに関する資料は極めて少ない。また、当時ＶＴＲが高価だったために、ビデオテープは上書きで再利用されており、生放送やスタジオ録画の番組のほとんどが保存されることなく消え去っている。

なお、VTRが主流になる前は、テレビの画像をフィルムに変換する「キネコ」という機器が使われており、こちらは上書きができないため、現存する一九六〇年代までのテレビ番組は、ほとんどがキネコのフィルムで残っているものである。

現在、ネット上で閲覧できる「テレビドラマデータベース」によれば、宝田の一番古い出演記録は一九五八（昭和三十三）年のクリスマスイブの夜八時から放送されたヤシカゴールデン劇場「クリスマス・カード」（NTV）という単発の番組だが、出演者名に鶴田浩二や草笛光子らの名があるだけで詳細は分かっていない。

『五人の野武士』

次に古いのが、一九五九（昭和三十四）年一〇月二日から一年半、毎週金曜夜一〇時三〇分から放送された「魅惑の宵」（NTV）で、宝田はゲスト出演したものと思われるが、どの回に出演したのかは不明。なお、同サイトには「ロイ・ジェームスが司会を勤めるミュージカルバラエティ。毎回単発形式のミュージカルドラマ、歌などで番組が進行した。【以上、文・のよりん】。」とある。どうやら宝田のミュージカル事始めはこの辺りまでさかのぼることが出来るようだ。

さらに一九五九年大晦日の夜九時から「華やかな饗宴」(CX)があり、出演者には有島一郎、森繁久弥、越路吹雪、柳家金語楼、フランキー堺、三木のり平、市村俊幸、鶴田浩二、司葉子、宝田明、白川由美、団令子といった、東宝の俳優たちが並ぶ。こちらは歌ありコントありの豪華バラエティショーといったところだったのだろうか。

一九六〇(昭和三十五)年の『新らしき虹』(KTV)は、同サイトでも『関西テレビ放送50年史 資料編』『関西テレビ放送10年史』を参考文献としつつ「ドラマではなくステージ中継の可能性がある」との表記がある。また、脚本が、「新春スター・パレード」の構成演出を務めた山本紫朗であり、時期的(一月三日)にも、局が関西テレビであることからも、大阪での「新春スター・パレード」公演絡みとも推測できはしないだろうか。

少し間が空き、やっとドラマらしい番組に出演したのが、一九六六(昭和四十一)年の、三益愛子、森光子ら出演の『のれん繁昌記』(CX)であった。

さらに一九六七(昭和四十二)年には本多猪四郎監督の『新婚さん』(TBS)の第十話「女はそのとき」に出演している。

また、同年、東宝初のカラーテレビドラマ『太陽のあいつ』(TBS)が作られており、宝田は第一回目「走れ! 黒潮の男」で特別出演。レギュラー出演者は、矢吹渡、久保明、砂塚秀夫、飯田蝶子。これは、主人公の矢吹渡が週刊誌の記者で、ライバル誌と競争しながら取材をするという設定で、毎回芸能・スポーツ界のスターが実名出演していたらしく、他のゲスト出演者に、三船敏郎、土屋嘉男、徳川夢声、加山雄三、山本嘉次郎、古澤憲吾などの名前が見られる。

『十字架と大泥棒』（NTV）では、単発ではあるが、主演を務めており、岡田眞澄と共演している。

『花咲く港』（CX）は、菊田一夫原作で、前編・中編・後編の三回が作られた。宝田が主演で、共演者に、西村晃、山茶花究、水戸光子など。

一九六八（昭和四十三）年の『五人の野武士』（NTV）は、三船プロとNTVの制作で、三船敏郎初めてのテレビ時代劇出演作。宝田以下、他のレギュラー陣に、中山仁、高橋俊行、松山省二、人見明ら。制作陣は、監修が稲垣浩、演出に萩原遼、内出好吉、殺陣が久世竜、脚本に笠原良三、白坂依志夫、廣澤榮、稲垣浩、岡本喜八ら、と豪華な顔ぶれである。

次章では、ミュージカル、テレビでの活躍を経て、再び映画界へ戻った一九八〇年代以降の出演作について、年代順に語ってもらう。

第九章　その後の映画界で

ふたたび映画界へ

一九八〇年代―昭和五十年代後半になって、宝田は再び映画の世界に戻ってくる。まず一九八一（昭和五十六）年には台湾映画『愛你入骨』に出演している。

日本映画をめぐる環境は、大手映画会社が製作から配給まで一貫して行う体制から、自社製作が減少し、外部の製作による作品が大勢を占めるようになる。かつてのように自社のスタッフが職人的な腕を誇った撮影所システムが崩れ、作品ごとにフリーのスタッフが集められるようになり、さらには異業種出身の監督も活躍を始める。

八〇年代以降の宝田出演作品も、そうした製作体制が変化するなかで作られていく。かつて、宝田出演作品を現場で支えた助監督が監督となって撮った作品、宝田作品を見て育った若い監督による作品、下積を経ずに俳優から監督となった伊丹十三作品……。そうした様々な新しい才能が宝田を必要としたのだった。

昭和五十八（一九八三）年に、久しぶりに東宝映画『プルメリアの伝説』に出ています。監督は河崎義祐君です。チーフ助監督時代から僕らと一緒にやってきた方です。長い助監督時代を経て一本立ちした人ですね。

主役は松田聖子、それと佐田啓二の息子の中井貴一でした。これは、ハワイに住む日系三世の家の娘が、日本から来た留学生と仲良くなるという話で、私と大島渚の奥さんの小山明子が日系三世の夫婦の役でしたね。

河崎君から、「宝田さん、この子、映画はほとんど初めてだと思う。映画の演技を知らないからさ、宝田さん、僕らと一緒に撮影の一週間くらい前から先に入ってもらって、特訓してやってくんないか」って頼まれました。「ああいいよ、俺でいいの?」って。会ってみたら可愛いらしい女の子でした。

『愛你入骨』

だから、アタマの一週間ぐらいは、僕と監督と松田聖子と三人で、台本の読み合わせをしながら、滑舌だとか息の継ぎ方だとか、台詞はしっかり喋らなきゃいけないとか、一応、台詞を含めた演技指導みたいなことをしたことがありましたね。それが大変印象的で素直なお嬢さんだったなあ。彼女が歌う主題歌もチャーミングだった。

それから翌五十九（一九八四）年に『しのぶの明日』。上野英隆という監督の初長編の作品でした。紺野美沙子さんと一緒でした。代々続く下町のお蕎麦屋さんの娘で、自動車事故に遭って失明をしてしまう。しかし盲導犬によって希望を持つという話で、田村高廣君も出ていた。僕は蕎麦屋の主人役でしたが、この作品は製作が大手じゃなかったのであまり知られていませんね。

その他にも、一九八四（昭和五十九）年には新城卓監督の『ザ・オーディション』がある。アイドルグループの「セイントフォー」の主演映画で池部良も出演しており、宝田は「司会者」役。新城監督は前年に『ＯＫＩＮＡＷＡＮ　ＢＯＹＳ　オキナワの少年』で監督デビューし、二本目の作品である。

翌一九八五（昭和六十）年には河崎義祐監督の『クララ白書 少女隊PHOON』がある。「少女隊」のために作られたアイドル映画で、宝田は主人公の安原麗子の父親役だった。監督の河崎義祐は一九七五（昭和五十）年に三浦友和、片平なぎさ主演のリメイク版『青い山脈』でデビューし、アイドル映画や青春映画を多く撮っている。

伊丹十三との出会い

そして、平成二年に伊丹十三との出会いがあります。

伊丹十三といえば、ラーメンの映画の『タンポポ』（一九八五）や、『お葬式』（一九八四）など、ヒット作を作っている人でしたが、なにより、かつての名監督伊丹万作の息子さんであると知られていました。歳は昭和八（一九三三）年の生まれだから、僕とはひとつしか違わない。

役者としても、『北京の55日』（一九六三）という映画に、日清戦争の時の日本兵の役で出てた。その他にも大映などの作品に出ていらしたかな。

その彼から電話が入ったんです。「宝田さん是非、ご一緒してください」と、『あげまん』に出てほしいとのことでした。

役は政治の世界の表裏を知りつくした与党の幹事長。幹事長って金を握ってるところですよね。ところが女好きという設定で、これはやり甲斐があると思いました（笑）。

それで、お引き受けして、伊丹十三に会ってみたら、岡本喜八ふうの黒いズボンに黒のマオカラーの中国服みたいなシャツで。そのズボンたるや、ツンツルテンで油でひかりびてるみたいにテカテカしてて……（笑）。黒のソフト帽を被ってね、「ちょっと変わった風体のひとだな」と思いました。

着るものになんか頓着していられないほど、映画のことしか頭になかったということだったかもしれませんね。

そんな彼が、父親の伊丹万作の血を継いで、五〇ぐらいまでは役者をやって、それからいろんな世の中の森羅万象を見つめ、監督になるための充電をして、満を持して映画を作り始めたんだ、蛙の子は蛙だなあ、と思いました。

役作りは企業秘密ですけど、結構やりたい放題やりました。

まず、「この監督はどんなレンズの使い方をするのかな」と見てると、標準よりわりと長い五〇ミリのレンズで、つまり画面がぐーーっと凝縮して見えるレンズを多用している。

「あ、そうか、この人はこういう手法なんだな」と思って、演技する時に、キャメラマンに「もうちょっと芝居をつめてやりましょうか」とか、「監督どう？　これ入れる？」って監督に訊いたりして。すると、監督も、宝田さんよく気づきましたね、と。どうしても僕はスタッフ的思考がありますから。監督としては、「よく自分の手法を摑んでくれた」と思ったのかもしれません。

しかしそれは自分としては当たり前のことで、監督のレンズの使い方をいち早く飲み込んで理解し演技することが現場でも上手く行くコツだ、と体得していましたから。

『あげまん』では宮本信子扮する芸者を手籠めにするシーンがありました。宮本さんをホテルに呼んで、身体を回転させ帯をガーっと外して、ベッドに押し倒して、というシーンだったのですが、そういうところも遠慮せずに強引にババババーっとやりました。

あくまでもこれは芝居のためなんだからって。変に遠慮するような歳でもないし。

宮本さんにも、あらかじめ、「遠慮せず僕の手を嚙むなりなんなりしてください」と言っておきまして。テスト二回、本番は一発でOKだったのはよかったんですが、しばらく宮本さんの歯形が手に残りました(笑)。

演出家と役者の意図がいい形でクロスオーバーして、非常にいいシーンになったと思います。僕にとっても、これまで演じたことのない人物像を描くことができましたしね。あの役、結構インパクト強かったんじゃないかなあ?

『あげまん』はそれなりにヒットいたしました。


そして二年後の平成四(一九九二)年、伊丹君との第二弾、『ミンボーの女』へと続きます。僕は、大きなホテルの総支配人の役でした。

当時、暴力団対策法ができたばかりで、「民事介入暴力」というケースが社会問題となっていたんです。警視庁でも専門の捜査班を作り、キャンペーンを始めていた。

それで伊丹君が取材を重ねてこの作品の脚本を書いたわけです。

撮影に入る前に伊丹君から、「宝田さん、ちょっと警視庁に一緒に挨拶に行ってください」っていわれて、僕と彼と、奥さんの宮本信子さんと三人で警視庁に行って、「今度こういう作品をやりますんで、

『ミンボーの女』Ⓒ伊丹プロダクション

ひとつなにとぞ……」と協力を依頼しに行きました。
　大きなホテルを立ち上げるのに、まんまとヤクザの毒牙にはまっていくストーリー。最終的にはそのホテルが立ち直っていくまでを描いてます。
　ホテルのロケは、長崎のハウステンボスがオープンする前で、メインロビーにはまだ家具も入ってなくて。どうもヨーロッパから手配した家具が届かないっていうんで、急遽福岡から家具を手配して何とか間に合わせたんです。そんなハプニングがありましたが、それでも部屋からロビーから、全部をセットで組んだら何億ってかかっちゃいますから、あそこでロケというのは、考えたな、と思いましたね。
　ロケで長崎入りするとき、羽田から長崎空港に降りるまでの飛行機の中が異様な雰囲気でした。

「これはまた……ヤクザか暴力団の御一行様の中に飛び込んじゃったのかなあ」なんて思える程その道の方々が大勢乗っていらっしゃる。イヤ～な思いをして長崎空港に着きました。

空港で僕の車が配車されてきたので僕はそれに乗ったんですが、その連中もみんな「ハウステンボス」って書いてあるバスに乗るの……。

「はっ、何だ、あそこで総会をやるのか……」

着いてみたら、その連中が「おはようございまーす！」って降りていくの。「あれっ?!」って。みんな俳優さんたちだった（笑）。あんな柄の良くない俳優さんをよくあれだけ集めたもんだ、と感心した次第でした。

そして、ホテルの総支配人でありながら、伊東四朗さん扮するヤクザの罠にまんまと引っかかり、クラブで酒に薬を入れられて、酔い潰されて、素っ裸にされて酷い目に遭うシーンがあるんです。

監督からは、始め「上半身だけ脱いでください」と言われたんですが、台本では「素っ裸」となっていたので、思い切って脱いだんです。撮影で素っ裸なんて初めての経験でしたが、監督も喜んでくれたし、スタッフたちにも僕の意気込みが通じたと思いますね。見応えのあるシーンになったと思います。

これも相当興行収益を上げましたねえ。儲かったと思いますよ、伊丹プロは。

でもこのとき、伊丹十三が斬られたんです。彼は、いろんなデータを集めていて、暴力団による事業に対する妨害や、暴力団が民事にどんどん介入してくる、そういう事例をいっぱいノートにまとめて、それをこの映画の中に織り込んでます。エピソードは全て事実をモデルにしているんです。彼らにとって、癪に障ったんでしょう。手の内全部明かされてしまってるんでね、快くは思われてなかったでしょう。

「伊丹が斬られた」って連絡が入ったときには病院に駆け付けました。僕もコメントをとられて、「宝田さん、なんか感想は？」っていうから、僕は「感想も何もあるわけない。これは憲法で保障されている表現の自由に対する冒瀆だ！」と答えました。

僕の家は、ちょっと奥まった場所に駐車場があるんですが、その事件があった翌日、車で帰宅すると、駐車場の中でゴソゴソって黒い人影が見えるんです。フッと偉丈夫な男が出てきたんです。

「あれっ？　俺も斬られるのかな」と思って、車の窓を急いで閉めて外を見たら、「あ、おつかれさまです、王子警察のものです」って。「はあ〜そうか……」と気が抜けました。

これから毎晩見回りに来るというんです。つまり、僕はやられてもおかしくなかったわけですよね。特に僕の家から王子警察まで近いものですから。

撮影前に警視庁に挨拶に行ったこともあって、警察も伊丹の事件の後、「次は宝田明のとこに行くかもしれない」と思ってくれたのかもしれません。こちらから警護を頼んだわけではなかったんですけど。

伊丹氏も見事に作品を完成させ、ヒットさせた。立派だったと思います。そんな思い出があるのが、『ミンボーの女』でした。


ちょっと話はそれますが、伊丹十三の事務所は、「一六《いちろく》タルト」を作ってる「一六本舗」という老舗菓子会社の社長が伊丹さんの事務所の社長なんです。ちゃんとそういう人が資金面でバックアップしているんですね。

映画っていうのは、自分のところで全部資金を出して製作したら、当然やはりインカムつまり収入が多いわけです。

それが、例えば東宝が二億、自分たちも二億、っていうと、結局東宝に収益の内からコヤ代を引かれ宣伝費を引かれ、その他経費を引かれますから、収入は減少します。

劇場を持ってる方が絶対強いわけですよね。儲けの還元率としては絶対自分で資金出した方がいいわけです。然し当たらなかったら大変です。

当たらなかったら、当初一週間の上映予定だったのを、配給会社から三日でカットされることもある。これは配給会社が権利を持ってる。そうなると、やはり自分たちで製作資金を作った方がイニシアチブを取れるわけですね。

伊丹十三の事務所は、資金がちゃんと付いてスタートし、かつ作品が当たったので、段々段々儲かっていった。だから次々と撮っていけたんですね。

しかも、彼は彼なりにずっと暖めて来た、やりたかったテーマがあって、それに対して取材をして、綿密なるデータでもって肉付けをしていく。

さらに自分でホンを書きますから、自分の世界観を、作品の中に全部入れることができるわけ。人に書いてもらったホンで、それを与えられる御用監督じゃないんですから。

それが日本映画が衰退していく中で、伊丹映画がヒットした所以だと思いますね。

『伊丹十三の映画』（新潮社）にこの一六本舗の社長、伊丹プロの社長の玉置泰氏のインタビューが載っている。

それによると、玉置氏と伊丹の出会いは、そもそも「一六タルト」のコマーシャルを伊丹に作ってもらったことにあるという。

初めて出資したのは『お葬式』での五千万であった。まだ配給会社も決まらず、公開できるかすら不安だった頃に、伊丹から「もし失敗したら、ぼくは一生かかってもお金は返すからね」と言われ、「伊丹さんの気持ちがすごくうれしかった」と話している。

事実、伊丹はお金にきれいな人で、『お葬式』が当たった際、伊丹の発案で、スタッフとキャストにボーナスが出たらしい（伊丹と玉置氏と岡田裕プロデューサーはナシ）。

配給収入が十億になったら出す、という考えのもと、結局、玉置氏の記憶では『お葬式』、『マルサの女』（一九八七）、『マルサの女2』（一九八八）、『ミンボーの女』、『スーパーの女』（一九九六）の五本でボーナスが出たとか。

二十六年ぶりのゴジラ映画出演

同じく平成四年には『ゴジラVSモスラ』がありました。前回のゴジラ映画出演は、『南海の大決闘』でしたから実に二十六年ぶりだったんですね。大河原孝夫さんって監督と初めてやりました。主役は別所哲也と小林聡美でしたね。僕は、政府側の「国家環境計画局局長」っていう役でした。

大河原孝夫監督は一九四九（昭和二十四）年生まれ。宝田出演映画では初の戦後生まれの監督である。東宝入社後、助監督となり、自作のシナリオ「超少女ＲＥＩＫＯ」が城戸賞に入賞、その映画化で監督デビューを果たす。『ゴジラVSモスラ』は監督二作目である。

第一作の『ゴジラ』の十年後に『モスラ対ゴジラ』というのがありましたが、今度は『ゴジラVSモスラ』ですね。第一作の時は二十歳だった僕は五十八歳になっていました。久しぶりの東宝撮影所でしたが、昔からの仲間が、様々なパートで健在で何かと気を配ってもらいほんとうにうれしかったですね。僕といっしょにこの撮影所で成長してきた仲間なんですね。

絶対に忘れられないのは、『ゴジラ』第一作のプロデューサーをされた田中友幸東宝映画会長が、わざわざお見えになったことです。

「……宝田くん」

「はい」

「ありがとう。忙しいのに……、ありがとう」

「会長……」

これ以上は言葉が出ませんでした。田中会長は闘病中だったにもかかわらず、わざわざ病院を抜け出し、僕にこの言葉を言うために来られたんです。もう涙があふれてなりませんでした。田中友幸氏はそれから五年後の一九九七年に亡くなられました。

多様な映画作品

一九九二（平成四）年には、楠田泰之監督の『パ☆テ☆オ PATIO（劇場版）』があるが、これは、同名のテレビドラマの劇場公開映画版「PART3」であり、「PART1」（九月一八日放送）と「PART2」（一〇月二三日放送）はテレビで放送された。

「テレビドラマデータベース」によると、テレビ版では宝田の名前はPART2にしか出ていない。本シリーズは奥菜恵のデビュー作で、本作の役名から芸名をとったようである。宝田は奥菜恵の父親役で、「奥菜孝」。

平成六（一九九四）年、高瀬昌弘監督の『億万長者になった男』。これは薬丸裕英くんが出てて、僕は経済界の大物の役でした。高瀬監督は東宝出身の方です。テレビの時代劇などでたくさん仕事をされてる人です。

平成七（一九九五）年、小椋久雄監督で『白鳥麗子でございます！』って、これはご存知、元はテレビドラマでしたね。それの映画版です。僕は白鳥麗子の父親役で、水野久美も出ていて夫婦役をやりました。

平成八（一九九六）年の『必殺！　主水死す』。これは藤田まことの必殺シリーズですね。監督は貞永方久さん。藤田さんも大体僕と同じような歳です。『てなもんや三度笠』というシリーズがヒットして人気が出てきたんでしたね。その後、わりとシリアスなものをやってこられて、藤田さんから「宝田さん、一回付き合ってくれまへんか〜？」ってなことをいつも言われてたんですよ。だから、ちょっとした役でしたけど出ました。松竹京都撮影所でした。

『必殺！　主水死す』での宝田は元老中の役で、本作には葛飾北斎役でなんと鈴木清順が出演（すぐ死んでしまう）。前章で、怪我の後遺症で時代劇は正座をすることが多いため出られないと語った宝田であったが、元老中というエラい役だったため、緩いあぐらで脇息に寄りかかる形での出演であった。

それから平成九（一九九七）年に再び伊丹十三の『マルタイの女』。これは大して分量出てないですね。というか、警視総監役でラストシーンに出ただけなんですが、しかし、その僕の台詞が非常に意味のある台詞なんです。ですから、ワンシーンだけとはいえ、そんな重要な役をやらせてくれたことが僕としては嬉しかったですね。

これが伊丹君との最後の映画となりました。

次に語る『福耳』までの間に、宝田は一九九九（平成十一）年に石原興・岩清水昌弘共同監督の『日

『福耳』での女装役

本極道史　野望の軍団』に出演。同作は原田龍二主演で菅原文太も出演している。翌年に南部英夫監督の『首領《ドン》への道12』に出演している。こちらは清水健太郎主演。いずれもオリジナルビデオが量産されるなかで生まれた作品と思われる。当時、劇場公開後、レンタルショップ向けビデオの売り上げが期待された時代であった。

二〇〇〇（平成十二）年には、落合正幸監督の『世にも奇妙な物語 映画の特別編 雪山』にも出演。これはタモリがナレーターを務めるテレビ番組の映画化である。

平成十五（二〇〇三）年に『福耳』というのがありましたね。監督は瀧川《たきがわ》治《ち》水《すい》。介護老人ホームの話。

僕はちょっとこっち（オカマ）の気が

ある役。自分でスナックを経営して店に出ながら、その老人ホームで生活してる。僕の女装ぶりは見事なもので、なかなかの美女でした（笑）。

宮藤官九郎の初主演でしたね。司葉子ともなんと三十五年ぶりの映画の共演でした。あんまり宣伝もしなかったけども、面白い作品でしたよ。

そして、『ゴジラ　FINAL　WARS』。これが二〇〇四（平成十六）年、つまり『ゴジラ』の五十年目の作品です。これは北村龍平君という監督さんです。彼とは初めての仕事でしたけれども、若々しくてスピード感のある演出でした。スタッフも若くて、『ゴジラ』を観て育ったような人たちですね。

この作品では、東宝同期の佐原健二と水野久美と久々に共演したんです。水野久美は九年前に『白鳥麗子でございます！』で一緒でしたが、佐原健二とはもう、何十年ぶりかですね。


『ゴジラ　FINAL　WARS』の公開に先駆けて、有楽町日劇2において、二〇〇四年七月三十一日、八月七日、八月十四日、と三週にわたるオールナイトで、東宝特撮作品の旧作を一晩五作品ずつ上映する「ゴジラ ファイナル ウォーズ エピソード - ゼロ - 」というイベントが開催された。

佐原健二は著書『素晴らしき特撮人生』の中で、この初日におこなわれたトークショーで宝田と水野久美と同席した時の印象を次のように書いている。

宝田と会うのは数十年ぶりだったが、「もう出会って約五十年経つのに、まるで変わっていなかった」。トークショー開始直後に照明が落ちてしまうアクシデントがあり、宝田はとっさのジョークで観客を和ませたという。そんな宝田の巧みなトークを「宝田節」と佐原はよんでいる。さらに佐原は、「同期の入社仲間には藤木悠や日活に行った岡田真澄などがいたが、私は宝田明こそが同期では当時から東宝のスターだったと本音で思うし、今もそうであると思っている」と書いている。

トークショー終了後の写真撮影では、宝田が水野久美の肩をしっかりと抱き寄せたらしく、ここでも「さすが、宝田明」と、その健在ぶりを感じたという。

翌年二〇〇五（平成十七）年の藪内省吾監督の『ファンタスティポ』、これは何か不思議な作品でしたね。帝劇をいつも満員にするKinKi Kidsの堂本剛と国分太一、彼らが主演で私はその父親役。不思議な感じの映画でした。役名も鯉之堀金太郎とかって（笑）。これももう、僕はやりたい放題でした。

平成十九年には北野武の『監督・ばんざい！』って作品に出てますね。

『監督・ばんざい！』は、北野武の十三本目の作品で、第六十四回ヴェネツィア国際映画祭の特別招待作品である。内容は、北野武が暴力映画をやめて、様々なジャンルの映画作りにチャレンジするも上手く行かず、最後にSF映画『復活の日』を撮り始める、というもの。宝田は、北野が劇中撮る映画『復活の日』に出演する役者の役で、クルッとターンしながらベンツに乗り込む謎のキザ男をノリノリで演じている。

さらに同年、市川徹監督の『九転十起の男3　グッドバイ』で寺田農と共演。翌年に、同監督の『破天荒力 A miracle of Hakone』に出演。

そして、これは今のところ映画では僕の最新作となりますけれども、平成二十五（二〇一三）年に外山文治監督の『燦燦（さんさん）』。これは彼がコンペに応募した脚本が受賞して、それを自分で監督した初めての本編作品でした。

埼玉県のＳＫＩＰシティの企画で、三千万ぐらいの予算でね。低予算ですよね。

高齢者の婚活をテーマにした話でした。独立プロで配給会社もまだ決まってない状態でしたけど、「宝田さん、これ吉行和子さんがお出になって、その昔の同級生で、大きな総合病院の院長の役なんですけど、なんとか、やってくださいませんか」っていうから、「ああ、判りました、やりましょう」って。

吉行さんと僕は芝居をやるのは初めてなんですが丁々発止という感じで、吉行さんはいつもあのペースで、大人しいじっとした演技をなさる。

今、「終活」ってよく言われますけれども、年老いていく自分をどう終了させていくかというのがありますよね。この作品の中で流れているテーマは、日々が人生のスタートラインだということ。過去を振り返ってメソメソするような人生じゃなくて、また新しいスタートライン、日々がそうなんだ、と。こういうふうな考え方に彼女は落ち着くんです。

例えば、連れ合いが死んで、初七日、四十九日と過ぎて、一年経ちそれから三回忌ぐらいまで、その間、家で閉じこもってメソメソしていては全然前向きじゃない。現状から一歩も出ることができない人生よりも、形あるものは必ず滅するのだと割り切って、これからは、日々が新しい自分のスタートラインなんだと思えば、ネガティブな生き方はしなくて済みます。

愛する人に先立たれても、これからの自分の残りの人生全てが、それに影響されなくたっていいんじゃないかな、と僕は思うんですよ。

テレビ、CM、舞台……

宝田のテレビ出演のうち、一九六〇年代のものについては前章で触れた。ここで、それ以降の主なものを見ておきたい。

まず、一九九一（平成三）年十月十六日から五か月にわたって毎週フジテレビの深夜枠で放送された『アメリカの夜』という番組がある。これは、宝田がホストとなり、毎回「カット割り」や「パン・フォーカス」などの映画制作の技法の全てを、実際の映画のシーンを断片的に参考として流しながら、わかりやすく説明するという、映画ファンであれば面白くないわけがない、夢のようなバラエティ番組である。

ちなみに、当時、同番組を見てファンだったひとりにライターの岡崎武志がいる。のちに岡崎は雑誌『自由時間』（一九九六年五月二日号）で宝田にインタビューをしている。岡崎から聞いた話によると、その『狸御殿』楽日《らくび》の楽屋でのインタビューの際、岡崎が『アメリカの夜』のファンだった旨を伝えると、宝田はそれまで鏡に向かって化粧を落としていた手を止め、振り返り、「君、見ていてくれたの！」と非常に喜んだそうである。さらに宝田は、「あの番組は、スタッフを始め、自分もすごく乗って収録しているので、自分でも楽しいし、いろんな人に見てほしい」と話したそうで、岡崎にはそれが印象的だったようだ。

筆者も本書執筆にあたり、今回初めて観ることが出来たが、なるほどこれは面白い！　宝田のミュージカル的なオーバーリアクションも実にサマになっている。折りに触れ、ＤＶＤ化希望の声があがるようだが、実現には至っておらず、再放送あるいはＤＶＤ化を期待したい。

なお、番組の監修は第四章でふれた『清張映画にかけた男たち』（新潮社）の著者である西村雄一郎で、西村の著書『映画に学ぶビデオ術』が元となっている。

宝田は、テレビではコマーシャルでも活躍しており、アートネイチャー、リポビタンＤ、大日本除虫菊（「金鳥音浴湯」）、フジテレビ（「みんなそろそろホントのことを」）、などに出演。

特に、「ぺピチン、パチ〜ン」と宝田がタオル一枚で歌い踊る「金鳥音浴湯」のCMは大きな話題となった。

一九九〇年代の宝田については、大宅壮一文庫で過去の雑誌を調べると、『アメリカの夜』でのホストぶりや、フジテレビのCMでのドラキュラ役など、キザでダンディな姿を絶賛している記事が多数書かれていたことがわかる。

『平四郎危機一発』以後のテレビでの主なドラマ出演番組を挙げると、一九八〇（昭和五十五）年三月十四日、十五日の二夜にわたって放送された『額田女王』（ABC）での阿倍比羅夫役、一九九二（平成四）年十月十六日〜十二月二十五日に放送された『ホームワーク』（TBS）での唐沢寿明の父親役、一九九八（平成十）年一月四日〜十二月十三日に放送された大河ドラマ『徳川慶喜』（NHK）での鷹司政通役、二〇〇一（平成十三）年十一月十日に放送された『聖徳太子』（NHK）での物部守屋役、二〇〇九（平成二十一）年十一月二十九日〜十二月二十七日に放送された『坂の上の雲（第一部）』（NHK）での藤野漸《すすむ》役などがある。

また、NHK朝の連続テレビ小説では、二〇〇〇（平成十二）年四月三日〜九月三十日に放送された『私の青空』での筒井道隆の父親役、二〇一一（平成二十三）年十月三日〜翌年三月三十一日に放送された『カーネーション』の二作に出演しており、特に後者の主人公のおじいちゃん役のイメージが記憶に新しい人も多いことかと思う。

さらに、前章で紹介して以降の主要なミュージカル作品についても触れておく。

まず、一九七一（昭和四十六）年四月に演じ始め、宝田の代表作となった『ファンタスティックス』

でのエルガヨ役。前章で引用した雑誌『ソワレ』のミュージカル記事の中で、『ファンタスティックス』を実際にリアルタイムで観ている小藤田千栄子は、宝田のエルガヨ役を「イキで、アダっぽくて、ちょっとワルで、それも色悪で」と絶賛している。

また、同記事の中で、宝田はこの作品と出会った経緯についても答えている。宝田はニューヨークのオフブロードウェイで本作を観ており、その際に、最前列の宝田の脚に主演女優がぶつかり、倒れた女優にとっさに謝った宝田に、出演者達が劇の途中だったにもかかわらず、いいんだいいんだ、と芝居を止め、また再開させたという。宝田は、その小劇場の空間の暖かさに感動し、それが後の伝説のジァンジァン公演に繋がった。小藤田も、「このような小劇場に、東宝系の大スター宝田明が出演することが、いちばん大きな驚きだった」と書いている。公演は連日超満員。

『ファンタスティックス』はその後、同年の十一月に同劇場でアンコール公演、一九八六（昭和六十一）年は同劇場と他の劇場でも公演、翌年には九州ツアー、昭和六十一年に他の三劇場での公演を行っている。そして二〇一二（平成二十四）年十一月〜十二月に博品館劇場他で公演、平成二十四年度文化庁芸術祭「大衆芸能部門」で大賞を受賞した。この時宝田は、企画・製作・演出・出演の四役をこなし、この作品にかけた情熱の程が窺える。

つぎに、『ボーイング・ボーイング』は一九七一（昭和四十六）年日生劇場と名鉄ホールでの公演。これは、パリのプレイボーイが三人のスチュワーデスをとっかえひっかえする色男の話で、宝田のプレイボーイっぷりが見事にハマり、大変好評であった。『東宝五十年史』の中にも「パリのとあるアパートを舞台に、所属の航空会社と国際線の勤務時間帯がそれぞれ違う点に目をつけ、三人の美人スチュワーデスをたくみに操っていた男が、スチュワーデスの一人のスケジュールの変更が原因で計画に破綻をきたす過程を描いた」作品で、「日本人にもいたって分りやすい筋立ての芝居に客席は笑いの渦にうずまった」との記述がある。
また、近年宝田のライフワークとなっているのが二〇〇六（平成十八）年から出演している『葉っぱのフレディ～いのちの旅～』である。これは同名のレオ・バスカーリアの絵本を、聖路加国際病院の日野原重明が舞台用に企画・原案をしたもので、宝田は二〇〇六年以降、ルーク役を演じ続けている。都内は新宿文化センター、東京芸術劇場など、南は九州まで全国ツアーも行い、二〇一〇（平成二十二）年にはニューヨークでも公演を行っている。

さて、いよいよ最終章では、映画から始まり舞台、ミュージカル、テレビ、と活躍をしてきた宝田の、演技に対する考え方、俳優としての心構えについて語ってもらう。

第十章　体験的演技論

映画と舞台の違い

舞台も映画もテレビも、演じる心というのは変わらないと思っています。

メソードというか、方法が違う、ということはあります。映画の場合はマイクがあって、アップになったらマイクが顔のところまで来ますよね？　それで、お客の目が、つまりレンズが顔の近くまで来ますね。大きなスクリーンにひとつの目だけ二メートルぐらい大きく映る場合もあるし、手だけの表現でお芝居もしなければならない。私の背中ごしに相手の顔を撮ったりもする。

東宝の研究所時代に映画に関して教わったことに、「映画というものは全てレンズを通して見るものだ。観客の目がレンズなんだ」、というのがありました。

レンズには、例えば、二十五ミリ、三十五ミリ、四十、五十……とあって、広角から段々と絞られていく。つまりレンズには、球には、サイズがあるんだ、と。それによってフレームが全部違ってきます。二十五ミリだったらワイド。五十ミリとか八十ミリだと、グーっと絞って見えますから、役者はこの枠の中で芝居をしなきゃいけないんです。また、カメラが遠くにあっても、レンズは長い球を使いますから、アップにもなる。

それの最たるものが、伊丹十三の演出です。伊丹監督の場合なんかは特に、五十ミリを多用します。もっと近づいて近づいて……あ、これもちょっと入れて、と。全部、縦の位置で俳優を使いますから、芝居をしていて、位置関係が妙なポジションとなり、多少違和感となりますが、それが演出上の狙いなんです。結果的には凝縮された絵になるわけです。

ただそうするとフォーカスが大変なんです。焦点、つまりピントを合わせなきゃならない、僕のところにピント合わせたり、手前に合わせたり、というように。

とにかく、東宝の研究所で僕らはそういう基礎的なことを勉強させられた。常にフレームを頭の中に入れて演技をしなくてはいけない。しかし、今の女優さんや男優さんはおそらくこういうことがわからないでしょうね。これはあくまでもフィルムで撮影するのと、デジタルで撮影するのとの相違はわきまえておかなければなりませんね。

役者はフレームを知る。

こんなことを言ってる人はまあ、あまりいないんだけど。

『伊丹十三の映画』（新潮社）の中で、宮本信子が伊丹十三が生前よく言っていた言葉をいくつか挙げており、その中のひとつに、「映画はフレームが分からなきゃ駄目だよ」という言葉がある。

演劇の場合は、表現する場所は一つの面だけです。マイクは顔のところまでは来てくれない。胸元に仕込むことはできますけど。といって、遠くのお客さんに聞こえるために、大声で叫んだりはできないですよね、普通にやらないと変です。小声でウィスパーボイスで喋る場合、マイクが拾ってくれるとはいえ、やはり通る声でやらなきゃならない。

だからといって、最初から最後までお客の方を向いて演技をするわけにもいきませんよね。後ろ向いたり横向いたりするので、基本的には口跡《こうせき》よく喋ることや滑舌よく話すことが必要となって来るんです。

加えて、頭声《とうせい》、頭のてっぺんに響かせながらやる、いわゆるクラシックの発声みたいにして、そういう声で喋らないと、よく通らないんですね。

それと、歌と踊りとお芝居、三位一体となってなきゃいけない、これがあるところまでできないことには……。演じることはできても、歌の方は譜面を読む力があるのか、踊りの方は振付けられたものがそこそこ踊れるか、それには基礎的な肉体は必要ですよね。

舞台と映画は、そこの違いでしょうねえ。演じる心は同じですよ。同じですけれども、表現する方法が、映画の演技と舞台では違うということはあります。

例えば舞台は生だから、ばーっと拍手が来ると、鳴り終わるまでちょっと芝居をストップしたりしなきゃいけない。映画だとそんなことはないですよね。映画館で、このシーンで拍手が来るからっていうのを計算して演技するのを待つ、なんてことはないでしょう。

舞台は、全身常に曝け出してますから全身で芝居をしなきゃいけない。映画は片目だけでも芝居をしなきゃいけない。それの違いですね。舞台は三階の上から見たら人間はこのぐらいにしか見えないんだから細かい表情なんか見えっこない。

大体千五百人も二千人も入るようなところは、芝居をやるような劇場じゃないですね。役者の表情なんか見えやしないんです。アメリカでも大体六百人、八百人。千人も入るような劇場は、ある意味お客に不親切なんです。理想的には六百人位の劇場でマイクを通さなくとも生で充分に伝えることのできる劇場がほしいものです。

とちり蕎麦、舞台で遅刻

舞台の場合は、「すいません、もう一回お願いします」ってNGがきかない。「ちょっと待ってください、もう一回……」ってお客さんに待ってもらって、ここんとこから戻してやりますってわけにいかないもんねえ（笑）。

大映の田宮二郎がパージ喰らったんです、永田雅一の逆鱗に触れて。それで大映を追放されて、五社協定の社長会議の時に、あいつはもう五社では使うな、となってしまった。

理由は、若尾文子が彼と大映の大体同期生ぐらいなんですが、田宮が主役になった映画で、そのタイトルについて田宮は、「僕の名前を一枚看板でトップで出してくれ」と頼んだ。そうしたら永田雅一は……「何言ってるか」って。「ウチの子飼いの若尾文子が最初だ。お前は二番目だ」。それでゴテにゴテたんで、「よし、じゃお前もうこれから使わない」って、大映を辞めさせられたんですね。当時は五社協定があったから、他社でも使わない、と申し合わせがなされたんです。

そういうことで、彼が「宝田さん、全然仕事ないよ〜もう……」ってボヤくから、「そうだろうなあ、大変だろうなあ」と思いましたよ。

それで、その頃僕は『風と共に去りぬ』でレット・バトラーをやっていたので、菊田さんに、「あの、大映の田宮二郎がちょっと……今あいつ空いてるんですけど、次の『スカーレット』のアシュレーの役にどうですか？」と尋ねたんです。アシュレーはちょっと学究肌な役です。そしたら、まあ、映画はダメだけどじゃあ演劇だったら、と許可が貰えたわけですよ。

そうしてようやく出演に漕ぎ着けて、さて、アトランタ市が北軍の攻撃を受けてごうごう燃えてる中、馬車でアトランタを脱出してやがて生れ故郷のタラに逃げて行くシーン。メラニーは病気で子供とベッドに伏している。そのメラニーの家に僕とスカーレット、ミード博士、それからプリシーという召使いの黒人がいる。そこへ田宮扮する夫のアシュレーが入ってきて、「メラニー‼」と声を掛ける、厳粛な場面です。

『スカーレット』の宣材写真。本番の一週間前に宝田は怪我で降板

ところが何を間違ったか夫の田宮、大きな声で、「スカーレット‼」って言っちゃった。全員もう真っ青になっちゃって……（笑）。お客も、「あれ？　おかしいな」って気づいて、ざわざわしてきて、そのうちに今度は笑い声が聞こえてきたりして……。

舞台はこういうとき、取り返しがつかない、口からもう出ちゃってるんですから。しばし笑いが収るのを待たなければならなかったそうです。

その日の公演が終わった後、「お前なあ、演劇の世界をまだよく知らないと思うけど、こういうときは、とちり蕎麦ってのをちゃんと全員に振る舞うんだぞ、とちり蕎麦だけじゃ今回済まないよ、とちり饅頭って紅白のお饅頭もあるんだよ。それもお前全員に配らなきゃダメだよ！」って。僕としては田宮を推薦した立場ってものがありますからね。そしたら「あ、そういうもんですか」って。だからあいつはとちり蕎麦百何十人分、とちり饅頭も同じ数作らせて全部配りましたよ（笑）。

怖いですよ、舞台は……。

芝居というのはやっぱりキャッチボールだから、こっちが投げたものをしっかり受け止めてくれないと、「何だコイツ」っていう気持ちになっちゃいますよね。「そのかわり向こうが投げたやつをしっかり受け止めてやる」そういう信頼感の上に成り立ってるわけだから。

ただ、さっき言ったように、映画はまあ、NG出したら怒られながらももう一回撮り直せばいいのでね。テレビだとテープですからね、消してしまえばいい。映画はフィルムを使いますし、高価なものだから、特にNGには気を遣いましたね。

貧しいニッポン国のフィルム……。特にカラーになって、イーストマンカラーとか、コダックのコダカラーなんてのはね。「高いんだから、NG出すな！」っていわれて（笑）。

逆に今、テレビ映画やテレビドラマなんかだと、本番終わると、みんなモニターのある監督のところに行くんです。自分の演技が大丈夫だったかをその場でチェックして、納得がいかなかったりするともう一回撮ってもらおうという算段なんでしょう。

僕は滅多にやりません。監督がオッケーって言ったら、オッケーなんですよ。役者が自分たちの方から「もっかいやってください」なんてことは、余程の事がない限り、絶対言えませんでした。

何度もテストをやって、各パートがそれぞれの仕事を充分確認して本番にのぞむわけですからね。アメリカだと、助監督が大きなボード（日本でいうカチンコ）を持って画面に入って来る。「シーンナンバーサーティワン、テイクワン」と声を出す。助監督がそのカチンコをたたくと画面からゆっくり去る。それから監督が「キャメラ」というと、フィルムと録音テープが同時に回り出す。そしてやっと監督の「アクション‼」で芝居が始まる。もうそれまでにフィルムは相当回っている。

ところが日本の場合は、助監督が小さいカチンコに「シーン63　カット1」って白墨で書いて、ふーっ（息を吹きかける真似）って粉払って、監督の「よーい、スタート」で、カチンコをたたき急いで引っ込める。いかにフィルムをケチってるか（笑）。

あれは、カチンってやったときにレンズの前に白墨の粉が落ちないように、ふっふって息をふきかけて払っておかないといけないんです。特にアップの場合、そのままで、「よーい、カチン」てやると、「オイ、粉が落ちるじゃねえか、しっかり取れよこの野郎！」って言われちゃう。

カチンコは、最初開いておいて、カチン、と打って、また開いて引っ込めなきゃダメなんですね。打ったままで、つまり閉じたままじゃダメなんです。岡本喜八なんか上手かったですよね。「よーい」って、撮るときフィルムに入らないように、こうやってね（岡本喜八が器用にカチンコを扱う真似をしながら）。打ったあとすぐ開いて素早く引っ込める。

その、「カチン」で、フィルムと同時に録音の方のテープが回り始めるんです。35ミリのフィルムの端に細い溝があるんです。そこに録音されるわけです。この録音のためにテープも同時に廻り始めるんです。

黒澤さんは、常に三台くらいのキャメラを使うんですが、一台は三船敏郎の顔をずーっと狙って、それから移動にもう一台。さらにちょっと俯瞰でもう一台、同時に三台も回すわけですから、NGなんてやると、もう大変な量のフィルムが無駄になります。

映画『どん底』でワンカットで七分間くらい回したときのエピソードがあるんですよ。

そのシーンは、一週間くらいずっとリハーサルをやって、そしていよいよ「本番」の日。三船ちゃん始め、みんなもう万全で。その中に田中春男って俳優さんがいましてね、すごくひょうきんな、時代劇によく出てた俳優さんですけど。これは、その田中さんから聞いた話です。田中さん、待ってる時にもう、「はあぁ……はあああ」って、長回しが始まる瞬間まで緊張しきってて……。田中春男ていったらベテランの俳優さんですよ。

そしていよいよ本番、三台のキャメラが同時に廻っている。三分たち、五分たち、七分たち、最後の約十秒前、田中さんが監督に手を合わせて「済みません、ゴメンナサイ‼」ってやっちゃった（笑）。みんな、シーンとして一瞬凍り付いて。七分間、一体どのくらいのフィルムを使ってるか……。やおらして黒澤さんが、「おー、お春さん、俺は別に仏さま、神さまじゃないんだから、拝まれてもしょうがないな、じゃもっかいアタマから行こう」。

そうなるともうね、全員が安全圏の芝居しかしなくなっちゃうんですね。「俺はNGは絶対出さないぞ‼」となってね。

それにしても六分五十秒はOKなんでしょうから、そこまでは使えばいいのに黒澤さん、もう一度最初から撮るとは、何んと完全主義者なんでしょう。

舞台はNGがきかない。相手が、台詞を半ページとか一ページ飛ばして言ったときに、こっちは、どうつじつまを合わせるか、迷っちゃうなんてものじゃありません。でもこのときばかりは頭を目一杯回転させて状況を見極めなきゃならないんですよね。

相手は済まなそうな顔して「ジッ」とこう、見るの（笑）。「うーーん、さあ、どうしたらいいんだ、どうしたら……」ってこの数秒間の葛藤たるや……。「く～っ、この野郎、後で引っ込んだら蹴っ飛ばしてやろう」っていう気持ちもあるし、「どこまで戻したら話が通じるかなあ……」なんてことも考えなきゃならないし、でも、それでこっちが少し間を持っちゃうと、お客には「あ、宝田台詞忘れてる！」と思われちゃうし……。もう、塗炭の苦しみですよ。それもまた映画と演劇の違いですね。

舞台の失敗なんて何度もありますよ。

映画は、例えば五分遅れてセット入っても、「オラオラ、遅いよ！」て言われて「すいませ～ん」で済むけど、舞台は定刻がきたら、幕が上がって始まっちゃいますからね。出演者全員に迷惑がかかっちゃう……。

僕は昔世田谷の方に住んでいて、明治座のある日本橋の浜町まで高速道路使って行くんですが、ある時森繁さんと三國連太郎さんと一緒の舞台に出まして。北海道開拓時代の鉄道敷設を扱った芝居で、僕はそのときのエラい官吏……政府方のお役人役でした。

これは、一九七三（昭和四十八）年七月三日～二十八日に明治座で上演された「明治座 開場八十周年

『北海の花道』

森繁劇団」の公演で、演目は『北海の花道』である（併演は『川どめ三人旅』）。

公演パンフレットによると、時は明治二年、逃げ延びる幕府軍残党とそれを追う新政府の官軍との間で箱館は戦火にあり、森繁久彌扮する近江屋の手代小六は、主人の命令で、近江屋が榎本武揚に融資していた大金を取り立てるはずが、しくじって戦火の中を這々の体で戻るも、主人にクビを言い渡される。金も仕事も妻も失い娘とも離ればなれになった小六は、その後高利貸しとなり、仲間の三國連太郎が砂金を見つけたのを契機にのし上がって行き、土木請負業の主人となり、鉄道敷設のトンネル工事にとりかかるが……という内容らしい。宝田は、最初は幕府軍と争う官軍隊長・志摩敬次郎役で、後の権書記官役とのこと。酌婦役で那智わたる、また月丘夢路が女将役で特別出演している。

さてその日、高速に乗ったら事故があって、足止めを喰らってしまって、もうにっちもさっちも……。これが高速の怖いところです。さあ、どうしたものか。そりゃもう焦りましたよね。普通なら入りの時間の四〜五十分前に高速に乗って、スーっと行けば三十分くらいで着いて、それでメイクして、充分間に合うんです。

とりあえず車から降りて歩いてみると、高速道路には、間隔を置いて非常電話があるんです。それで明治座に電話しました、「すいません」って。「今どちらですか？」「いやまだ駒沢の高速道路の上です」「じゃここに入るのは？」「わかりません……」「もう芝居は始まってますよ」「すいません、よろしくお願いします」。

私の出は芝居が始まって約二十分後。スタッフも安心して開演させたんでしょう。車は動く気配もなく、それで次に警察に電話しましてね、「すいませんが、宝田と申します。お芝居始まってますから、劇場まで誘導していただけませんか」って。十五分ほど経って、白バイがサイレン鳴らして、後方からやって来て、リードしてもらいました。そこのけそこのけってね。

それでやっと着いた時には、芝居は始まって四十五分ぐらいが経ってましてね。もうとっくに出てなきゃいけないのに。それで僕が着いたら、「いいからいいから、すぐ衣装を着てメイクなんかいいから、出てくれ」というんで、とりあえずステージに出たんです。すると出演者全員、戸惑って凍り付いた表情になりました。

そしたら「これは閣下……！　今日は馬でお運びになられましたね」って森繁さんがアドリブで（笑）。お客はお客で、なんでここに宝田がでてくるのかわからない、つじつまが合わないんですよ、こつ然と現れて（笑）。お客はキョトンとしている。被害者は、お客さんです（笑）。笑っちゃいますよね。

一度幕の上がった舞台は待っちゃくれませんからね、注意注意。

酔いの演技、オネエ演技

映画と舞台の違いは、演技の上だけじゃないですね。映画では作り物は食べられない。今日はすき焼きだ、という撮影の時には、ちゃんとすき焼きの用意をしなきゃいけません。

舞台だったら、グラスにワイン入れなくたって空で飲む芝居やったり、食べたりする芝居やればいいです。全部作り物でいいんです。

映画はそういうふうにいかないですよね。例えば今日はすき焼きを食べるシーンで、これが一日で撮り終えればいいけど、翌日も続いたら、二日目はもう箸が伸びないですよ……鼻についちゃって……。

映画の中では二〜三分のシーンでも、撮影時間は二日間にわたる場合もよくあるんです。

お酒を飲むシーンなんかも、実際には飲みませんが、ただビールは本物を飲まなきゃしょうがないですよね。ノンアルコールビールなんてなかったですから。

『水着の花嫁』で、塩沢ときが威勢のいい芸者の役をやったんです。撮影は朝九時からだったんですけど、じゃあ本番、となって本物のビールを飲むシーンから撮影が始まった。「じゃ行くわよ〜」なんて言ってパ〜っと飲んで、「じゃもうイッパ〜イ」と派手に飲み続けたんです。そうしたら、三十分ぐらいしたら酔っぱらってカクン……って倒れちゃった。畳の上にあの巨体がゴロリと……まるでトドみたいに、全然起きない（笑）。結局、彼女の酔いが醒めるまで数時間待ったことがありました。塩沢ときさんも東宝のニューフェイスのお一人でした。

のんべえの人は、お酒を飲む芝居はどっちかっていうと下手なんですよ。その逆で、飲まない人は、自分にその役がきたときにはと、普段からものすごく観察するんです。例えば加東大介さんなんか、飲まないし煙草も吸わない真面目な俳優だけども、飲む演技をすると、「ああ上手いなあ!」って思うんです。でも加東さんのような真面目な人が早く死んじゃったりするんですね。僕らみたいに悪いことをうんとやってきて、踏まれても何だって雑草のごとく生きてる人間の方が今日まで長生きしてる(笑)。皮肉なもんです。

名脇役として名高い加東大介だが、松林宗恵監督の著書『私と映画・海軍・仏さま』に、杉江敏男監督が朝日新聞に投稿した加東大介の追悼文が載っており、加東大介の役者魂が窺えるので同書から引用して紹介する。

〈この加東さんが、私の作った映画に出演して下さった時のことです。外国へ行く飛行機の中で、弁当をおいしく食べるシーンがありました。いろいろのおかずの中に、らっきょうが入っていて、これが一番日本的でおいしいのだ、というシーンです。

加東さんは、らっきょうを箸でつまんで、あのふとったほっぺたをふくらませて、パリパリと歯切れよく食べました。ほんとうに、おいしそうでした。それから何年かたって、あるテレビ映画の撮影の際、加東さんが打ち明けてくれました。

「実は、私はらっきょうがこの世で一番きらいなんです。あの時は死ぬ思いでした」と〉

ちなみに、この作品は『社長洋行記』(一九六二)であり、本編を確認したところ、本当に実に美味しそうに食べていた。天晴れである。

煙草も、吸えない人は困っちゃうけど、当時は台本のト書きにはタバコを吸うと書かれてるし、吸わなきゃならないんですね。司葉子なんかも、煙草は吸わないだけに最初は下手でしたね。煙草吸う芝居が一番上手いのは、日本広しといえども今は亡き淡路恵子をおいて他にいません。その仕草の見事なこと、天下一品でした。ヴァンプ役みたいなのやらせてもスゴいし、ヒロインの敵役みたいなのも見事にこなす。主役の女優みたいにハッピーエンドで終わるんじゃなくて、ちょっと、影のあるようなじっとなにか我慢するような役を演じていましたが、とにかく煙草を吸わせたら天下一品。

実生活では何とも家庭的で、壁の張り替えや障子の張り替えをやったり、亭主のために料理を作ったり、僕とは兄妹みたいな仲だったから、よーく知ってるんです。俺も結婚するなら淡路恵子みたいな女性と結婚したいって思ってましたね。

『福耳』で僕は女装をしたんですが、舞台でも、『Mr.レディMr.マダム』という作品をやりました。それから『真夜中のパーティ』、これはミュージカルじゃないストレートな芝居ですけど、オカマばっかりが出て来る芝居でした。傷つけ合い、お互い罵り合い、そして、したたかにそれぞれが生きていく、涙が出るような話でね。このオカマ役を僕は、自分で言うのもおかしいが、見事に演じたと思っています。

草笛光子が見に来てくれたんですが、ひっくり返って驚きましてね。「宝田さんの芝居には負けた」って、そう言ってましたよ。

そういうところに変に度胸があるんですね。幸か不幸か、僕はオカマじゃないから実はできるんです。その深層心理を一生懸命に考えるわけですね。然し思うんです。人間が人間を好きになって何故いけないのかって。

『Mr. レディ Mr. マダム』記者会見

『Ｍｒ．レディＭｒ．マダム』は、一九八一（昭和五十六）年四月にサンシャイン劇場で上演されている。もともとはフランスのジャン・ポワレのコメディ作品で、一九七三（昭和四十八）年にパリで初演。その後、一九八〇（昭和五十五）年に映画化され、好評を博した。『サンデー毎日』（一九八一年三月一日号）で、宝田は「とにかく面白い作品だということで権利を買ったんです」とコメントしており、作品に惚れ込んだ宝田は宝田企画で上演権を獲得、この世界の深層心理については、宝田だけではよく判らないので美輪明宏の演出で上演に漕ぎ着けた。相手役は金田竜之介。宝田は本作でも女装している。

　この作品は歌う場面のないストレートプレイで「実に面白く、また涙すら誘う名作」と宝田は述懐するが、アメリカがミュージカルにするため、ストレートプレイの公演の権利を買い取り、ミュージカル「ラ・カージョ」として作った経緯があるため、宝田は再演したいのだが、アメリカが許可しないという。『真夜中のパーティ』は、マート・クロウリー原作によるオフ・ブロードウェイ作品で、初演は一九六八（昭和四十三）年。その後、一九七〇（昭和四十五）年に映画化（日本公開は一九七二年）された。宝田出演の日本上陸作品は、一九八三（昭和五十八）年七月～八月、西武劇場にて上演された。好評だったため、翌年の三月に同劇場他でアンコール上演。『ＦＯＣＵＳ』（一九八三年八月五日号）によると、本作では宝田と伊原剛志のキスシーンもあったようである。

なお、『福耳』での宝田の女装姿は、宝田所有のスナップ写真（二五二ページ参照）でも見せてもらったが、いやはや確かに美しい……。

台本を頂いて、どう取り組んで行くかと考えるとき、確かに台本には活字が書かれてる、そこで何かが起こる、これはどういうふうに表現をしたらいいのか、クリエイティブに考えなきゃいけない、当然俳優の大きな仕事だと思います。

自分であるところまで役を作って、構築してから現場に行って、「これでどうですか？」って見せなきゃいけないわけです。ただ台詞覚えて現場に行って、監督の話聞いて「ああそうですか」といってやるんじゃ、プロとは言えませんね。

例えば死ぬシーンだと、台本に書かれてるのは「死んだ」という活字の羅列にしかすぎないんです。そこにどう、真実味を与えていくか、役作りをしていくのが役者の仕事です。自分の出てないシーンでも、役作りの上で重要なヒントがある筈です。そういう意識で台本を読んでいると、たまに、ガクン、とブレーキがかかることがあるんです。「あれ？　待てよ、なんでこんなことを喋るんだろう、こういう喋り方、こういう話し方、こういうことはおかしいじゃないか」というようなギモンがわくことがあるんですね。

そういうときはね、その人物が上手く書けてないんです。作家は机に向かって一生懸命人物を作り上げて書いてるけれども、作家の書いたことが全てではない、と思っているんです。「あ、これはおかしいぞ」と直感的に感じるんです。

そういう場合は、前もって「この部分は、こういう風にしませんか」と書いて監督のところにFAXで送っておくんです。監督はそれを読んで納得してくれます。そういう例は、これまでにも随分ありました。「ここのシーンは、僕いなくてもいい」、あるいは「もっと書きこんでください」とか。そして、納得した上で出演する。

それは、作品を良くするための欲ですからね。それと、年齢的に監督より僕の方が人生経験がありますし人間も知ってるかもしれませんしね。矢張り人間長く生きてると、いろんな人間を知ることになるし、人情の機微にも触れますし、酸いも甘いも喜びも悲しみも、辛酸を多く舐めて、それなりに経験を積むわけですから。

ゴジラ六十年を経て

僕は昭和四十七（一九七二）年から宝田企画という会社を興して、今日までやってきました。決定権は全て僕にありますから、僕自身が判断しなければなりません。

宝田は、一九八〇（昭和五十五）年四月、かねてよりの夢であったミュージカル専門学校「宝田芸術学園」を江古田に開校した。施設は、国際短期大学内の校舎の四フロアを借り受けたもので、計十六教室。本科・専科共週五日、二年間の修業でかなり本格的なものであった。

学園案内のパンフレットを見ると、名誉顧問に石原慎太郎、顧問陣に雨宮恒之元東宝撮影所所長、堺正俊（フランキー堺）などの面々が顔を揃えている。また、パントマイムのヨネヤマママコや演出家の中村哮夫《たかお》などの専任講師のほか、特別講師には栗原小巻、雪村いづみ、野沢那智、梅宮辰夫、岡本喜八、恩地日出夫、桂米朝、小泉博、小林桂樹、佐藤勝、司葉子、名和宏、浜美枝、福田純、藤木悠、星由里子、三橋達也ら、宝田の人脈が窺い知れる錚々たるメンバーが名を連ねた。

同学園は、五期生をもって惜しくも閉校。

近年の宝田企画による『宝田明物語』に毎回出演している本間ひとしは本校の卒業生で、二期生。また、ミュージカル座の主宰者、ハマナカトオルは第一期卒業生である。ネット上には同窓会のホームページがあり、お知らせの掲示板のコーナーを見ると、卒業生の中には息子さんがミュージカル俳優となって活躍されている人もいる。学園長であった宝田のミュージカルへの情熱はこういう形でも確かに受け継がれているのだ、と胸が熱くなった。


僕もいつまで役者をやれるかわかりませんけれども、まだもう少しはね……。台詞の覚えが全然ダメだ、もうダメだ、となれば、僕は潔ぎよくギブアップしてリタイアしようと思っています。最後までへばりついていようとは思いません。

でもまあ、舞台というところで、もう少しやれそうです。昔培ったノウハウが、身体の中に残ってますから。観念的ではなく、身体が覚えてますからね。つまりメソードが身体に沁みついてますから、もう少し舞台でやれることをやってみようかなあ、と。それが「宝田座」という企画なんです。これは、二〇一五年からやっていて、今年で三回目七公演（二〇一八年現在）になるんですけれども、『宝田明物語』というのを続演していくつもりです。他にも企画が二、三本あるんですが、困難があろうとも、それに挑戦していく姿勢は持ち続けていきたいもので、それが宝田明の生きている、存在の証になるんだろうと思っているのです。

『宝田明物語』は、宝田率いる「宝田座」が毎年行っている公演で、出演者は宝田のほか、本公演のプロデューサーでもある沢木順、井料瑠美、青山明、本間ひとし、鐘丘りおの六人。

内容は二部構成となっており、第一部は、宝田の幼少期から東宝入社後『ゴジラ』での初主演を獲得するまでを、朗読劇に仕立てた「宝田明物語」。ここでは満洲からの悲惨な引揚げ体験が語られ、宝田の平和への痛切な思いが込められたものである。

そして第二部は「ソング・ソング・アラカルト」と題し、主に宝田が出演してきたミュージカルのナンバーを、宝田のソロや、出演者同士が組んで歌う。筆者は三度ほど本公演を観ているが、終盤沢木が宝田に捧げつつ熱唱する「マイ・ウェイ」で毎回落涙してしまう……。また、二〇一七(平成二十九)年には、出演者の井料瑠美が宮崎県小林市の出身ということで宮崎公演を果たしており、大盛況であったらしく、これは同県都城市出身の筆者にとっても大変嬉しいことであった。

二〇一五(平成二十七)年、日本は戦後七十年を迎えた。その少し前から、段々とメディアで積極的に自身の戦争体験を語り始めていた宝田は、この年を機に、一気に新聞、雑誌、書籍、ラジオ、テレビと、メディア露出が増え、講演でも全国を飛び回るようになる。宝田の実体験は、七十年前の戦争の悲惨さを伝える生の証言であり、多くの人々の心を揺さぶった。さらに、最終的にはとりやめたものの、二〇一六(平成二十八)年の参院選で出馬を表明した宝田の行動は、気骨ある著名文化人として多くの人々の記憶に新しい。

また近年宝田は、名画座ファンの間において、都内の名画座で自身の出演作がかかると、一観客として足を運ぶことで知られる。劇場側としては突然のスター来場に右往左往することもあるかもしれないが、やはり名画座ファンにとっては、自分がいまスクリーンで観ている映画に実際出演しているスターと同じ空間で映画を観るということは、何ものにも代え難い大きな喜びである。ツイッターでも、自分の横の席や後ろの席であの宝田明が座って一緒に映画を観た、と興奮したツイートを見かけたのも一度や二度ではない。

なお、足を運ぶのは名画座だけではないそうで、「シネコンにフラっと行って新作も観るんですよ」、とはマネージャー・木暮恵子さんの証言。

やはり宝田明は、根っからの映画人なのだ。

『ゴジラ』は、いまやレジェンドといいますか、オリジナルのリマスター版なんかも出るほど、世界中で人気があります。「ゴジラ」という名前も知れ渡りましたね。米国や東南アジアから手紙が来たり、直接訪ねて来られたりします。ゴジラで育ったオールドファンの方たちです。

アメリカでは「GODZILLA」というスペリングで表記されています。最初の三文字に注意してみると「GOD」って「神」という言葉がいみじくも付いているんですね。アメリカ人は意識してないでしょうけど、僕から見れば、「あ、これは神、だな」と。ゴジラは神の……「神の獣」と考えるとすると、聖なる獣、つまり「聖獣」なんだな、と思えます。ゴジラはけっして単なるデストロイヤー、「破壊者」だけではなかったんだなあ、ということが、少しばかりこじつけだとしても、窺えるというわけです。

第一作から五十年、二〇〇四（平成十六）年までに二八本のゴジラ映画がつくられ、宝田明は一本目と、五〇年後の『ゴジラ　FINAL　WARS』と、その間の四本と、合わせて六本のゴジラ映画に出演したことになります。

一三〇本を超える僕の出演映画のうちの六本でしかありませんけれど、「本当に記念に残る作品に出られたなあ」と思います。

生前の裕次郎がやはり「映画、映画、映画」といってがむしゃらにやっていました。自分のプロダクションが倒産する寸前まで追い込まれ、お兄ちゃんに頼んで政府の安い資金を借りて、助けてもらったこともありましたけど、彼もずうっと映画をやろうとしてました。やっぱりあいつも映画で育ってきたわけです。映画人なんですよね。

僕も、死ぬ前に一本だけ自分で作りたい映画を撮ってみたいなと思っています。

映画人として、「よーい、スタート」、「カチン」、という中で死んでみたい。そういう気持ちはありますね。

右頁・前列左から恩地日出夫監督、宝田明、司葉子、江原達怡、中島春雄

左頁・前列右から杉葉子、夏木陽介、星由里子

あとがきにかえて

数年前のある日、友人が勤めている神田神保町の老舗の文具店に顔を出し、そのついでにすぐ近くにある神保町シアターで上映されていた、私の出演作品を観終って表に出たところで、大学生風の妙齢な女性から声をかけられた。映画のこと、特に私の出演作品をよく御存知で、名刺を交換し別れた。都内には主要名画座が五館あるが、その後も懐しい出演作品が上映されていれば、何んとか都合をつけて観に行っていた。

ところが何故かその女性も観に来ていて、熱心な映画ファンとしての造詣が深い上、そのひたむきな態度に好感が持てた。

その人の名は野村美智代さんといって、この道では知らぬ人なし、通称のむみちさんで通っている映画通であり有名な方であった。

彼女こそ、この本の製作を押し進め熱心に私を口説いた必殺仕掛人であった。

彼女は池袋の古書店に勤めていながら、各名画座の上映作品の案内や上映時間を綿密に書き上げ、さらには出演している俳優や監督の舞台挨拶の日時まで細かく記載されているB４版の映画情報ニュースの発行人であり、これを称して、のむみちの「名画座かんぺ」と呼ばれる実に見事なものなのだ。奇特な方といっては失礼に当るだろうか、仲々出来る仕事ではなく、頭の下がる思いだ。そして――。

みちとあきらの偶然の出合いからこの本が誕生したのである。

少し余談になるがお付き合い願いたい。

私は昭和九年四月二十九日、旧天長節の生れ、いわばお目出度い男である。

今年は年男の戊年八十四歳を迎えた。

八十が傘《さん》寿、八十一が盤《ばん》寿、八十四が橋《はし》寿、八十八が米寿、そして九十の卒寿を迎える。何んとか卒寿までと思うのだがこればかりは判らない。

同じ年代の人達が足早に旅立っている。

しかしながら、平均寿命が延びたとはいえ、我々には順番のない順番が待っていて、恐らく神様は御存知のはず、それを少し早めに教えてくれれば有難度いのだが、神様も意地悪さんでおいそれとは、――、生きとし生けるもの、あるいは生あるものは必ず滅すといわれ、それが自然の摂理であり、神々の御意志であるとなれば、甘んじてそれをお受けして、精一杯生きてゆくことが、人生のピリオッドを打つに相応しい生き方なのだろう。

咲いて直ぐ散る桜や、一年の大役を終えて枯れ落ちる葉っぱたちは、雪解け水と共に大地に吸い込まれ、人間の目には見えないところで、木の根っこから幹や枝先まで入り込み、次に産れて来る新しい生命誕生のお手伝いをしているのだと思えば、自分の生きて来た部分のいくつかは、次の世代に伝わってゆくものだ、命はめぐるものだと確信すれば、死は恐るにたらずであろう。さて本題に戻ろう。

六十四年も役者をやっていれば、自分が出演していたとはいえ、忘れている部分が多々あるものだが、それらを調べあげ時空を確実に埋めて下さったのむみちさんと青木真次氏に、感謝を申上げたい。今回は主に私の映画出演作を主体として、それにまつわるエピソードを織り込ませながら進めて来た。それと同時に新しい仕事の分野である舞台経験を併せ、その軌跡を御披露させて頂いたが、戦中、戦後の満洲、そして引揚げて日本に帰り、生活と戦いながら藁《わら》をも摑む思いで東宝に入るまでの戦争体験と日本での生活が、私の人間形成にどの様な変化、影響を及ぼしたのか？　それを第一部とし、次いで想像もしなかった俳優人生という意味で、第二部、仕事編という事になるのかも知れない。

本編を以て自分記的な本は最後を飾らせて頂く事になるだろう。私はまたしても、人様の御好意と、その力をお借りして人生を豊かにして頂いたのだ。私は充分に満足している。

最後に筑摩書房の青木真次氏の誠実で上品で仕事に対する真摯な人柄に惚れ、氏に託したことを白状しておこう。御苦労様を申上げ、心より感謝の意を表したい。

謝々大家先生們

続サラリーマン清水港　（松林宗恵）
旅愁の都　（鈴木英夫）
女難コースを突破せよ　（筧正典）
香港の星 STAR OF HONGKONG（千葉泰樹）
私と私　（杉江敏男）
夢で逢いましょ　（佐伯幸三）
放浪記　（成瀬巳喜男）
忠臣蔵 花の巻 雪の巻　（稲垣浩）
月給泥棒　（岡本喜八）
【1963年】
女に強くなる工夫の数々　（千葉泰樹）
ホノルル・東京・香港 HONOLULU-TOKYO-HONGKONG　（千葉泰樹）
女の歴史　（成瀬巳喜男）
やぶにらみニッポン　（鈴木英夫）
暁の合唱　（鈴木英夫）
【1964年】
ミスター・ジャイアンツ 勝利の旗（佐伯幸三）
モスラ対ゴジラ（本多猪四郎／特技・円谷英二）
ひばり・チエミ・いづみ 三人よれば（杉江敏男）
血とダイヤモンド　（福田純）
【1965年】
こゝから始まる　（坪島孝）
最長的一夜 The Longest Night　（易文）
＊日本未公開
香港の白い薔薇　（福田純）
100発100中　（福田純）
怪獣大戦争（本多猪四郎／特技・円谷英二）
【1966年】
女は幾万ありとても　（杉江敏男）
三匹の狸　（鈴木英夫）
沈丁花　（千葉泰樹）
石中先生行状記　（丸山誠治）
ゴジラ・エビラ・モスラ 南海の大決闘（福田純／特技・円谷英二／特技補・有川貞昌）
【1967年】
レッツゴー！若大将　（岩内克己）
キングコングの逆襲
（本多猪四郎／特技・円谷英二）
【1968年】
春らんまん　（千葉泰樹）
100発100中 黄金の眼　（福田純）
空想天国　（松森健）
【1969年】
緯度0大作戦（本多猪四郎／特技・円谷英二）
水戸黄門漫遊記　（千葉泰樹）
【1981年】
愛你入骨　（岳千峰）＊日本未公開
【1983年】
プルメリアの伝説 天国のキッス（河崎義祐）
【1984年】
しのぶの明日　（上野英隆）
ザ・オーディション　（新城卓）
【1995年】
クララ白書 少女隊PHOON　（河崎義祐）
【1990年】
あげまん　（伊丹十三）
【1992年】
ミンボーの女　（伊丹十三）
パ☆テ☆オ PATIO（劇場版）（楠田泰之）
ゴジラvsモスラ（大河原孝夫／特技・川北紘一）
【1994年】
億万長者になった男　（高瀬昌弘）
【1995年】
白鳥麗子でございます！　（小椋久雄）
【1996年】
必殺！主水死す　（貞永方久）
【1997年】
マルタイの女　（伊丹十三）
【1999年】
日本極道史 野望の軍団（石原興／岩清水昌弘）
【2000年】
首領への道12　（南部英夫）
世にも奇妙な物語 映画の特別編 オムニバス雪山　（落合正幸）
【2003年】
福耳　（瀧川治水）
【2004年】
ゴジラ FINAL WARS　（北村龍平）
【2005年】
ファンタスティポ　（藪内省吾）
【2007年】
監督・ばんざい！　（北野武）
【2007年】
九転十起の男3 グッドバイ　（市川徹）
【2008年】
破天荒力　（市川徹）
【2013年】
燦燦 さんさん　（外山文治）
【2018年】
明日にかける橋 1989年の想い出（太田隆文）

宝田明・出演映画作品

【1954年】
かくて自由の鐘は鳴る（熊谷久虎）
水着の花嫁（杉江敏男）
ゴジラ（本多猪四郎／特技・円谷英二）
【1955年】
やんちゃ娘行状記（渡辺邦男）
花嫁立候補（渡辺邦男）
天下泰平（杉江敏男）
続天下泰平（杉江敏男）
雪の炎（丸林久信）
新鞍馬天狗 夕立の武士（杉江敏男）
獣人雪男（本多猪四郎／特技・円谷英二）
青い果実（青柳信雄）
【1956年】
逃げてきた花嫁（青柳信雄）
奥様は大学生（杉江敏男）
婚約三羽烏（杉江敏男）
青い芽（鈴木英夫）
あの娘が泣いてる波止場（日高繁明）
大暴れチャッチャ娘（杉江敏男）
森繁よ何処へ行く（瑞穂春海）
恐怖の逃亡（マキノ雅弘）
ロマンス娘（杉江敏男）
裸足の青春（谷口千吉）
若人の凱歌（青柳信雄）
天上大風（瑞穂春海）
婚約指輪 エンゲージリング（松林宗恵）
【1957年】
歌う不夜城（瑞穂春海）
極楽島物語（佐伯幸三）
山と川のある町（丸山誠治）
美貌の都（松林宗恵）
ロマンス誕生（瑞穂春海）
サラリーマン出世太閤記（筧正典）
恐怖の弾痕（日高繁明）
わが胸に虹は消えず 第一部（本多猪四郎）
わが胸に虹は消えず 第二部（本多猪四郎）
大当り三色娘（杉江敏男）
大学の侍たち（青柳信雄）
青い山脈 新子の巻（松林宗恵）
続サラリーマン出世太閤記（筧正典）
続青い山脈 雪子の巻（松林宗恵）
青春航路（瑞穂春海）
【1958年】
愛情の都（杉江敏男）
ジャズ娘に栄光あれ（山本嘉次郎）
東京の休日（山本嘉次郎）
弥次喜多道中記（千葉泰樹）
花の慕情（鈴木英夫）
ロマンス祭（杉江敏男）
風流温泉日記（松林宗恵）
続々サラリーマン出世太閤記（筧正典）
大学の人気者（松林宗恵）
【1959年】
暗黒街の顔役（岡本喜八）
大学のお姐ちゃん（杉江敏男）
コタンの口笛（成瀬巳喜男）
或る剣豪の生涯（稲垣浩）
大学の28人衆（青柳信雄）
ある日わたしは（岡本喜八）
若い恋人たち（千葉泰樹）
日本誕生（稲垣浩／特技・円谷英二）
サザエさんの脱線奥様（青柳信雄）
【1960年】
現代サラリーマン 恋愛武士道（松林宗恵）
山のかなたに 第一部リンゴの頬 第二部魚の接吻（須川栄三）
嵐を呼ぶ楽団（井上梅次）
第三波止場の決闘（佐伯幸三）
ハワイ・ミッドウェイ大海空戦 太平洋の嵐（松林宗恵／特技・円谷英二）
娘・妻・母（成瀬巳喜男）
太陽を抱け（井上梅次）
接吻泥棒（川島雄三）
夜の流れ（成瀬巳喜男／川島雄三）
第六の容疑者（井上梅次）
サラリーマン忠臣蔵（杉江敏男）
【1961年】
銀座の恋人たち（千葉泰樹）
出世コースに進路をとれ（筧正典）
続サラリーマン忠臣蔵（杉江敏男）
香港の夜 A NIGHT IN HONGKONG（千葉泰樹）
世界大戦争（松林宗恵／特技・円谷英二）
小早川家の秋（小津安二郎）
二人の息子（千葉泰樹）
【1962年】
女の座（成瀬巳喜男）
その場所に女ありて（鈴木英夫）

【1991年】
ラヴ・レターズ パルコ劇場
リトルショップ・オブ・ホラーズ 博品館劇場
【1993年】
ファニー 大阪ドラマシティー
ラヴ・レターズ パルコ劇場
【1994年】
死と乙女 パルコ劇場
エンジェルス・イン・アメリカ 銀座セゾン劇場
【1995年】
洪水の前 東京池袋芸術劇場
【1996年】
狸御殿 新橋演舞場
ロダンの花子 前進座劇場
【1997年】
ご親切は半分に… 東京国際フォーラム
ワンステップトゥミュージカル 全国公演
華の絆 三越劇場
ご親切は半分に… 川口リリア
【1998年】
ご親切は半分に… 全国公演
BIG 東京国際フォーラム
【1999年】
裸足で散歩 銀座セゾン劇場
BIG 東京国際フォーラム
【2000年】
BIG 東京国際フォーラム
ロダンの花子 朝日生命ホール
【2004年】
34丁目の奇跡 アートスフィア他
【2005年】
ルルドの奇跡 東京池袋芸術劇場・中日劇場
34丁目の奇跡 アートスフィア他
【2006年】
スウィング・ボーイズ 東京池袋芸術劇場
葉っぱのフレディ 新宿文化センター他
【2007年】
タイタニック 東京国際フォーラム
葉っぱのフレディ 東京池袋芸術劇場他
【2008年】
朝（あした）は7時～ 4人は姉妹 シアター 1010他
葉っぱのフレディ 五反田ゆうぽーと他
ルルドの奇跡 シアター 1010
【2009年】
タイタニック 東京国際フォーラム
赤ひげ（俳優生活55周年記念） シアター 1010
葉っぱのフレディ 東京・大阪・京都・九州他
【2010年】
葉っぱのフレディ 東京他・ニューヨーク公演
【2011年】
葉っぱのフレディ 東京他・地方公演
【2012年】
ファンタスティックス 博品館劇場他
【2013年】
ミー&マイガール 富山オーバードホール
葉っぱのフレディ 東京・地方公演
【2014年】
何処へ行く シアター 1010
葉っぱのフレディ 東京・地方公演
【2015年】
ミー&マイガール 富山オーバードホール
マリアと緑のプリンセス 東京・神奈川公演
宝田明物語 東京公演
【2016年】
マリアと緑のプリンセス 東京・神奈川公演
宝田明物語 東京・名古屋・新潟公演
ドラマティック古事記 新国立劇場
朗読ミュージカル「山崎陽子の世界」 紀尾井ホール・大阪
【2017年】
ドラマティック古事記 新国立劇場
朗読ミュージカル「山崎陽子の世界」 紀尾井ホール・大阪
宝田明物語 三越劇場・大阪・宮崎公演
【2018年】
朗読ミュージカル「山崎陽子の世界」 紀尾井ホール・大阪

宝田明・出演舞台作品

【1964年】
アニーよ銃をとれ　新宿コマ劇場
【1995年】
アニーよ銃をとれ　梅田コマ劇場
【1966年】
キス・ミー・ケイト　東京宝塚劇場
風と共に去りぬ（第1部）　帝国劇場
【1967年】
風と共に去りぬ（第2部）　帝国劇場
【1968年】
サウンド・オブ・ミュージック　梅田コマ劇場
【1970年】
マイ・フェア・レディ　帝国劇場
【1971年】
吉野太夫　明治座
ファンタスティックス　ジァンジァン
仕立屋銀次　東京宝塚劇場
ボーイング・ボーイング　日生劇場
ボーイング・ボーイング　名鉄ホール
ファンタスティックス　ジァンジァン
【1972年】
裸のカルメン　日生劇場
スイート・チャリティ　日生劇場
恋の死神／常磐津林中　東京宝塚劇場
海を渡る武士道　帝国劇場
【1973年】
昨日今日淀の水あと　梅田コマ劇場
川どめ三人旅／北海の花道　明治座
耳の中の蚤　日生劇場
泥の中のルビー　東横劇場
郡上の嵐　中日劇場
【1974年】
風と共に去りぬ　帝国劇場
パノラマ島奇譚夢の国・虹の島　帝国劇場
花木蘭　新宿コマ劇場
旅情　三越劇場
【1975年】
真夏の夜の夢　帝国劇場
あゝ 2,557日　新宿コマ劇場
吉野太夫　新歌舞伎座
【1976年】
慕情　日生劇場
オズの魔法使い―ザ・ウィズ　日生劇場
ファンタスティックス　ジァンジァン他
マイ・フェア・レディ　全国20都市
【1977年】
鶴の港　新歌舞伎座
ファンタスティックス　九州公演
【1978年】
マイ・フェア・レディ　東京宝塚劇場
ワンステップトゥミュージカル　ヤクルトホール
今竹取物語　新宿コマ劇場
【1979年】
マイ・フェア・レディ　中日劇場
南太平洋　東京宝塚劇場
マイ・フェア・レディ　梅田コマ劇場
【1980年】
サンデー・イン・ニューヨーク　サンシャイン劇場
【1981年】
Mr.レディ Mr.マダム　サンシャイン劇場
【1983年】
真夜中のパーティ　西武劇場
【1984年】
真夜中のパーティ　パルコ劇場他
リトルショップ・オブ・ホラーズ　博品館劇場
ワンステップトゥミュージカル　シアターアプル
リトルショップ・オブ・ホラーズ　博品館劇場
【1985年】
カサノバ'85　パルコ劇場
【1986年】
たかが結婚、されど結婚　近鉄劇場
ファンタスティックス　青山円形劇場
ファンタスティックス　アゴラ劇場
真夜中のパーティ　パルコ劇場
ファンタスティックス　シードホール
【1987年】
キャバレー物語　近鉄劇場
リトルショップ・オブ・ホラーズ　博品館劇場
【1988年】
ビッグ・リバー　青山劇場
ビッグ・リバー　近鉄劇場
ピーター☆パン'88　新宿コマ劇場
【1989年】
ピーター☆パン'89　新宿コマ劇場
【1990年】
シャーロックホームズの冒険　東京FMホール

参考文献

歴史・社会関連

日野原重明・宝田明・澤地久枝『平和と命こそ　憲法九条は世界の宝だ』（新日本出版社）
みんなの戦争証言アーカイブス編『みんなの戦争証言』（双葉社）
岩波書店編集部編『戦後70年談話』（岩波書店）
橋本五郎編『戦後70年にっぽんの記録』（中央公論新社）
北海道新聞社編『私の戦後70年』（北海道新聞社）
別冊『環』12号「満鉄とは何だったのか」（藤原書店）
伊香俊哉『戦争の日本史22　満州事変から日中全面戦争へ』（吉川弘文館）
小林英夫『〈満洲〉の歴史』（講談社現代新書）
井出孫六『中国残留邦人――置き去られた六十年余』（岩波新書）
井出孫六『終わりなき旅「中国残留孤児」の歴史と現在』（岩波現代文庫）
下川正晴『忘却の引揚げ史　泉靖一と二日市保養所』（弦書房）
『ドキュメント写真集　日本大空襲』（原書房）
伊東英朗『放射線を浴びたX年後』（講談社）
小和田哲男監修『もっと知りたい新潟県の歴史』（歴史新書／洋泉社）
『北区史　通史編　近現代』（東京都北区）
黒川徳男・保垣孝幸『北区の歴史はじめの一歩～王子西地区編～』（北区立中央図書館）
『豊島高等学校五十年史』（東京都立豊島高等学校）

ゴジラ・特撮関連

宝田明『ニッポン・ゴジラ伝説』（扶桑社）
円谷英二著・竹内博編『定本円谷英二随筆評論集成』（ワイズ出版）
井上英之『検証ゴジラ誕生』（朝日ソノラマ）
山本眞吾編『円谷英二の映像世界』（実業之日本社）
電撃ホビーマガジン編『ゴジラ東宝チャンピオンまつりパーフェクション』（ＫＡＤＯＫＡＷＡ）
中島春雄『怪獣人生　元祖ゴジラ俳優・中島春雄』（洋泉社新書）
田中文雄『神（ゴジラ）を放った男』（キネマ旬報社）
樋口尚文『グッドモーニング、ゴジラ』（筑摩書房、国書刊行会）
冠木新市企画・構成『ゴジラ・デイズ　ゴジラ映画クロニクル１９５４～１９９８』（集英社文庫）
『東宝特撮映画大全集』（ヴィレッジブックス）
別冊映画秘宝『初代ゴジラ研究読本』（洋泉社）
小林淳『ゴジラ映画音楽ヒストリア』（アルファベータブックス）
小林淳『叢書20世紀の芸術と文学　伊福部昭と戦後日本映画』（アルファベータブックス）
北島明弘『世界ＳＦ映画全史』（愛育社）
『円谷英二特撮世界』（勁文社）

坂井由人・秋田英夫『ゴジラ来襲!! 東宝怪獣・SF特撮映画再入門』（KKロングセラーズ）
長山靖生『ゴジラとエヴァンゲリオン』（新潮新書）
川村湊『銀幕のキノコ雲　映画はいかに「原子力／核」を描いてきたか』（インパクト出版会）
森下達『怪獣から読む戦後ポピュラー・カルチャー　特撮映画・SFジャンル形成史』（青弓社）
香山滋『ゴジラ』（ちくま文庫）
中古智・蓮實重彦『成瀬巳喜男の設計　美術監督は回想する』（リュミエール叢書・筑摩書房）

東宝関連

『東宝五十年史』（東宝株式会社）
『東宝75年のあゆみ　ビジュアルで綴る3／4世紀　1932―2007』（東宝株式会社）
斎藤忠夫『東宝行進曲　私の撮影所宣伝部50年』（平凡社）
磯野理『東宝見聞録　1960年代の映画撮影現場』（アスペクト）
『宝塚映画製作所』（神戸新聞総合出版センター）
『わが青春の宝塚映画』（宝塚映画製作所OB会）
道江達夫『昭和芸能秘録　東宝宣伝マンの歩んだ道』（中公文庫）
尾崎秀樹編『プロデューサー人生　藤本真澄映画に賭ける』（東宝出版事業室）
森岩雄『映画製作の実際』（紀伊國屋書店）
清水雅『人生のたわごと』（文藝春秋）
金子正且・鈴村たけし『その場所に映画ありて　プロデューサー金子正且の仕事』（ワイズ出版）

映画全般

佐藤忠男『増補版　日本映画史（全4巻）』（岩波書店）
田中純一郎『日本映画発達史（全5巻）』（中公文庫）
別冊キネマ旬報『ピンク映画白書』（キネマ旬報社）
能村庸一『役者のパートナー　マネジャーの足跡』思文閣出版
星野陽平『増補新版　芸能人はなぜ干されるのか?　芸能界独占禁止法違反』（鹿砦社）
池井優『藤山一郎とその時代』（新潮社）
『名画座手帳2017』（トマソン社）
『名画座手帳2018』（往来座編集室）

満映・アジア映画関連

山口猛『幻のキネマ満映』（平凡社）
山口猛『哀愁の満州映画　満州国に咲いた活動屋たちの世界』（三天書房）
佐藤忠男『キネマと砲聲　日中映画前史』（リブロポート、岩波現代文庫）
『台湾映画二〇一三年』（東洋思想研究所）
藤井省三「宝田明が見た60年代の香港映画界」「NHKラジオ中国語講座」2002年8月号
西本正・山根貞男・山田宏一『香港への道　中川信夫からブルース・リーへ』（リュミエール叢書・筑摩書房）
「キネマ旬報'96臨時増刊　中華電影物知り帖」（キネマ旬報社）

邱淑婷『香港・日本映画交流史 アジア映画ネットワークのルーツを探る』（東京大学出版会）

映画監督関連
本多猪四郎『「ゴジラ」とわが映画人生』（実業之日本社、ワニブックス）
マキノ雅弘『映画渡世 天の巻・地の巻』（平凡社）
福田純・染谷勝樹『東宝映画100発100中！ 映画監督福田純』（ワイズ出版）
『kihachi フォービートのアルチザン 岡本喜八全作品集』（東宝株式会社出版事業室）
寺島正芳編著『岡本喜八全仕事データ事典』（寺島正芳）
松林宗恵『私と映画・海軍・仏さま』（大蔵出版）
高瀬昌弘『東宝監督群像【砧の青春】』（東宝株式会社出版・商品事業室）
『伊丹十三の映画』（新潮社）
猪俣勝人・田山力哉『日本映画作家全史 上・下』（現代教養文庫）

俳優関連
佐原健二『素晴らしき特撮人生』（小学館）
藤木悠・晶子『夫婦愛 糖尿病が教えてくれたこと』（アミューズブックス）
土屋嘉男『クロサワさーん！』（新潮文庫）
淡路恵子『死ぬ前に言っとこ』（廣済堂出版）
高峰秀子『忍ばずの女』（中公文庫）
有馬稲子『のど元過ぎれば』（日本経済新聞出版社）

『ごちそうさまNO．2（改訂版）』（日本テレビ）
『ごちそうさまNO．5』（日本テレビ）

その他映画関連
西村雄一郎『清張映画にかけた男たち「張込み」から「砂の器」へ』（新潮社）
原正弘編『石上三登志スクラップブック 日本映画ミステリ劇場』（原書房）
都筑道夫『都筑道夫ドラマ・ランド 完全版 上 映画編』（河出書房新社）

舞台関連
橋本与志夫『日劇レビュー史 日劇ダンシングチーム栄光の50年』（三一書房）
日比野啓編『戦後ミュージカルの展開』（森話社）
大笹吉雄『新日本現代演劇史（全4巻・別巻）』（中央公論新社）
『日生劇場の五十年　全記録』

事典・全集
『昭和ヒーロー事典 芸能編』（講談社文庫）
『現代日本 朝日人物事典』（朝日新聞社）
『日本映画監督全集 キネマ旬報増刊12・24号』（キネマ旬報社）
『日本映画俳優全集・男優編 キネマ旬報増刊10・23号』（キネマ旬報社）
『日本映画俳優全集・女優編 キネマ旬報増刊12・31号』

（キネマ旬報社）
『キネマ旬報ベスト・テン80回全史 1924―2006』（キネマ旬報社）

雑誌

「週刊アサヒ芸能」昭和五十年六月十二日号「豪快放談 宝田明①」
「写真文化」一九八三年七月号（岩佐博敏「資料 北海道写真師列伝⑪北海道屯田兵二世 東京・中垣欣司の苦斗の写真遍歴をたどって）
「シネマディクト会報」第四十二号
「シナリオ」一九六一年十月号
「ソワレ」一九九六年五月号
「東京新聞（夕刊）」二〇十六年九月五日付
「自由時間」一九九六年五月二日号（日本文芸社）
「サンデー毎日」一九八一年三月一日号（マガジンハウス）
「FOCUS」一九八三年八月五日号（毎日新聞社）
「キネマ旬報」「映画ファン」「映画の友」（新潮社）

パンフレット

「宝田芸術学園」学園案内パンフレット
『香港の夜』劇場パンフレット
『香港の星』劇場パンフレット
『ホノルル・東京・香港』劇場パンフレット
「明治座 開場八十周年 森繁劇団」公演パンフレット

サイト・ネット掲出

「日本映画産業統計」日本映画製作者連盟
「映画の國」内「日本映画の玉（ギョク）」木全公彦「鈴木英夫〈その16〉インタビュー・宝田明」
「日のあたらない邦画劇場」
「日本映画データベース」
「日本映画情報システム」文化庁
「東宝WEB SITE／資料室」東宝
「昭和レビュー狂時代」
「テレビドラマデータベース」
佐藤量「戦後中国における日本人の引揚げと遺送」（論文）

本書構成を終えて

「のむみちが宝田さんと仲イイらしいで」

ライターの岡崎武志さんからそう聞いた本書の担当編集者・青木真次さんより、初めてメールを頂いたのは二〇一五年九月でした。「名画座かんぺ」で自分のことを知ってくださっていたとはいえ、インタビュー構成の経験があるわけでもない自分に、よくぞこんな機会をくださったものだ、とその英断（〝迷〟断？）に未だに半ば呆れております。

その後、企画書を立て、宝田さんを口説き、ようやくインタビューにこぎつけたのが今からちょうど二年前。本来であれば、もっと早く本が出てもおかしくないところ、ここまで長くかかってしまったのは、ひとえに自分の力量不足によるものです……スミマセン！

さて、自分と宝田さんとの馴れ初め（？）については、宝田さんより身に余る光栄なご紹介を頂いたため割愛させていただくとして、自分にとっての俳優・宝田明を少し。

自分が旧作邦画に目覚めたのは二〇〇八年のことで、名画座に通い始めたのが二〇〇九年でした。思うに、俳優・宝田明との出会いは、二〇一〇年にCSでやっていた岡本喜八監督特集で、だったような気がします。その頃は、キザな二枚目の俳優さん、くらいの認識しかなかったのですが（失礼！）、その後、千葉泰樹の『二人の息子』や『銀座の恋人たち』、鈴木英夫の『その場所に女ありて』などの作品と出会い、俳優としての宝田さんの株がぐんぐんと上がっていったのでした。

そしてそれにつれ、世間では「宝田明＝ゴジラ俳優」という認識程度しかないことに、これではいけない、という気がしてきたのです。

さらに、二〇一五年に戦後七十年を迎え、その頃の新聞や雑誌の記事で初めて宝田さんを知った方々も多いかと思います。

本書が、宝田明の俳優人生は決して『ゴジラ』にとどまらない、さらに映画俳優としてだけではなくミュージカル俳優としての宝田明についても広く知られるきっかけとなれば、本書構成者としてこんなに嬉しいことはありません。

自分の祖父（一九一六年生）は、戦前に宝田さんと同じ満洲に住み、敗戦後シベリアに抑留されたのでしたが、そんな祖父の人生に改めて思いを馳せられたのも、思わぬ祖父孝行となりました。

本書を作るにあたって、日本近世芸能史の専門家かつアジア映画の研究者であり、尤敏に関する膨大な資料を惜しげもなく提供してくださった山崎泉さん、インタビューに応じてくださった池袋中垣スタジオの中垣章さん・路代さんご夫妻、資料集めに奔走してくれた、『名画座手帳』の編集も手がける友人・朝倉史明さん、そして宝田さんのマネージャー・木暮恵子さんには特にお世話になりました。

また、本書は、過去の宝田さんへのインタビュー記事や書籍を参考にすることで完成をみました。それらの仕事に携わった先達の方々へ、ここに敬意を表す次第です。

最後に改めて、この素晴らしい機会をくださった岡崎武志さんと筑摩書房の青木真次さん、そして日本一チャーミングな銀幕のスター・宝田明さんに心から感謝いたします。ありがとうございました。

本書を、当時の映画界の空気に触れるだけで頬が緩む、すべての同好の士に捧げます。

二〇一八年四月五日

のむみち

協力者（敬称略）

岡田秀則（国立映画アーカイブ）、若井信二
下村健、古書往来座、松田友泉、安藤智夫
豊島区立中央図書館、北区立中央図書館（北区の部屋）
国立映画アーカイブ図書室、大宅壮一文庫、国立国会図書館

宝田明出演作品索引

【映画作品】

【舞台】

主要人名索引

エ

オ

カ

キ

ヒ

フ

ヘ

ホ

マ

ミ

カバー表1写真　立木義浩
写真提供　宝田企画、中垣スタジオ
東宝作品スチール ⓒ TOHO. CO., LTD

宝田明（たからだ・あきら）
一九三四年朝鮮生まれ、幼少期を満洲で過ごす。第六期東宝ニューフェイス。一九五四年に俳優デビュー、同年『ゴジラ』で初主演。出演作は一三〇本に上る。一九六〇年代よりミュージカル・舞台でも活躍。

のむみち
一九七六年宮崎県生まれ。本名・野村美智代。南池袋・古書往来座勤務。手書きのフリーペーパー「名画座かんぺ」発行人。『名画座手帳』の企画／監修。

銀幕《ぎんまく》に愛《あい》をこめて　ぼくはゴジラの同期生《どうきせい》

二〇一八年五月十日　初版第一刷発行

著　者　宝田明
構成・のむみち
発行者　山野浩一
発行所　株式会社　筑摩書房
東京都台東区蔵前二―五―三　郵便番号一一一―八七五五
振替〇〇一六〇―八―四一二三
装幀者　村松道代
印刷・製本　中央精版印刷株式会社

筑摩書房サービスセンター
さいたま市北区櫛引町二―六〇四　〒三三一―八五〇七
電話　〇四八―六五一―〇〇五三

ISBN978-4-480-81543-9 C0074